인간에 대한 이해는 우주에 대한 이해
   도 뒤ㅁ

세상은
   꿈꾸는 사람의 것입니다
          박원순

실패는 있어도 좌절은 없다.
				방순영

가다보면 언젠가는 끝이 있으리라
				상영란

불승의 학수성.
학자의 자세
영원히 간직을
모두 애썼네			G 박진

열혈
청춘

일러두기
- 이 책은 평화재단에서 진행하는 청년아카데미 '우리 함께 꿈꾸자'를 재구성한 것입니다.
- 평화재단은 한반도의 평화와 통일에 관한 정책, 평화와 통일의 새로운 리더십을 발굴, 양성하는 연구 및 교육 재단입니다.

우리 시대 멘토
5인이 전하는 2030
희망 프로젝트

열혈 청춘

강경란
노희경
박원순
법륜
윤명철

프롤로그
힘내요, 청춘!

미안하다, 청춘아!

청춘이 꿈을 꾸는 것이 꿈인 시대. 지금 우리가 사는 세상은 청춘의 마땅한 권리인 자기 성찰이나 세상에 대한 탐험의 기회조차 배부른 꿈으로 전락시켜 버렸다.

생각해 보면 청춘이란 십대 청소년들이 도달하고자 열망하는 미래이고, 기성세대들은 한 번쯤 되돌아가고 싶어 하는 황금의 시절이다. 그러나 대한민국 청춘들이 맞닥뜨린 삶은 그렇게 아름답지도 낭만적이지도 않다.

우리 시대의 청춘들은 바늘구멍 같은 취업 관문을 통과하기 위해 부단히 스펙을 쌓으며 노력하지만 그들 대부분의 미래는 한치 앞도 가늠하기 힘들다. 지금 내가 잘하고 있는 건지, 내가 선택한 이 길이 나의 꿈을 실현시켜 줄 그 길인지, 그 무엇도 확신할 수 없기에 청춘들의 오늘 하루는 버겁기만 하다.

청춘들에게 이런 세상을 만들어 준 것에 대해 기성세대의 한 사람으로서 미안하다. 그러나 어쩌겠는가! 자신의 길을 선택해서 용감하게 그 길을 가야 하는 것은 오롯이 그대 청춘들의 몫인 것을.

나 역시 똑같은 시절을 겪었고 어김없이 내 몫을 감당해야 했다. 대학을 졸업하고 연극 포스터 붙이는 일부터 시작했다. 어느 날 본 연극에 매료되어 자청한 일이었다. 남들이 생각하기엔 춥고 배고픈 직업이 바로 연극배우가 아닌가. 그러나 지금까지 내가 했던 결정 중 가장 잘했던 선택이었다고 생각한다. 만약 학점을 관리해서 대학을 졸업하고, 직장에 들어가고, 승진을 위해 상사의 눈치를 보며 버둥거렸다면 얼마나 재미없고 힘들었을까, 지금 생각해도 아찔하다.

그대들도 자신의 타고난 감각을 믿고 자신의 길을 선택하여 가슴 뛰는 삶을 살았으면 좋겠다.

다행스럽게도 우리가 눈을 씻고 찾는다면 우리 삶에 나침반이 되어 주는 멘토들을 어렵지 않게 만나 볼 수 있다. 꿈을 꾸고 있는 청춘이라면 인생의 스승들이 들려주는 이야기를 가슴으로 들어야 할 것이다.

여기 청춘의 가슴을 뜨겁게 채워 줄 다섯 명의 인생 멘토가 있다.

5인의 멘토, 청춘에게 '길'을 말하다

첫 번째 멘토는 강경란 피디다. 그녀는 5부작 시사다큐 〈인간의 땅〉으로 '올해의 피디상'을 받았다. 그녀의 거침없는 도전 속에서 과연 우리가 할 수 있는 것, 할 수 없는 것의 경계는 무엇일까를 생각하게 된다.

키 158센티미터의 작은 체구로 테러, 폭력, 죽음의 현장을 넘나들며 만든 분쟁 다큐멘터리 속에서 그녀는 눈물겨운 평화를 이야기한다. 그러나 또 다른 깨달음을 주기도 한다. 그 오지, 분쟁 지역에서 가장 힘든 게 뭐냐고 물었을 때, 그녀는 이렇게 대답했다.

"깨끗한 시트가 있고, 따듯한 국물을 마실 수 있다면 바랄 게 없겠어요."

깨끗한 시트에 누워 편히 잠들고, 가족과 함께 차를 마시고, 아이스크림을 먹으며 한가롭게 보내는 오후가 누군가에게는 간절한 소망일 수 있다는 것을, 지극히 사소해서 미처 몰랐던 일상의 소중함을 새삼 깨닫게 된다.

두 번째 멘토인 노희경 작가. 그녀의 드라마와 함께 많은 이들이 울고 웃는다. 특히 사랑을 세밀하게 그려내는 작가답게 젊은 날 그녀의 사랑도 열정적이었다고 한다. 양다리를 걸쳐 본 경험도 있고, 사랑 때문에 죽고 싶은 적이 있었을 만큼.

노희경 작가가 들려주는 청춘의 사랑, 엄마에 대한 사랑, 아버지에 대한 콤플렉스까지 가슴 깊이에서 길어낸 이야기가 뭉클하다. 그리고 먼 나라 아이들에게 도움의 손길을 내민 데에는 그녀의 어린 시절 기억이 고스란히 자리하고 있었다는 것도.

세 번째 멘토 박원순 변호사는 한 개인이 감당하기에는 너무 무겁고 힘든 시간을 보냈지만, 그 시간을 오히려 긍정적으로 승화시킨 경우다. 그는 청춘들의 취업 문제를 위해 천 개의 직업 프로젝트를 진행하고 있기도 하다.

"두들겨 보고 시도해 보라. 걱정하던 것보다는 의외로 아주 쉽게 나갈 수 있다."

유쾌하고 즐거운 목소리로 들려주는 희망 프로젝트, 여기에서 새로운 아이디어를 얻은 청춘들의 무거운 어깨가 가벼워지리라 믿는다.

네 번째 멘토는 법륜스님이다. 이분을 만나고 눈이 높아졌다. 이제 누구를 만나도 기죽는 일이 없어졌다. 이분의 명쾌한 이야기를 듣다 보면 마음이 시원해지고 힘이 생긴다. 그리고 어느새 자신을 바라볼 수 있게 된다.

"꿈과 욕심의 차이는, 실패했을 때 괴로워하면 욕심이고, 실패를 해도 괴롭지 않으면 그건 꿈이에요. 꿈이 있는 사람은 실패해도 새로운 방법을 찾아서 도전하고, 그것도 실패하면 다시 방법을 찾아 도전하면서 점점 능력이 커지는 쪽으로 가겠죠. 그런 걸 비전, 꿈이라고 말합니다."

다섯 번째 멘토는 '백문이 불여일견, 백견이 불여일행'이라며 부단히 도전과 모험을 시도하는 윤명철 교수다. 고구려가 꿈꾼 세계를 이해하기 위해 몸소 말을 타보고, 뗏목을 타보며, 시야가 달라지고 세계관이 달라지는 경험을 했다. 그러면서 고구려의 위대함과 진실을 알게 되었고, 그것을 증명하는 작업을 해나가고 있다. 늘 모험을 꿈꾸는 윤명철 교수의 이야기 속에서, 역사를 바라보는 힘 그리고 그것을 오늘에 접목하는 지혜를 배울 수 있을 것이다.

지금부터 무조건 행복해지기

다섯 명의 멘토를 만난 뒤 새삼 깨달은 것이 있다. 사회 탓, 부모 탓, 남 탓을 해봐야 상황은 바뀌지 않는다는 것이다. 가장 쉽고 가장 효과적인 방법은 스스로를 바꾸는 것이다.

스스로 변화를 가져오기 위해 가장 먼저 할 일은 일단 '무조건 행복해지겠다'고 결심하는 것이다. 그 순간부터 우리는 정말 마법처럼 행복해질 수 있다. 살다 보면 행복하지 않은 순간도 있을 것이다. 사실 부지기수로 많다. 그때 스위치를 바꾸듯이 사물의 좋은 면과 긍정적인 면을 보려는 노력이 필요하다.

두 번째 방법은 멘토가 들려주는 말을 무조건 믿어 보는 우직함이 필요하다. 멘토의 말이 청춘의 가슴을 울린다면, 그의 행동과 말을 따라 해 보고 최대한 흉내를 내보아야 한다. 그런 경험을 해본 다음에 그 이후의 계획을 생각한다.

세 번째 방법은 누구나 안전하다고 말하는 길이 정말 안전한지 잘 살피는 것이다. 모두가 선망하는 길이라고 해서 다 안전한 것은 아니다. 대기업 회사원을 인생 최대의 목표로 삼지 말아야 한다. 가장 지루한 삶이 될 가능성이 높다. 심지어 안전하지도 않다. 대기업 회사원이란 남들이 알아준다는 점 외에는 그닥 좋을 게 없다.

마지막 방법은 남들과 같아지기보다는 달라지기 위해 애써야 한다. 남들과 똑같은 스펙을 쌓고 비슷한 포트폴리오를 만들어 봐야 경쟁력이 없다. 엉뚱한 짓을 해라. 우리는 자신이 타고난 감각을 믿고 선택해야 한다.

스스로 한 걸음도 옮기지 않고 이렇게 할까, 저렇게 할까, 머리로 생각만 하고 있어 봐야 아무것도 바뀌지 않는다. 더러운 집에 살면서 불평불만을 늘어놓는다고 집이 깨끗해지는 것은 아니다. 현재 상황에 만족한다면 그대로 살아도 괜찮다.

하지만 그렇지 않고 더러운 꼴을 못 볼 것 같으면 직접 빗자루와 걸레를 들고 치워야 한다.

그저 할 뿐이다!

2011년 5월 배우 김여진

차례

프롤로그 힘 내요, 청춘! _배우 김여진 5

첫 번째 꿈, 평화
인간의 땅,
아시아의 절망과 희망 _평화 멘토 강경란

세상에서 가장 위험한 직업을 가진 여자 16 • 정글에서 보내온 이메일_"미스 강 잘 지내니?" 18 • 내 인생의 스승들 23 • 죽지 않고 살아남기 26 • 내가 정글로 간 이유 31 • 가다 보면 언젠가는 끝이 있으리라 38 • 그래도 사람은 다 살아요 41 • 신뢰, 사람을 살리고 죽이는 힘 45 • 절반의 절망과 절반의 희망사이 50

두 번째 꿈, 사랑
지금 사랑하지 않는 자,
모두 유죄 _사랑 멘토 노희경

다시 태어나도 작가가 되고 싶은 사람 66 • 연애, 알면서도 속는 것? 69 • 우리는 행복해지려고 사랑을 한다 74 • 아버지, 내 인생의 딜레마_"그래도 네 엄마랑 이혼은 안 했다" 79 • 나를 키운 건 8할이 어머니였다 89 • 모든 일에는 목적이 있어야 한다 95 • 시기와 질투는 나의 운명 100 • 춤추는 아이들 103 • 상처를 치유하는 최고의 방법 115

세 번째 꿈, 성공
진정한 성공이란 무엇인가? _성공 멘토 박원순

한국 사회를 디자인하는 남자 140 • 내 인생의 터닝 포인트_"줄을 잘 서야 성공한다" 144 • 특별한 추억, 조영래 변호사 146 • 진정한 성공이란 무엇인가? 148 • 세상을 바꾸는 1천 개의 직업 프로젝트_"남이 가지 않는 길로 가라" 152 • 선점의 효과_"명함부터 준비하라" 157 • 일이 잘될 때 떠날 때 160 • 모든 문제는 사소한 것에서 시작된다 161 • 행복 프로젝트_"행동하는 젊은이를 기다리다" 164 • 소셜 디자이너, 지옥에서도 꿈을 꾸다 167 • 하버드 법대 도서관을 점령하다 168 • 원순 씨, 한국의 호칭 문화를 바꾸다 170 • 희망제작소, 창의적인 사회혁신 마인드 172

네 번째 꿈, 행복
실패는 있어도 좌절은 없다 _행복 멘토 법륜

때로는 스님도 외롭다 202 • '기분 좋음'을 행복으로 삼으면 '기분 나쁨'의 불행도 따라온다 204 • 외롭거나 또는 외롭지 않거나 208 • 1 더하기 1이 반드시 2가 되는 것은 아니다 211 • 모두에게 잘 보이려는 욕심 215 • 실패는 있어도 좌절은 없다 219 • 장애는 열등한 것이 아니라 불편한 것일 뿐이다 225 • 꿈과 욕심의 경계 227 • 피할 수 없다면 수행이라고 여겨라 228 • 아무것도 하지 마라 232 • 하루 종일 즐겁게 살 수 있는 마음 238 • 행복과 불행은 내가 만드는 것 240

다섯 번째 꿈, 도전
사람은 누구나
자기의 길을 걷는다 _도전 멘토 윤명철

한국의 인디아나 존스, 나는 고구려인이다 248 • 동중국해에서 타타르 해협까지, 만주에서 말 타고 43일 249 • 뗏목은 뒤집히지 않는다 257 • 두려움은 관념이다 267 • 날아오는 화살을 끝까지 보라 269 • 21세기 생존 전략과 고구려의 네트워크 체제 272 • 엄살부리지 마라 277

첫 번째 꿈, 평화

강경란
분쟁 전문 다큐멘터리스트, 2010년 올해의 PD상 수상

인간의 땅, 아시아의 절망과 희망

평화
멘토
강경란

다큐멘터리를 만든다. 분쟁 다큐멘터리를 전문으로 만든다. 아프가니스탄 전쟁, 이라크 전쟁, 미얀마 독립운동 따위 분쟁 다큐멘터리를 전문으로 만든다. 방송국에 소속되어 있지 않는 채 만든다. 키 158센티미터의 작은 체구로 테러, 폭력, 죽음을 직접 건너며 만든다. 구분이 마뜩지 않겠지만, 하여 그가 여성 피디란 점도 말해야겠다. 아니다. 이력도 성도 모두 지운다. 동료들은 그저 '카메라를 든 휴머니즘의 전사'라 부른다.

전사는 지난해 5부작 시사다큐 〈인간의 땅〉으로 '올해의 피디상'을 받았다. 22회째, 독립 피디로는 첫 수상이다. 경쟁작을 적어 둘 만하다. 〈아마존의 눈물〉 〈누들누드〉 등등.

정작 감독은 시상식에 나타나지 않았다. 거듭 해외 취재 중이었다. 별스럽지 않다. 1989년 만났던 미얀마의 민주화 무장투쟁단은 여전히 정글에서 제 신념을 건사하며 삶을 버텨 낸다. 두려움이 신념을 부르고, 신념이 두려움을 좇는다. 감독에게도 마찬가지다.

〈인간의 땅〉은 기획부터 방송까지 4년이 걸렸다. 4년은 성숙의 시기라기보다, 형질이 변화하는 시간이다. 초등생이 고등학생이 되고, 중학생은 대학생이 된다. 그런데도 불화가 평화로 바뀌기엔 턱없이 짧다. 평화는 가져도 허기지다.

21세기 가장 무분별한 반목의 세계사, 이라크 이야기는 그래서 더 아리다. "이라크 전쟁 중에, 바그다드엔 딱 한 곳의 아이스크림 가게만 남는다. 딸 넷이 딸린 일가족이 가게로 들어간다. 너무 위험하지 않나. 안 그래도 오는 길에 폭탄이 터져 사람들이 죽는 걸 봤다. 그래도 오랫동안 집에만 갇혀 있어 답답했고, 딸들이 가족 나들이 다녔던 얘기만 해왔다. 집에 돌아가다 사고라도 나면. 하는 수 없다. 그래도 오늘 저녁 이렇게 아이스크림을 먹은 것만으로……."

전사의 카메라는 특히 동남아시아와 중동을 누비며, 평화의 과거, 현재, 미래를 훑는다. 평화를 누리는 국가에서 잊고 있던 평화를 되살린다. 서구의 다큐멘터리는 '쇼킹 아시아'적 시각으로 아시아를 훑어본다. 동정은 가능할지언정 연대는 불가능하다.

"예전에 취재했던 미얀마 학생이 사진이 첨부된 메일을 보냈어요. 백발이 된 중년이 딱 서 있는 겁니다. 정글에서 결혼해 아기가 둘인 사진을 보면서 많이 울었어요. 그 오랜 세월을 기다리고 이겨 낼 수 있는 힘이 뭘까, 희망이 없다면 불가능하지 않았을까, 흘러간 시간에 대한, 그들의 희망에 대한 이야기를 다른 사람들과 공유하고 싶었어요."

1961년 태어나 이화여대를 졸업했다. 방송국 지인의 일을 돕다 다큐멘터리 세계에 발 디뎠다. 아웅산 수치 단독 인터뷰를 했다. 전사는 "그동안 운이 좋았다"고 말한다. 하지만 그 운은 "남의 평가에 연연하지 않으면서 살아갈 만큼의 용기는 갖겠다"는 제 신념 덕에 가능했으리라. 남은 꿈이라 말하는, 나그네들을 위한 여관 주인이 되기까지 감독은 전사로, 그러니까 평화를 겨냥하는 전사로 불릴 것이다.

세상에서 가장 위험한 직업을 가진 여자

김여진 아시아인의 삶을 조명한 다큐멘터리 〈인간의 땅〉. 총 5부작 중 첫 번째는 '아프가니스탄-살아남은 자들'입니다. 아프가니스탄은 전쟁과 테러, 폭력, 죽음이 일상화된 곳이죠.
1979년 소련의 침공과 탈레반의 지배 그리고 미국이 주도하는 테러와의 전쟁 등으로 아프가니스탄은 단 하루도 총성이 끊이지 않은 지역입니다.

그리고 '미얀마-슬픈 정글'은 1988년 미얀마의 민주화를 위해 싸우다 군부의 탄압을 피해 국경 지역의 밀림으로 떠난 젊은이들의 이야기입니다. 그들은 자치독립을 요구하는 소수민족들과 연대하여 민주화를 향한 무장투쟁을 전개했습니다. 그리고 20여 년이 넘는 세월이 흘렀지만, 안타깝게도 미얀마의 민주화 투쟁은 아직도 현재진행형입니다. 그 긴 세월 동안 수많은 젊은이들이 죽거나 떠났고, 남은 사람들은 이제 중년의 아저씨가 되어 밀림을 지키고 있습니다.

그런데 놀랍게도 20년의 세월을 넘어 또 다른 젊은이들이 조국의 민주화를 위해 속속 정글로 들어오고 있습니다. 그들은 선배들과 함께 미얀마의 민주주의를 준비하고 있다고 합니다.

강경란 피디님은 〈인간의 땅〉으로 2010년 '올해의 피디'상을 받았습니다. 저는 강 피디님을 분쟁 지역 전문 다큐멘터리스트로는, 감히 우리나라 최고라고 소개하고 싶습니다. 안녕하세요?

강경란 네, 안녕하세요.

김여진 반갑습니다. 일단 여기 모인 청년분들께 간단하게 인사 말씀 부탁 드릴게요.

강경란 제가 이렇게 의미 있는 시간의 첫 순서를 맡을 만한 사람인지 생각이 많았습니다. 이런 자리에서 제 이야기를 한다는 것이 부담되고, 무슨 말로 시작할지도 막막했습니다. 그런데 그게 다 뭔가 특별한 이야기를 해야 한다는 욕심 때문이라는 생각이 들자 마음이 조금 편해졌습니다. 아무런 욕심을 내지 않기로 했습니다. 다만 제 머리와 몸이 기억하는 잊을 수 없는 경험들을 있는 그대로 꾸밈없이 이야기하고자 합니다. 취재를 마치고 집에 돌아와 밥상 앞에서 가족들에게 풀어 놓던 수다처럼, 그렇게 마음 놓고 이야기하기로 맘먹었으니 여러분도 그렇게 들어 주길 바랍니다.

김여진 지금 화면에 실시간 문자 메시지들이 들어오고 있습니다. 몇 개만 읽어 보죠. "반갑습니다, 좋은 말씀 들려주세요." "아름다우세요." 이분은 아주 친근하게 인사를 해주시네요. "방가방가." 그리고 "옆자리에 앉으니 좀 떨리네요." 이렇게 보내신 분은 바로 저기 계시군요. 네, 여러분처럼 저도 좀 떨리고 반갑고 그렇습니다.

　일단 좀 전에 보았던 영상 이야기부터 할게요. 저희가 짧은 시간에 편집한 영상이어서 강경란 피디님의 멋진 작품에 누가 되지 않았을까 조금 걱정이 됩니다. 그런데 새삼 이분이 바로 저 현장에 계셨던 분이라는 게 정말 믿기지가 않습니다.

정글에서 보내 온 이메일_"미스 강 잘 지내니?"

김여진 아프가니스탄과 미얀마의 상황들에 대해 설명을 듣고 싶어요. 아프가니스탄은 외신이나 뉴스를 통해서 소식을 듣기는 하지만 실제로는 어떤지, 뉴스로 듣는 것과는 좀 다른 부분도 있을 것 같고요. 미얀마는 강 피디님이 오래 취재해 온 지역이라 들었습니다. 그동안 상황이 많이 달라졌을 것도 같은데, 그곳 상황에 대해 들려주세요.

강경란 살고 싶어서, 너무 살고 싶어서 마지막 순간까지 안간힘을 쓰는 사람의 눈망울을 본 적이 있나요? 뭔가에 한 맺혀 악쓰는 사람의 절규를, 공포에 질린 사람의 울음소리를 들어 본 적이 있습니까? 절대 잊혀지지 않는 그런 고통들을 일상처럼 마주하며 살아야 하는 것이 어떤 것인지 상상해 본 적은 있나요?

　평범한 삶을 살았다면 보지 않아도 되었을 참혹한 일들을 수없이 경험하며, 전쟁터와 자연재해 현장 등에서 보낸 시간이 15년쯤 되었을 때였습니다. 머리가 하얗게 세어 버리는 극도의 긴장과 위

▲ KBS의 20억 프로젝트 당선작 〈인간의 땅〉 포스터. 여전히 옳다고 믿는 것을 위해 희생해야 한다는 사람들에 관한 이야기.

험도 마다않고 앞만 보고 달려온 그 긴 시간에 대한 대가가, 지쳐 버린 초라한 육신뿐이라는 현실이 참 억울하다는 생각이 들기 시작했습니다.

천직이라 여겼기에 큰 보상을 바란 건 아니었지만 그래도 이럴 수는 없다는 분노가 목구멍까지 치고 올라왔을 때 제 삶 자체를 통째로 바꾸고 싶었습니다. 그래서 모든 일을 접고 학교로 돌아갔지요.

그때 우연히 KBS의 20억 프로젝트 공모를 봤습니다. 처음에는 20억을 다 주는 줄 알았습니다. 그렇다면 해볼 만하다고 생각했죠. 목숨 걸고 취재해도 마지막에 남는 건 언제나 제로 통장이었던 것을 떠올리며, 이제 내 목숨 값 그나마 받을 수 있는 기회가 왔구나, 하고 좋아했습니다. 문제는 뭘 만들 것인가였죠. 순간 가장 먼저 떠오른 것이 태국-미얀마 접경지대 정글에서 싸우고 있는 친구들이었습니다. 아마 다시 돌아온 학교생활이 오래 잊고 지내던 80년대 학창시절을, 그리고 그것과 참 많이 닮아 있는 정글의 사람들을 생각나게 했던 것 같습니다.

〈인간의 땅〉은 2006년 KBS에서 공모한 20억 프로젝트에 당선된 기획 중 하나로 아프가니스탄, 방글라데시, 미얀마, 네팔, 아르메니아 다섯 나라의 다섯 이야기로 엮은 5부작 다큐멘터리입니다.

미얀마는 제가 오래전부터 취재해 오던 곳이에요. 제 다큐멘터리에 나오는 친구들도 1990년대 중반에 처음 만났습니다. 하지만 1990년대 말부터 2000년으로 들어서면서 세계적 규모의 분쟁이 급증했고, 제 개인적으로도 그런 분쟁 지역을 쫓아다니느라 동남아시아 지역, 특히 미얀마 정글 지대를 찾을 시간이 없었습니다.

가끔 정글의 친구들이 어떻게 살고 있는지 궁금할 때도 있었지만 그건 잠깐뿐이었고 거의 잊고 지냈죠.

그런데 KBS의 20억 프로젝트 공모가 나올 즈음, 한 정글 친구에게서 이메일을 받았습니다. 첫 인사는 "미스 강, 잘 지내니?"였어요. 제가 처음 정글을 취재할 때는 지금과는 달리 아직도 젊은 모습이어서 그랬는지 모두 저를 '미스 강'이라고 불렀죠. 그리곤 자신의 최근 근황에 대해서도 간단하게 적었더군요.

"나는 장가들어 아이가 둘이다. 큰 아이는 유치원에 다니고, 밑의 아이는 태어난 지 얼마 안 됐다."

그 아래에는 아이와 함께 찍은 사진이 첨부되어 있었습니다. 제가 그 친구를 처음 만난 건 1995년쯤이었는데, 그때만 해도 그는 대학생 분위기가 그대로 남아 있는 아주 풋풋한 청년이었습니다. 그런데 사진 속에는 배가 나오고 머리가 하얗게 센 중년 남자 하나가 서 있더군요. 그 사진을 보면서 참 많이 울었어요.

김여진 여전히 정글에 계시는군요.

강경란 네, 이 친구들을 위해 할 수 있는 일이 없을까 많이 고민했어요. 하지만 돈도 없고, 능력도 별로 없고, 좋은 방법이 떠오르지 않더군요. 그러던 차에 마침 KBS의 20억 프로젝트 공모가 나온 거죠.

그동안 이 친구들을 잊고는 있었지만, 그들이 정글에서 보낸 20년 시간을 잊은 건 아니었어요. 그 누구보다도 이들의 순수한 열정을 잘 알고 있었으니까요. 이들에 대한 제 사랑을 여러 사람과 공유할 수 있으면 좋겠다는 생각이 들었습니다. 그래서 이 친구들의 정글 생활을 포함한 아시아인의 절망과 희망의 메시지, 〈인간의 땅〉 5부작을 기획하기 시작했죠.

〈인간의 땅〉이 공모에 당선되고 취재가 본격화되면서 참 오랜만에 정글로 들어가게 됐어요. 많이 변했더군요. 정글에 남아 있는 사람은 그리 많지 않았습니다. 많은 이가 떠났고, 남아 있는 사람들도 결혼을 하고 가족이 생기고……, 그러면서 뭐랄까, 옛날의 아주 투철한 투사의 모습은 아니었어요. 여러분도 알다시피 발목을 잡는 일상이라는 게 참 힘이 세잖아요.

하지만 일상에 발목 잡히면서도 신념을 포기하진 않았더군요. 옳다고 믿는 것을 위해 희생해야 한다는 마음만은 여전하더군요. 그래서 더욱 가슴이 아팠습니다.

이들을 취재하는 동안 미얀마에서는 태풍 '나르기스'가 이라와디 델타 지역을 휩쓸어 엄청난 인명 피해를 내는 등 많은 일이 있었지요. 하지만 가장 잊을 수 없는 것은 2007년의 민주항쟁이었습니다. 폐쇄적인 미얀마 사회에서 발생한 민주화 요구는 세계의 주목을 받고도 남을 만한 일이었지만 제 개인적으로는 20년 전 비극이 똑같이 되풀이되는 것을 봐야 한다는 점에서 더욱 충격적이었습니다. 제가 취재하고 있던 친구들이 20년 전 고향을 떠나 정글로 들어올 수밖에 없었던 것과 똑같은 이유로, 20년이 지난 지금 스물 안팎의 젊은 친구들이 또다시 정글로 들어오는 것을 봐야 하는 것은 어떤 말로도 표현이 안 되는 절망이었지요.

사실 〈인간의 땅〉을 기획했던 당시, 미얀마 이야기의 주제는 '시간'이었어요. 이 친구들은 왜 20년이라는 긴 세월을 이곳에서 이러고 있는지, 이 사람들에게 20년이란 세월은 어떤 의미인지,

그런 것들을 담아 보고 싶었어요.

그런데 민주항쟁과 같은 엄청난 사건들이 너무나 빠르게 진행되는 바람에 결국은 지금 정글로 들어올 수밖에 없는 젊은 친구들과 20년 전 똑같은 결정을 내렸던 정글 선배들의 관계가 이야기의 주제가 되었지요.

내 인생의 스승들

김여진 저도 그때 다큐멘터리를 봤는데요. 젊은 청년들이 처음 정글로 들어와서 신나는 얼굴로 총을 만지고 군사훈련을 받아요. 그런 모습을 뒤에서 흐뭇하게 바라보는 선배의 표정도 기억납니다. '저 사람들은 도대체 무슨 마음으로 20년을 저렇게 지낼 수 있었을까?', '어떤 마음 때문에 정글에서 나가지 않는 걸까?', '왜 포기하지 않을까?', '무엇이 그 사람들을 계속 머물게 하고, 심지어 새로운 사람들을 불러들일까?' 이런 의문이 들었어요. 그 20년의 세월도 의문인데 이제 새로 열아홉, 스무 살의 애송이 같은 청년들이 다시 정글로 들어오는 역사가 계속되고 있다는 게 정말 놀라웠어요.

강경란 그건 저도 꼭 대답을 듣고 싶은 의문이었습니다. 저도 그 점이 잘 이해가 안 됐거든요. 만약 제가 그 친구들과 같은 처지였다면 희망도 미래도 없는 정글에서 결코 그렇게 오래 버텨내지 못했을 거예요. 글쎄, 한 3년 정도는 머물렀을지 모르겠지만 그 후에는 과연 어땠을지……, 확신이 없어요.

미얀마 상황에 대해서 많이 아는 분들도 계시겠지만, 배경지식이 없는 분들도 계실 겁니다. 잠깐 설명을 드리자면 미얀마에서는 1988년 민주화를 요구하는 시민항쟁이 있었습니다. 군부는 이를 무력으로 진압했죠. 1990년 총선에서는 아웅산 수치 여사가 이끄는 야당이 압승했지만 군부는 이를 무시하고 정권을 장악합니다. 이 기간 동안 민주화를 지지하는 수많은 사람들이 탄압을 피해 소수민족들이 살고 있는 국경지대로 피신했습니다.

당시 미얀마의 소수민족들은 자치를 요구하며 무장투쟁을 벌이고 있었기 때문에 그들과 연대해 중앙의 군사정부에 대항한다는 전략이었죠. 이들 중에는 노동자, 농민, 상인 등 일반인들뿐 아니라, 의사, 교사 같은 지식인도 있었고, 학생도 많았지요.

그때 이들은, 특히 젊은 학생들은 조금만 참고 싸우면 곧 민주화가 될 거라고 믿었답니다. 대부분 짧게는 3일, 길어야 3달이면 모든 게 끝날 것이라 생각했대요. 집 떠날 때 이야기를 들어보면 참 기가 막혀요. 어떤 이는 어머니와 헤어질 때도 "어머니, 걱정마세요! 사흘이면 승리를 안고 돌아올 겁니다" 하고 웃으며 어머니에게 작별인사를 했다더군요. 그게 20년이 될 줄은 아무도 몰랐겠지요.

정글에 들어온 후 처음 3년 동안 전투로 죽은 사람보다 말라리아와 설사병으로 죽은 사람이 훨씬 더 많았다고 합니다. 대부분 도시 출신이라 정글 환경을 몰랐고 약품이나 위생 시설도 부족해 희생자가 많았던 거죠. 그렇게 많은 희생을 치루고 시행착오를 거치는 동안 현실이 얼마나 가혹한지 깨닫기 시작했고, 민주화를 위한 투쟁을 포기하는 사람들이 생기고 집으로 돌아가는 사람도 많아졌죠. 하나둘 돌아가고, 돌아가고……, 당연히 정글에 머무는 사람들도 줄어들었어요. 또한 UN 난민정착프로그램으로 미국, 유럽, 호주, 일본 등지로 떠나는 사람도 늘어났습니다. 일정 기간 난민촌에 살면서 난민 인정을 받으면 제3국에 정착할 수 있는 자격이 주어지는데, 이 프로그램을 통해 지금도 난민촌 사람들이 외국으로 나가고 있습니다.

국제정치의 변화 역시 정글의 삶에 큰 영향을 미쳤습니다. 이들의 민주화 투쟁의 기본 전략이 무장 투쟁인데, 최근 테러에 대한 부정적 인식이 고조됨에 따라, 이들에 대한 국제사회의 지지 및 지원이 줄어들었고, 그 결과 많은 사람들이 무장 투쟁을 포기하고 새로운 대안을 찾아 정글을 떠났습니다.

1988년 이후 처음 몇 년 동안 전버마학생민주전선(ABSDF)의 이름으로 국경지대로 몰려든 민주세력의 수는 1만 명을 헤아렸다는데, 이런 저런 이유로 모두 떠나고 지금까지 남아 있는 사람은 공식적으로 1천 명이 채 안 됩니다.

"주변 상황은 점점 더 나빠지기만 하는데, 왜 이곳에 남아 있는 거니? 희망이 보이지 않는 미래를 왜 놓지 못하는 거니?"

저는 기회만 있으면 정글 친구들에게 묻습니다. 그리곤 막 몰아붙입니다.

"이제 포기해라. 아이들을 위해서라도 다른 길을 찾아라."

그들은 대답합니다.

"언젠가는 민주화 된 고향으로 돌아갈 것이다. 그날까지 절대 포기하지 않는다. 내 아이를 난민으로 살게 하지는 않겠다."

희망이 없는 미래라는 건 단지 제 생각일 뿐 그들은 그렇게 생각하지 않았던 겁니다. 이 친구들은 자신의 인생을, 온 젊음을 바친 신념이 언젠가는 이루어질 것이라고 믿습니다. 믿는 척하는 게 아니라 정말로 믿어요. 그런 믿음이 없었다면 이렇게 오랫동안 한 길만을 계속 걸어오기 힘들었겠죠.

살다 보면 너무 힘들고 지쳐서 모든 것을 포기해 버리고 싶은 그런 때가 있잖아요. 내가 지금 옳은 길로 가고 있는 건가, 잘 살고 있는 건가 확신이 없어 무엇엔가 간절히 매달리고 싶어지는 그런 때도 있죠. 그럴 때 저는 이 정글 친구들을 생각합니다. 20년을 한곳만 보고 걸어 온, 그들의 바보 같은 열정과 바위 같은 인내를 생각합니다. 그러면 제 속에서 묘한 따뜻함이 치솟습니다.

'아니다, 이렇게 흔들릴 때가 아니다. 다시 한 번 가보자! 가다 보면 길이 보일 것이다.'

이런 용기가 솟아오르곤 합니다. 이것이 제가 분쟁 지역 취재라는, 어떻게 보면 결코 쉽지 않은 길을 한눈팔지 않고 걸어올 수 있었던 힘 중 하나입니다. 사실 정글 친구들은 제 취재의 대상이라기보다 제 인생의 스승이나 마찬가지죠.

죽지 않고 살아남기

김여진 분쟁 지역을 다닌 지가 얼마나 되셨죠?

강경란 글쎄요. 제가 숫자 개념이 별로 없어 정확한 기억은 아닌데 처음 이 일을 시작한 건 1989년쯤이었던 것 같습니다. 그때가 처음이었

▶ 2003년 전후의 바그다드 모습을 촬영 중인 강경란 피디의 모습.

▲ 평화재단에서 '평화'를 주제로 강연 중인 강경란 피디. 그녀는 말한다. "'왜 너는 계속 그 일을 하니? 무슨 신념이 있어서 그 길을 가니?' 이렇게 물어보면 할 말이 없어요. 그냥 하다 보니까 그렇게 되었다는 말밖에는……."

어요.

김여진 그러면 거의 20년이 되셨는데, 뵙기에는 그렇게 다니신 분 같지 않은데요. 20여 년을 한결 같이 위험한 분쟁 지역을 취재하러 다니시는 힘이 어디서 나오는지 궁금해요. 저 미얀마 친구들이 자신들의 꿈을 위해 20년이나 투쟁하면서 싸웠다면, 강경란 피디님이 무려 20년의 세월을 카메라를 들고 분쟁 지역을 찾아다닐 수 있었던 힘은 무엇이었을까요?

강경란 대답하기 참 어려운 질문이군요. 왜, 무엇 때문인지는 저도 잘 모르겠어요. 자신이 하는 일에 대해 확신을 가지고 이야기하는 사람, 왜 그 일을 하는지 정확하게 대답하는 사람들을 보면 언제나 부럽고 존경스럽더군요.

저는 별 생각 없이, 얼떨결에 이 일을 시작하게 됐어요. 방송국 피디가 되고 싶다거나, 다큐멘터리를 만들고 싶다거나, 분쟁 지역 취재를 하고 싶다거나, 그런 뚜렷한 목적을 갖고 시작한 게 아니었습니다. 그냥 제가 가장 잘할 수 있는 것, 가장 하고 싶은 일들을 하다 보니 여기까지 와버렸어요. 그렇기 때문에 "왜 너는 계속 그 일을 하니? 무슨 신념이 있어서 그 길을 가니?" 이렇게 물어보면 할 말이 없어요. 그냥 하다 보니까 그렇게 됐다는 말밖에는……, 드라마 〈대장금〉에서, 아 맞다! 여진 씨도 이 드라마에 출연하셨죠. 거기서 누군가가 어린 장금이에게 물어보잖아요. "왜 그런 맛이 난다고 말하는 거니?" 그러자 장금이가 대답하죠. "그런 맛이 나서 그렇게 말했는데……."

김여진 네, 홍시 맛. 맞아요. "홍시 맛이 나서 홍시 맛이라고 말했을 뿐인데 왜 홍시 맛이 나느냐고 물으신다면……." 이런 명대사가 있었죠.

강경란 제 마음도 장금이의 마음과 같아요. 하지만 그래도 꼭 홍시 맛의 정체를 말하라고 한다면 저에게 그건 성실함 혹은 무던함 같은 게 아닐까 합니다. 우직한 마당쇠의 한 우물파기 같은 것이요.

저는 어딘가에 발을 들여 놓고 무언가를 시작하는 게 무척 느리고 둔한 사람입니다. 하지만 일단 시작하면 잘 바꾸지 않습니다. 일도 마찬가지입니다.

'비록 죽을 만큼 원했던 건 아니지만 일단 시작했으니 끝까지 한번 가보자.'

처음엔 이런 마음으로 시작했습니다. 그런데 하다 보니 '어, 이건 아닌데…….' 하는 일들이 너무 많았습니다. 제 힘으로 바꿀 수 있는 일은 아니었지만 그렇다고 그 부정적인 많은 것들을 덮어 버리고 맥없이 그만 둘 수는 없었습니다. '이왕 이 길을 택했으니 이건 아니야, 하는 게 없어질 때까지 한번 해보자. 언젠가는 끝이 나겠지' 라는 생각으로 꾸역꾸역 앞으로 나갔습니다.

그러는 동안 결코 변하지 않을 것 같아 보였던 것들이 시간 앞에 무너져 내리는 것을 많이 봤습니다. 그제야 일에 대해서도 인생에 대해서도 조금 알 것 같더군요.

처음 분쟁 지역을 취재했을 때는 모든 것이 낯설고 겁이 났어요. 옆이나 앞을 볼 수 있는 여유 같은 건 없었지요. '어떻게 하면 제가 원하는 취재를 무사히 마치고 이곳을 빨리 빠져나갈 수 있을까' 이런 생각뿐이었어요. 그래서 죽지 않고 살아남아야 하고, 굶지 말아야 하고, 잘 때도 좀 편안하게 자야 하고, 이틀에 한 번만이라도 씻을 수 있으면 좋겠다고 생각했죠. 그러니까 자신을 보호하는 일에 급급했죠.

시간이 지나면서 앞도 보고 옆도 볼 나름의 여유가 생기더라고요. 하지만 지금도 '나'에게 집착하는 건 변함이 없습니다. 그건 제가 이기적인 사람이어서라기보다 어쩌면 살아남고자 하는 인간의 본능일지 모르죠. 그래도 옛날과 다른 점이 있다면 이기적인 자기 보호본능 속에서도 가끔은 다른 사람들의 얼굴이 보이고 그들의 고통이 느껴지기 시작했다는 겁니다. 다른 사람들의 삶이 눈에 들어오기 시작하면 고개 돌려버리기가 힘들어지죠.

그래서 남들이 힘들다고 하지 말라는 그 일을 다시 하게 되고, 위험하다고 가지 말라는 그곳을 다시 찾는 것 같습니다. 가고 싶어서가 아니라 안 가기가 힘들어 가는 거죠.

김여진 처음에는 막연하게 '분쟁 지역이 어떨 것이다'라는 생각으로 갔다가 그곳 사람을 만나게 되고, 그 사람의 눈빛을 보게 되고, 어떤 사연을 알게 되고, 그렇게 되니까 이제 아는 사람이 되는 거죠. 그래서 친구가 되고, 이웃이 되고, 가끔 말다툼도 하게 되고, 싸움도 하고, 미운 정도 들고, 고운 정도 들고요.

이렇게 아는 사람들이 많이 생기면 시간이 지나서 그 지역에 또 분쟁이 일어났을 때 그 사람들을 걱정하게 되고, 살아 있는지 가서 봐야 할 것 같은 느낌이 들 것 같아요.

강경란 네, 맞아요.

내가 정글로 간 이유

김여진 정말 보러 가고 싶을 것 같아요. 풋풋한 청년들이 정글에서 중년이 될 때까지 싸우고 있고, 또 아프가니스탄 같은 곳에는 항상 전쟁을 옆에 두고 살아가는 사람들이 있다는 것을 알면 더 그럴 것 같아요. 20대~30대 청년들 중에도 카메라를 들고 어딘가를 찾아가는 다큐멘터리스트가 되고 싶은 분들이 있을지도 모르겠어요. 그래서 조금이나마 경험을 나누어 주셨으면 합니다.

강경란 한때 아웅산 수치 여사를 무척 좋아했던 시절이 있었습니다. 1993년 10월 〈타임〉지 표지에 실린 수치 여사의 캐리커처는 지금도 제 책상 위에 붙어 있습니다. 그 캐리커처를 볼 때면 그녀와의 인터뷰를 꿈꾸었던 시간들이 떠올라 마음이 설렙니다.

  1995년 운좋게 수치 여사와 인터뷰 할 기회를 잡았습니다. 당시 여러 가지 질문을 했는데 그 대답이 제가 기대했던 것과는 많이 달랐어요. 그녀의 현실 판단은 언제나 비폭력 투쟁을 전제하고 있었죠. 그때만 해도 저는 세상을 변화시키는 데 온건한 지도력은 별로 효과적이지 않다고 생각했습니다. 현실 문제에 대한 해법으로 대화를 강조하는 그분의 이야기가 현실을 한참 벗어났다는 느낌, 현실은 여기에 있는데 먼 나라 이야기를 하고 있구나, 하는 생각이 들었죠. 당시 많은 기대를 했기에 실망도 컸습니다.

  그래서 인터뷰를 마치자마자 정글로 들어갔습니다. 머리가 아닌 몸으로 현실을 느끼고 싶었습니다. 삶과 죽음이 팽팽한 긴장 속에 공존하는 현장에서 이 혼돈의 현실을 설명할 수 있는 해답을 찾자고 생각했고, 그 이후로 줄곧 위험 지역을 돌아다니고 있습니다.

지금은 제 이름 앞에 항상 '분쟁 전문'이라는 수식어가 따라다니지만 처음부터 분쟁만을 취재할 생각은 없었어요. 경제 다큐도 만든 적이 있고, 문화인류학과 고고학에도 관심이 많아 그런 프로그램도 만들었죠. 몇몇 분쟁 지역도 쫓아다녔지만 이게 내가 갈 길이다, 라고 생각하지는 않았습니다. 그러다 수치 여사를 만났고, 그날 이후 오늘까지 이렇게 위험하고 험한 일들에 갇혀 지내고 있습니다. 따지고 보면 제 일이 분쟁 지역으로 특화된 것에 수치 여사가 한몫을 한 셈이죠.

때때로 사는 것이 다 그런 게 아닐까 하는 생각을 합니다. 원하고 발버둥 친다고 다 이룰 수 있다면 얼마나 좋겠습니까만 많은 일들이 의도하지 않은 한순간에 의해 결정되잖아요. 그 한순간 때문에 인생을 포기할 순 없으니 준비하고 또 준비하는 것밖엔 방법이 없는 거겠죠. 살아 숨 쉬는 모든 순간에 충실하기, 그 다음은 운명에 맡기기. 저는 성실한 사람에게는 운명도 어찌지 못한다는 걸 믿고 싶습니다.

이 일을 하고 싶어 하는 젊은 사람들에게 제가 해줄 수 있는 말이 있다면 '성실의 힘'을 한번 믿어 보라는 것, 그게 전부입니다.

김여진 촬영할 때나 그 내용을 편집할 때 어려운 점은 없나요?

강경란 방송은 시간 제약을 많이 받습니다. 60분, 30분, 10분……, 프로그램마다 시간이 정해져 있고, 그 규격에 맞춰 이야기의 길이를 조정해야 하죠. 또 이야기의 강도나 수위도 생각해야 하고, 관련된 많은 사람들의 입장도 고려해야 합니다.

그래서 취재된 내용을 모두 다 보여 드릴 수가 없어요. 생략하고, 요약하고, 순서를 바꾸고……, 소위 편집이라는 것을 하게 되죠. 테이프에 담긴 것을 하나도 편집하지 않고 모두 그대로 보여 드린다면 시청자들이 상황을 훨씬 더 잘 이해할 수 있을지 모른다는 생각을 할 때도 있습니다. 생략으로 인한 현장성 상실은 다큐멘터리를 제작하는 사람으로서 항상 가슴 아파하는 부분이고, 원본보다 재미없는 편집본을 보는 건 공포죠.

〈인간의 땅〉의 아프가니스탄 편에는 캐나다 군인이 저에게 나가라고 소리치는 장면이 나옵니다. 이 상황에 대해 이해가 잘 안 간다고 말하는 사람들이 있었습니다. 편집 당시부터 설명이 부족하다는 것을 잘 알고 있었지만 그대로 둘 수밖에 없었어요. 변명 같지만, 문제의 전후 사정을 전달하기 위해서는 너무도 많은 배경 설명이 필요했고, 그러기 위해서는 주어진 방송 시간이 턱없이 모자랐기 때문입니다. 그래서 최대한 요약된 상황만 툭 던져 놓는 불친절이 발생한 거죠.

그 상황은 칸다하르 중심지에서 30~40킬로미터 정도 떨어진 외진 곳을 촬영할 때 일어난 일입니다. 당시 우리 일행이 머물던 호텔에서 그곳에 가려면 차로 어떤 때는 1시간, 어떤 때는 2시간을 달려야 했습니다. 이렇게 시간이 일정하지 않은 건 좋지 않은 도로 사정도 있었지만 무엇보다 폭탄 공격이나 인질극 같은 위험 때문이었어요. 그래서 우리는 우회로를 이용하기도 하고, 출발 시간을 바꾸기도 하고, 도중에 차를 세우고 시간을 보내기도 하는 등 탈레반뿐 아니라 아프가니스탄 경찰, 지역 주민, 그 누구도 우리의 움직임을 예상하지 못하도록 온갖 방법을 다 썼죠. 이런 위험한 길을 마치 전투를 치루듯 한 달가량 매일 왔다 갔다 하다가 저 장면을 촬영하게 됐습니다.

우리가 취재하던 곳은 캐나다군을 비롯한 다국적군과 아프가니스탄 경찰이 함께 사용하던 군사 시설인데, 시설로 들어가는 입구는 캐나다군이 통제하고 있었습니다. 원래 아프가니스탄 주둔 다국적군과 관련된 취재는 정해진 절차를 밟아 취재 허가를 받아야 가능합니다. 우리는 아프가니스탄 주둔 다국적군 본부에서 발행하는 프레스 카드(press card)를 가지고 있었지만 캐나다군이 지키는 건물 입구를 통과하기 위해서는 칸다하르에 주둔하는 캐나다군 본부의 취재 허가를 다시 받아 두는 게 가장 확실한 방법입니다.

그런데 전 세계에서 몰려드는 수많은 취재진을 상대하는 미군이 정해진 절차에 따라 비교적 합리적이고 개방적으로 언론을 대하는 것과는 달리, 아직 해외 파병 초보 단계인 캐나다군은 자국 외의 해외 언론에 폐쇄적이라 취재 허가를 얻기가 여간 힘든 게 아니었죠. 사실 우리의 취재 대상은 캐나다군이 아니라 아프가니스탄 경찰이었고, 더욱이 우리는 아프가니스탄 정부가 발행한 이곳에 대한 취재 허가 및 칸다하르 주지사, 경찰서장의 추천장 역시 이미 확보하고 있었는데 단지 건물 입구를 통과하지 못해 취재를 하지 못하는 건 말도 안 되는 이야기 아니겠어요? 그래서 캐나다군의 취재 허가를 생략한 채 경찰서 취재를 밀어붙여 보기로 했어요.

저보다 하루 전 그곳을 찾았던 네덜란드 기자의 경우 반나절을 바깥에 서 있다 돌아왔다는 이야기를 들었기 때문에 많이 걱정했었는데 다행히 큰 어려움 없이 통과했어요. 물론 그냥 들어간 건

▲ 분쟁 취재 전문 프리랜서 강경란 피디(FNS 대표)

◀ 군인들과 함께 휴식을 취하고 있는 강경란 피디의 모습. 그녀는 말한다. "자신의 일에 의심을 품지 말고, 잔머리 굴리지 말고, 그냥 꿋꿋하게 자신이 선택한 길을 가라."

아니고 캐나다군 담당자를 설득하는 과정이 있었죠.

공식적인 방법이 벽에 부딪히는 경우 저는 인간적인 접근(?)을 자주 시도합니다. 키도 작고 몸집도 별로 없어 보호해 주어야 할 것 같은 저의 외형적 조건을 백퍼센트 이용하는 거죠.

우리가 촬영한 장소는 허허벌판에 자리하고 있어서 언제 어떻게 공격받을지 모르는 곳으로, 주변에 몸을 피할 곳이 없어 건물 밖에서 오래 기다리는 건 저 같은 외국인, 특히 민간인에게는 아주 위험한 일이었죠. 그런 곳에서 계속 버티고 있으니 캐나다군도 우리를 일단 안으로 들여보낼 수밖에 없는 상황이었어요.

하는 수 없이 안에 들여보내긴 했지만 처음에는 아무도 저를 상대해 주지 않더군요. "돌아가라"는 말만 계속했습니다. 하지만 저는 끈질기게 담당자 면담을 요구했고, 결국 "아프가니스탄 경찰만 찍겠다. 캐나다군은 절대 영상에 담지 않겠다"는 약속을 하고 그곳을 편하게 드나들 수 있게 되었습니다.

처음 한 달은 굉장히 사이좋게 지냈어요. 제가 그들의 요구 조건을 하나도 어기지 않고 잘 지켰거든요.

그러던 어느 날 탈레반이 아프가니스탄 경찰 초소를 공격해 7~8시간 동안 교전이 계속된 큰 전투가 터졌고, 부상당한 경찰들이 우리가 취재하던 경찰서로 실려 오기 시작했어요. 아프가니스탄 경찰에게는 총상을 입은 부상자들을 응급조치할 만한 능력이 전혀 없어 기지를 함께 사용하던 캐나다군 의료팀이 경찰서로 와서 치료를 해줬죠. 당시 우리는 캐나다 군인을 찍으려고 한 게 아니라 부상당한 아프가니스탄 경찰들을 찍었어요. 그런데 캐나다 군인들이 예민해져 찍지 말라고 한 차례 경고를 하더군요.

하지만 그런 상황을 취재하는 것이 제 직업인데 찍지 말란다고 안 찍을 수는 없잖아요. 계속해서 찍다가 한바탕 욕을 듣고, 경찰서 건물 안으로 쫓겨 들어가 있었어요. 안에서 지켜보고 있자니 더 많은 부상자들이 실려 오고 제 다큐멘터리의 주인공 중 한 사람이 부상자들과 함께 들어오는 게 보이더군요. '안 되겠다, 이렇게 손 놓고 있을 수만은 없다'는 생각이 들었습니다. 그래서 다시 나갔다가 캐나다 군인에게 또 걸렸죠.

이때 우리 카메라맨이 멱살을 잡히고 곤욕을 치렀습니다. 그래서 제가 군인들에게 소리치기 시작했지요. 방송본에는 이런 상황이 모두 생략되었지만 만약 여러분이 원본 테이프를 본다면, 제가 군인들과 싸움하는 이런 상황을 가장 재미있어 하지 않을까, 하는 생각이 듭니다. 싸움은 결국 우리가 기지 밖으로 쫓겨나는 걸로 끝났어요.

우리는 아무런 보호도 없이, 내리쬐는 햇볕을 피할 그늘조차 없는 초소 앞에서 2시간이나 서 있어야 했습니다. 밖에 서 있는 동안 참 겁이 나더군요. 몸을 숨길 곳 하나 없는 허허벌판이 주는 공포, 군인들이 왜 참호를 파는지 알겠더군요. 도망가고 싶었어요. 당시 멀찍이 세워 둔 우리 차가 정말 크게 보이더군요. 그 차만 타면 지긋지긋한 그곳을 벗어날 수 있을 것 같은 마음······.

하지만 두려움보다는 여기서 취재를 포기할 수는 없다는 생각이 훨씬 더 절실했습니다. 그래서 초소 앞에서 버티며, 이 일에 조금이라도 도움을 줄 만한, 제가 알고 있는 모든 사람들에게 전화를 걸며 초소 책임자에게 통하지도 않는 으름장을 놓았죠.

"내가 여기 이렇게 있다가 탈레반의 공격을 받아 죽으면 너희 책임이다. 이 상황을 실시간으로 보도할 거다. 전 세계로 보도 다 나간다."

하지만 산전수전 다 겪은 군인들에게 그런 큰 소리가 통하기나 했겠어요? 우리는 무려 세 달 동안이나 출입금지를 당했고, 그때의 캐나다군이 다른 부대와 임무교대를 하면서 겨우 취재를 다시 시작할 수 있었습니다.

이렇게 긴 이야기를 다큐멘터리에 단 몇 분 안에 몰아넣었으니 시청자들이 이해가 안 간다며 여러 가지 상상을 한 건 어쩌면 당연한 것이겠지요.

가다 보면 언젠가는 끝이 있으리라

김여진 잠깐 제 이야기를 하자면 제가 처음 연극을 시작할 때만 해도 한 번도 연기자를 꿈꿔 본 적이 없었고, 전공도 연극이 아니었습니다. 학예회 연극도 해본 적이 없는 사람이었는데 처음 보러 간 연극이 너무 좋아서 한 달간 공짜로 포스터를 붙이겠다고 자청했어요. 왜냐하면 그래야 매일 연극을 볼 수 있으니까요.

그러다 갑자기 그 연극의 주인공이 펑크를 내는 바람에 제가 대신 무대에 올라갈 기회를 얻게 되었죠. 그렇게 연극을 시작했어요. 그러니까 꿈을 꾼다고 해서 그 꿈이 꼭 이루어지는 것은 아니지만, 때로는 꿈이 자기를 찾아오기도 한다는 거죠. 특별하게 그걸 꿈꾸지 않았어도 그냥 좋아서 하다 보니까 그 길을 가게 되는 일도 있는 것 같아요.

또 이런 게 있어요. 지금 20대들과 30대들은 어떻게 하면 자신의 삶을 멋지게 살 수 있을까, 그런 꿈들을 꾸는데 막상 생각처럼 안 되는 것은 미래에 대한 불안 때문이 아닐까 싶어요. 지금 내가 하고 싶은 일을 했을 때 과연 앞으로 먹고살 수 있을까, 안정된 생활을 할 수 있을까, 내 노후와 말년이 괜찮을까, 이런 막연한 불안감 때문에 지금은 미래를 위해 뭔가 준비를 하고 그래서 안정된 기반을 마련하고 나면, 그 다음에 하고 싶은 일을 한다, 이런 생각이 들 때가 많거든요. 피디님은 어떠셨나요? 20~30대에 그런 걱정은 안 하셨나요?

강경란 저는 제가 하는 일로 많은 돈을 벌어야겠다거나 유명해져야겠다는 생각을 해본 적이 없어요. 정말 단 한 번도 해본 적이 없어요. 하지만 지금은 돈이 많으면 좋겠다는 생각을 합니다. 돈이 없으니까 불편한 게 참 많더군요. 나이를 한두 살씩 더 먹어가면서 '그때 생각을 바꿔서 돈 버는 데도 머리를 좀 썼으면 좋았을걸' 하는 생각도 합니다.

젊은 시절엔 돈에 관심조차 없었죠. 돈은 마음만 먹으면 언제든 벌 수 있는 것이라고 생각했거든요. 젊고 자신만만했기 때문에 그럴 수 있지 않았나 싶어요. 성공에 대해서도 마찬가지였어요. 좋아서, 정말 열심히 그 일을 한다면 언젠가는 좋은 결말을 보리라 생각했지요. 그러니 누가 알아주고 안 알아주고는 문제가 아니었어요. 그게 옳다고 생각했기 때문에 그렇게 하는 것이 너무나 당연한 일이었던 거죠. 스스로 옳은 길을 가고 있다는 확신이 있다면 남이 뭐라든 그게 뭐 대수겠어요?

남의 평가에 연연하지 않는 용기와 자신감이 제 젊은 시절을 당당하게 만들어 주었다면, 오십이 된 지금 저를 당당하게 해주는 것은 한눈 팔지 않고 열심히 살았다는 자부심입니다.

저는 지난 20년간 한길만을 달려왔습니다. 남이 뭐라 그러든 말든 제 길을 가다 보면, 언젠가는 끝이 있을 것이라 믿으며 살았어요. 그 끝이 좋을지 나쁠지는 누구도 모르는 일이죠. 그런 것에 신경을 쓰다 보면 아무 일도 못하게 되죠. 끝이 어떨지 아예 무시해 버리든지, 아니면 자기최면을 걸어 끝이 정말 좋을 거라고 생각하든지, 둘 중에 하난데요, 저는 끝이 어떨지를 생각 안 하는 쪽입니다.

김여진 그러면 지금 혹시 꿈이 있으세요?

강경란 제 꿈은 여관 주인이 되는 겁니다. 위험 지역에서 오래 취재하다 보면 단 하룻밤만이라도 깨끗하고 따뜻한 침대에서 마음 편하게 쉴 수 있었으면 하고 간절히 바랄 때가 많습니다. 또 이곳저곳 돌아다니다 보면 감기 몸살을 달고 살아야 하죠. 그럴 때 따뜻한 국 한 그릇이 사무치게 그립더군요. 그것만 있으면 등줄기를 타고 내리는 으스스한 한기도, 목구멍을 쿡쿡 찌르는 아픔도 다 없어질 것 같은데, 그 국 한 그릇 먹기가 어쩌면 그리도 힘들던지……. 그래서 한때는 아프가니스탄에 저 같은 사람들을 위한 여관을 여는 일을 진지하게 생각해 본 적도 있습니다. 하지만 그곳 상황이 언제 안정될지 몰라 포기했습니다. 그런데 아프가니스탄이 아니면 어디가 좋을지는 아직 결정하지 못했어요. 또 여관을 차리려면 돈도 꽤 있어야 하잖아요. 이런 저런 실질적인 문제가 해결이 안 되어서 여관 주인은 아직 꿈으로만 간직하고 있어요. 누구든 힘들 때 와서 편하게 잘 수 있고 따뜻한 국 한 그릇 먹을 수 있는 그런 여관을 여는 것, 참 멋진 꿈 아닌가요?

그래도 사람은 다 살아요

김여진 피디님의 꿈 이야기를 들으니 참 근사하다는 생각이 드네요. 물론 장사가 잘될지는 모르겠어요. 우리나라 관광객들이 아프가니스탄으로 많이 갈까 이런 우려도 있지만, 세계 곳곳에서 분쟁 지역으로 취재를 오고 또 다큐멘터리를 찍으러 오는 분들이 편하게 쉬었다 갈 수 있는 휴식 공간이 생긴다면 참 좋겠다, 그러면 좀더 분쟁 지역에 들어가기 쉬워지겠다, 관심도 훨씬 더 가질 수 있겠다, 이런 생각이 들었습니다.

그런데 한편으로는 분쟁 지역에서 여관을 하면 무섭지 않을까 하는 생각도 들어요. 그러니까 여관을 하시다가 옆에서 분쟁이 나면 어떻게 하고, 폭격을 맞으면 어떻게 하며, 또 분쟁 지역에 들어가셨을 때 느닷없이 맞닥뜨릴 수도 있는 죽음이 두렵지 않을까, 이런 생각이 들어요. 어떠세요?

강경란 죽음은 누구에게나 극복하기 힘든 문제 같습니다. 그래서인지 수많은 분들이 제게 똑같은 질문을 합니다.

"두렵지 않으세요? 겁나지 않나요?"

저는 이렇게 대답하죠.

"전쟁터라고 항상 위험한 건 아니에요. 전쟁 났다고 모두 다 죽는 것도 아니고요. 한국에서도 잘못하면 교통사고로도 죽을 수 있잖아요. 위험 지역이라 해서 생각처럼 그렇게 무섭진 않아요. 괜찮아요."

하지만 솔직히 말씀드리면 괜찮지 않습니다. 무서워요. 그런데 무섭다는 것이 우리가 일반적으로 생각하는 것과는 좀 다른 느낌이에요.

우리는 전쟁이 터지면 보따리 싸가지고 어디로든 도망가야 할 것 같고, 길에서 폭탄이 터지고 사람이 죽어나가는 그런 곳에서는 단 하루도 못 살 것 같다고 말합니다. 그런 곳에서 사람들이 어떻게 일상을 유지할 수 있을까 궁금해합니다.

그런데 사람은 살아요. 전쟁이 터지고 옆에서 폭탄이 터져도 사람은 다 살아요. 눈앞에서 자살폭탄이 터져 20명이 죽었다, 30명이 죽었다 해도, 죽은 사람들 배가 터져서 내장이 삐져나온 거 다 본 사람들이 돌아서서 케밥을 먹죠.

전쟁 통에도 열여덟, 열아홉 청춘들은 연애를 합니다. 탈레반 시절에는 공공장소에서 남녀가 같이 있는 게 발각되면 처벌받기도 했는데 그런 공포 분위기 속에서도, 부르카를 둘러쓰고, 남자와 여자는 은밀히 만나곤 했죠. 그게 사람 사는 거예요. 미군이 바그다드를 폭격한 바로 며칠 뒤에도 사람들은 야채, 허브 같은 것을 가지고 나와 좁다란 골목에다 벌여놓고 장사를 하더군요. 죽지 않고 목숨이 붙어 있으면 사람은 다 살아요.

전쟁은 죽음을 부르고 파괴를 부르죠. 사람들은 각박해지고 잔

인해집니다. 그런 걸 보면 저도 무서워요. 하지만 그 무서움의 강도가 한국에서 상상하는 것과는 달라요. 서울에서 전쟁터를 생각하면 발이 떨어지지 않죠. 상상 속의 공포는 실제보다 훨씬 더 강도가 셉니다. 하지만 현장에서 직접 경험하는 공포는 오히려 비현실적입니다. 항상 어디서든 존재하는 강도 높은 공포는 사람을 마비시키고 중독되게 합니다. 아니면 어떻게든 살아남기 위한 발버둥이 너무 절박해서 감히 죽음의 공포를 느낄 겨를이 없는 건지도 모르죠.

우리나라에서 위험 지역에서의 경험을 떠올리면 비명이 저절로 나옵니다. 다시는 그곳에 가고 싶지 않죠. 그런데 웃긴 건 정작 제가 그곳에 있었을 때는 그렇게 무섭지 않았다는 겁니다. 그때 제가 느꼈던 것은 두려움이라기보다 오히려 무력감 같은 것이었어요.

"죽어야 한다면 죽는 거지, 뭐 어떻게 하겠어."

죽는 것도 사는 것도 다 팔자고 운명이라는 체념은 두려움보다는 오히려 심적인 평온함을 가져다 줍니다. 그래서 전쟁터의 사람들은 매일 매일 죽음을 마주해야 하는 엄청난 압박감 속에서도 일상을 유지할 수 있는 건지도 모르겠습니다.

김여진 분쟁 지역에 갔다 돌아와서 다시 생각하면 두렵지만 일단 현장에 가시면 찍느라고, 싸우느라고 무서움도 잊으시는 것 같아요. 항상 무슨 일이든 하기 전에는 두렵고, 하고 나면 내가 이걸 어떻게 했지 싶어요? 그래서 남들이 "그걸 어떻게 하셨어요?" 물으면 "글쎄요"라고밖에는 할 말이 없을 것 같아요. 혹시 피디님은 특별히 겁이 없다거나 담력이 좋다거나 그렇진 않으신가요?

강경란 그렇진 않아요. 오히려 소심하고 겁도 많은 편이에요. 거기다 어수룩한 데도 많아요. 길치에 방향치이기도 하고요. 그래서 어머니는 제가 길을 잃을까 봐 항상 걱정하시죠. 제 고향이 삼천포인데요. 삼천포가 참 아름답고 좋은 곳이지만 무척 작아서 갈 곳이 별로 없어요.

그런 곳에서도 길을 못 찾는데 외국 나가서 대체 얼마나 고생을 하고 다니는지 모르겠다며 안타까워하시죠. 어머니는 또 제가 입이 짧다고 걱정하십니다. 이것저것 아무거나 잘 먹지 않고 가리는 게 많아 어디 가서 굶지나 않을까 염려하시는 거죠.

그런데 어머니의 걱정은 기우일 뿐이에요. 제가 길치이긴 하지만 일할 때는 전혀 문제가 없거든요. 외국에 나가면 몇 년을 같이 일한 믿을 만한 친구들이 운전을 하기 때문에 제가 혼자 힘으로 어딘가를 찾아나서야 하는 일은 거의 없어요. 또한 입이 짧아 음식을 가리는 것도 먹을 게 넘쳐나는 서울에서나 있을 법한 이야기죠. 없으면 뭐든 다 먹게 됩니다. 어머니의 걱정에도 불구하고 저는 어디 가서 뭘 못 먹어 고생한 적은 한 번도 없어요.

제 어머니 말씀을 한 번 더 빌리면 사람은 닥치면 뭐든 다 하게 되어 있어요. 위급하면 누구나 겁이 없어집니다. 살 수 있는 기회를 겁난다는 이유로 포기하는 경우는 극히 드물죠. 영원한 겁쟁이도, 영원한 길치도, 영원한 공주님 입맛도 세상에는 없다고 할 수 있어요. 필요하면 스스로 적응하게 되어 있는 거죠.

신뢰, 사람을 살리고 죽이는 힘

김여진 정말 분쟁 지역 체질이신가 봐요. 지금까지 이야기를 들어봤는데 정말 이 분야의 선구자이신 것 같아요. 아까 운이 좋아서 이 분야를 선점하게 됐다고 하셨는데, 사실은 아무도 가지 않은 길을 홀로 헤치고 가신 거라는 생각이 들어요. 무슨 매뉴얼이 있었던 것도 아니고, 당시엔 이렇게 해라, 저렇게 해라 가르쳐 줄 선배도 없었을 것 같은데요. 그런데도 어느 때는 탈레반과 인터뷰를 하고, 어느 때는 미군과도 인터뷰를 하셨잖아요. 적으로 싸우고 있는 두 집단을 동시에 인터뷰한 거죠. 또 현지 사람들과 친밀한 관계를 맺고 우정을 유지하고 계시고요. 이 모든 것을 가능하게 하는 힘은 과연 무엇일까요?

강경란 가장 강조하고 싶은 것은 신뢰를 바탕으로 한 팀워크입니다. 저 혼자서는 아무것도 할 수 없습니다. 취재 때는 카메라맨, 통역, 운전기사가 가장 기본적인 인력이고, 이들이 한 팀이 됩니다. 카메라맨은 제 눈이고, 통역은 제 입이고, 운전기사는 제 발이죠. 눈과 입과 발이 머리의 생각에 맞춰 한발 한발 앞으로 나가는 거죠. 그래서 이들과의 호흡이 취재의 성패를 좌우합니다. 취재를 마치면 후반 작업에 들어갑니다. 작가, 음악 감독, 편집 감독 등 많은 스태프들이 작품의 완성도를 높이기 위해 최선을 다하죠.

저는 같이 일하는 동료가 20년 전이나 10년 전이나 지금이나 거의 변하지를 않았습니다. 그러다 보니 호흡도 잘 맞을 뿐 아니라 서로를 믿는 힘도 강합니다. 혹시 제가 없어도 제가 뭘 원하는지 알아서 척척 해결해 나가죠.

〈인간의 땅〉은 작품성을 인정받아 국내외에서 많은 상을 받았습니다. 하지만 그건 누구 한 사람에게 보내는 찬사가 아니었습니다. 이 작품은 3년이 넘는 긴 시간 동안 불평 한마디 없이 자신의 역할에 최선을 다한 동료들이 있었기에 가능했습니다. 목숨을 걸어야 하는 위험한 현장에서 저를 믿고 따라와 준 취재팀의 헌신이 없었다면 '리얼리티와 영상미를 갖춘 최고의 작품'이라는 평가는 듣기 힘들었겠죠.

두 번째로 말씀드리고 싶은 것은 네트워킹입니다. 일을 하는 데 가장 중요한 것이 정보고, 정보는 탄탄한 인맥에서 나오는 거죠. 우리가 사는 게 다 네트워킹이잖아요. 만들어진 궤도를 따라 흐르는 익숙한 일상에서도 네트워킹이 요구되는데 모든 게 낯선 외국에서는 얼마나 절실하겠습니까? 정보와 사람의 연결망을 만들기 위해서는 때로는 영악함도 필요하겠지만, 그런 관계는 오래가지 못합니다. 사람들이 바보가 아닌 다음에야 '저 사람이 뭔가 바라는 게 있어서 내게 잘해 준다'고 의심하는 순간 그 관계는 금이 갈 수밖에 없죠. 정말 오래오래 사귀면서 서로를 알고 신뢰를 쌓아 온 관계는 언제든, 어디에서든, 누구에게든 다 통한다고 생각합니다.

그렇게 쌓은 신뢰는 새끼를 칩니다. 제가 누군가와 신뢰에 기반을 둔 좋은 관계를 맺고 있으면 무언가 필요할 때, 그 친구에게 부탁할 수 있죠.

"이런저런 일을 해야 하고 그 일을 성사시키기 위해 누구, 누구를 만나야 하는데 어떻게 해야 할까? 좀 도와줘."

그러면 그 친구는 마치 자기 일처럼 발 벗고 나섭니다. 자신이 못하면 해결할 수 있는 누군가를 소개해 주죠. 그런 식으로 또 다른 사람을 만나고 관계의 연결망은 점점 넓어지는 거죠.

20년 가까이 분쟁 지역을 오가며 제가 얻은 것이 있다면 지금껏 제 옆에 남아 있는 진짜배기 친구들입니다. 폭탄이 터지는 곳이든 바퀴가 푹푹 빠지는 진흙구덩이 길이든 제가 원하는 곳이면 어디든 저를 안전하게 데려다 주는 친구, 언제 어디서든 제 입과 귀가 되어 주는 친구, 양과 닭으로 이어지는 똑같은 메뉴에 질려하는 저를 위해 오이 피클을 담아 보내는 친구 등등, 그들 모두가 제 정보원이 되어 주고, 회사나 국가가 해주지 못하는 보호자 노릇을 해줍니다.

저는 네트워킹에서 가장 중요한 것은 마음가짐이라고 생각합니다. 서로를 위해 주고 믿어 주는 마음이 무엇보다 필요하죠. 상대를 이용해 욕심을 차리려는 것이 아님을 이해시켜야 합니다. 그래서 서로의 실수조차 너그러운 마음으로 받아들일 수 있는 신뢰를 쌓아 가는 것이 가장 중요한 일인 것 같습니다

김여진 그쪽에서는 보통 정보원이라는 표현을 쓰는데 강경란 피디님은 친구라고 표현하시네요. 그곳에 가면 CNN도 있고, BBC도 있고, NBC도 있을 텐데, 심지어 피디님은 KBS, MBC, SBS 소속도 아니면서, 그야말로 누구 하나 알아주거나 간판이라고는 없는 독립 다큐멘터리스트인데 그런 네트워크를 가졌다는 사실이 놀라워요.

어떻게 하면 그런 네트워크와 친구를 가질 수 있을까요? 원래 친구가 많으신지, 아니면 친구도 분쟁 지역에서처럼 생존 차원에서 사귀시는 건지요. 친구를 사귀는 법이랄까, 그런 이야기를 좀

▲ 미군 점령 뒤에도 부르카로 얼굴을 가린 채 살아가는 아프가니스탄 여성들.

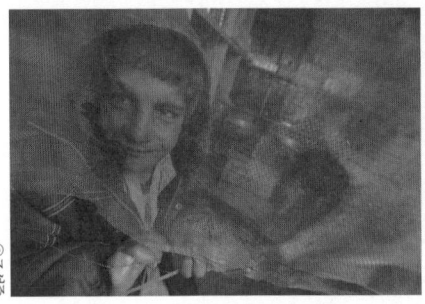

▲ 미군 점령 뒤 거리에 내몰린 아프가니스탄 아이들.

▲ 2007년 크리스마스를 맞아 미군이 나눠 주는 선물을 받기 위해 필사적으로 손을 내밀고 있는 아프가니스탄 주민들.

해주시겠어요?

강경란 저는 친구가 많지 않습니다. 하지만 아주 오래된 친구는 좀 있습니다. 그 사람들은 제 모든 단점을 감싸 주고 저를 친구로 받아 준 고마운 사람들입니다. 대인관계에서 저는 끊고 맺고 하는 게 좀 유별난 편입니다. 좀처럼 손해보는 짓은 안하는 이기적인 타입이기도 합니다. 그럼에도 불구하고 주변 사람들은 저를 사랑하고 보호해 주고 기꺼이 도와줍니다. 그래서 어떤 사람들은 절 복받은 사람이라며 부러워하죠.

방송은 해야 하는데 부득이한 사정으로 제가 한국으로 돌아오지 못하는 경우가 간혹 있습니다. 그러면 취재된 테이프만 일단 한국으로 보냅니다. AD도 없이 프리랜서로 일하기 때문에 제가 현장에 없으면 뒤처리해 줄 사람이 아무도 없어요.

그런데도 편집이 되고, 원고가 나오고, 녹음이 되고, 방송이 나갑니다. 대부분 같이 일하는 작가가 일처리를 해줍니다.

"강경란이 못 들어온단다. 당신은 이 일 하고, 당신은 저 일 하고······."

이렇게 일을 맡기면 다들 모여서 군소리 한마디 없이 도와줍니다. 후반 작업을 할 때도 편집도 원고도 녹음도 음악도 모두 10년, 20년씩 같이 일해 온 동료들이 각자 알아서 자기 몫을 해내고 납품까지 해줍니다. 그래서 사람들이 절 보고 "진짜 재수도 더럽게 좋네!" 이래요. 저는 그 친구들한테 베푼 것도 별로 없고 착하게 군 적도 없는데 고맙게도 많은 도움을 받고 있습니다.

가끔 사람들이 왜 그렇게 진심으로 저를 도와주는지 생각해 볼 때가 있어요. 목숨 내어놓고 뛰어다니는 제 모습이 안쓰러워 보여서일 수도 있겠고, 오래 같이 일하면서 미운 정, 고운 정 다 든 동료에 대한, 대가를 바라지 않는 순수한 우정일 수도 있겠죠. 그것이 어떤 이유 때문이든 저처럼 좋은 동료를 가지는 건 쉬운 일이 아닐 겁니다. 사람들 말처럼 확실히 복받은 거죠.

그래서 저는 앞으로도 한 우물을 파는 우직한 마당쇠로 살 생각입니다. 자신의 일에 의심을 품지 않고, 잔머리 굴리지 않고, 그냥 꿋꿋하게 자신이 선택한 길을 가는 것, 이것이 주위 사람들이 제 친구가 되어 주는 이유이고, 그것이 저를 옆에서 지켜봐 주고 도와주는 친구들에게 보답하는 길이라 생각하기 때문입니다.

절반의 절망과 절반의 희망 사이

김여진 오늘 주제가 '인간의 땅, 아시아의 절망과 희망'인데 아시아의 희망은 뭐라고 생각하시는지 궁금합니다. 조금은 어렵고 진지한 질문이네요.

강경란 아주 오래 전 이야기입니다. 아마 10년은 훨씬 더 됐을 거예요. 민다나오에서 모로해방군을 취재하던 중 한 필리핀 활동가를 알게 됐습니다. 그때 그와 나눈 대화를 저는 아직 생생하게 기억합니다. 당시 저희는 국제사회의 혼란에 대해 의견을 주고받다가 결국 이야기가 과연 인간에게 희망이 있는가, 하는 데까지 흘러갔습니다.

"인간이 인간다움을 잃어버리고 자연이 자연의 모습을 파괴당한 이런 세상에서 내 아이가 살아야 한다고 생각하면 끔찍하다. 사람들은 서로를 죽이지 못해 안달하고, 물도 공기조차도 마음 놓고 마실 수 없는 이런 세상에서 무슨 희망을 이야기할 수 있는가. 나는 아이들에게 너희들의 시간은 지금보다 더 나을 거라 말해 줄 자신이 없다."

이렇게 이 세상에 희망이 없다며 흥분하는 저에게 그 필리핀 활동가 친구가 조용히 말하더군요.

"그렇기 때문에 희망을 가져야 한다. 미래는 지금보다 더 나아질 것이라고 믿어야 한다. 좀더 나은 세상을 만들기 위해 우리가 노력하면 분명히 희망은 있다. 내 아이들이 이 세상에서 자라고 있고 이 세상에서 살아야 하기 때문에 나는 이 세상에 희망이 있다고 믿는다."

당시 저는 그 사람의 의견에 동의할 수 없었습니다. 파괴적이고 이기적인 인간 본성이 소수의 선한 사람들의 노력으로 바뀔 수 있는 게 아니라고 생각했죠.

하지만 미래에 대한 긍정적인 그의 태도만은 부정하기 힘들었습니다. 세상은 이런 사람이 있어 조금은 나아질 수 있으리라는 기대도 하게 됐지요.

그때부터 '희망'이 제게 화두가 되었습니다. '사람'은 제가 분쟁 지역 취재를 포기하지 못하는 이유였습니다. 비록 전쟁으로 파괴와 절망만 남은 땅이지만 좌절하지 않고 다시 일어서는 사람들을 만나는 게 참 좋았습니다. 비록 가진 게 없어도 서로 나누고 도우는 순수한 마음이 좋았습니다. 저 같은 나그네에게도 쉬어 가길 권하고, 뭐든 먹여 보내고 싶어 하고, 뭐든 쥐어 주고 싶어 하던 그들의 마음을 잊을 수 없었습니다.

그래서 위험하다고 모두가 말리는 그 땅을 다시 찾아갔고, 갈 때마다 좀더 나아지고 걸 보는 것이 행복했습니다.

그런데 하루는 아프가니스탄에서 오랫동안 같이 일해 온 친구가 제게 말하더군요.

"아무도 믿지 마라. 나도 믿으면 안 된다. 내가 오늘 어떻게 변할지 나 자신도 모른다. 믿을 거라곤 당신 자신밖에 없다."

그러면서 제가 왜 아무도 믿으면 안 되는지 그 이유를 상세하게 이야기하더군요.

"당신을 한 인간으로 순수하게 쳐다보는 사람은 이제 아무도 없을 거다. 당신을 보면 모두 돈을 생각한다. 당신은 걸어 다니는 돈다발이다. '저 여자를 납치하면 몸값이 얼마나 될까?' 당신을 보면 우리 머릿속에는 이런 생각이 먼저 떠오르는데 누구를 믿을 수 있겠느냐?"

그의 이야기는 저를 소름끼치게 했습니다. 납치의 두려움 때문만은 아니었어요. 더 이상 저를 인간으로 보지 않는 그들의 잔인한 마음 때문이었습니다. 제가 그렇게 좋아하던 사람들이 무서워지기 시작했습니다. 정말 다시는 그곳으로 돌아가고 싶지 않았죠.

그런데 요즘 저는 그곳을 그리워합니다. 다시 돌아가고 싶어요. 무엇이 저를 그렇게 만드는지 생각해 봅니다. 아마도 사람이 아닐까 합니다. 사람들이 제게 베풀어 주었던 따뜻함에 대한 기억이 두려움보다 더 깊은 모양입니다. 비록 위험이 도사리고 있고, 아무도 믿을 사람이 없다지만, 그래도 제가 위급함에 빠지면 친구들은 저를 버리지 않을 거라는 꿈을 꿉니다.

제게 아시아는 그런 곳입니다. 파괴와 절망 속에서도, 각박한 삶 속에서도, 따뜻한 마음을 놓지 않는 사람들이 사는 곳, 이 세상에 더 이상 희망은 없다고 말하는 저 같은 사람조차 희망을 꿈꾸게 만드는 땅, 색깔과 냄새와 소리, 어느 하나도 같은 게 없는 다양성의 땅 그리고 고향 같은 포근함으로 저를 반기는 순박한 사람들, 그것이 바로 아시아의 힘이자 희망이라고 생각합니다.

김여진 네, 얘기 잘 들었습니다. 그럼, 이제부터 강경란 피디님께 궁금한 사항 있으시면 물어봐 주세요.

청중 1 제가 국가기록원에서 아르바이트를 하는데요. 기록원에 있는 경찰청 문서를 보면 죽은 사람들의 사진이 실려 있습니다. 처음 그걸 보고 큰 충격을 받았어요. 우리가 그동안 평화롭고 안정된 사회에서 살다 보니까 죽음에 대해 참 무감각해진 것 같은데 그 사진들을 보면 육신이라는 게 언제 죽어도 이상할 게 없다는 생각이 들더라고요. 그러면서 사람에게 행복이라는 것이 무엇인지, 진짜 찾아야 할 행복이 무엇인지 생각해 봤어요.

일반적으로 사람이 죽기 전에는 진실한 말을 한다고 하잖아요. 이 몸이 이제 죽어 없어지는데 더 이상 거짓말을 해서 뭐하겠습니까. 그래서 죽음을 앞두면 진실한 말을 하게 될 것 같은데, 분쟁 지역 사람들은 항상 죽음과 접해 있으니만큼 그들의 말은 훨씬 더 진실할 거라는 생각이 듭니다. 그리고 분쟁 지역 사람들이 하루 종일 울고 있지만은 않잖아요. 그 사람들도 힘들고 지치고 하니까 웃고 싶고 또 그 순간이라도 행복해지기를 바랄 텐데, 그들이 진실로 바라는 행복이란 무엇일까요? 어느 때 진짜 행복한 웃음을 짓고, 또 무엇에 진정한 행복의 가치를 두는지, 돈인지, 이념인지, 아니면 몸의 편안함인지, 직접 가서 보고 느끼신 강경란 피디님께 듣고 싶습니다.

강경란 삶과 죽음에 대한 이런 철학적 물음들은 언제나 저를 우울하게 합니다. 생의 마지막 순간을 아름답게 맞이하는 경우를 본 적이 별로 없기 때문일까요? 극한 상황에 처한다고 해서 사람들이 반드시 진실해지는 건 아닌 것 같더군요. 극한 상황이기 때문에 오히려 더 악랄해지는 경우도 많이 봤어요.

분쟁 지역을 돌아다니면서 가까이 다가와 있는 죽음을, 또는 죽음과 같은 상황을 수용하는 다양한 모습들을 봐왔습니다. 그중 가장 인상에 남는 것은 팔레스타인과 이라크였습니다.

팔레스타인 사람들은 비록 오늘 내일 죽을 운명은 아니지만 죽은 자와 같은 삶을 살죠. 전기도 물도 외부로부터 공급받고 통행도 제한받는 가자지구 사람들은 물론이고 눈앞에 자유로운 이스라엘 사람들의 삶을 바라보며 갇힌 삶을 살아야 하는 서안지구의 팔레스타인 젊은이들을 보면 가슴이 아픕니다. 그들을 보면 목숨이 붙어 있다고 반드시 살아 있다고 할 수 있는 건 아니라는 말이 무슨 뜻인지 이해가 갑니다.

전쟁의 후유증을 앓고 있던 2004년의 이라크에서 시내의 아이스크림 가게로 나들이 나온 어느 가족을 본 적이 있어요. 그때 '아, 사는 게 이런 거구나' 하며 진정한 삶의 의미를 생각해 봤어요. 당시는 자살폭탄 공격이 끊이지를 않았고 시내 이곳저곳에서 전투가 있어서 사람들이 모두 집안에 갇혀 있다시피 했어요. 그 와중에 바그다드의 아이스크림 가게가 문을 안 닫고 영업 중이었는데 가끔 남자들이 지나가다가 아이스크림을 사 먹곤 했지요. 그 가게에서 딸 넷과 아내와 함께 외출 나온 한 중년 남자를 만났습니다.

그 당시 가족이 시내로 아이스크림을 먹으러 나오는 건 굉장히 무모하고 위험한 일이었어요. 그래서 제가 "이렇게 위험한데 어떻게 딸들을 데리고 여기를 왔나요?"라고 물었지요. 그랬더니 "그렇지 않아도 여기 오면서 폭탄이 터져 사람들이 죽는 장면을 봤습니다"라고 대답하더군요. 그러면서 덧붙이는 말이 "위험한 건 알지만 너무 오랫동안 집에만 갇혀 있어 답답해하는 딸들에게 바깥을 보여 주고 싶었어요"라고 하더군요.

막상 외출을 하기로 마음먹었지만 아무 데도 갈 곳이 없었답니다. 그래서 그들이 선택한 것이, 유일하게 문을 연 아이스크림 가게로 피크닉을 나오는 것이었어요. 그 아버지에게 물었어요.

"집에 돌아가다 폭탄이 터지면 어떡해요?"

그러자 아버지가 그러더군요.

"그래도 어쩔 수 없죠. 그래도 오늘 저녁에 이렇게 아이스크림을 먹은 것만으로도 우리 가족은 행복해요."

질문하신 삶과 죽음에 관한 문제는 쉽게 말할 수 있는 게 아니지만, 이 가족의 이야기로 제 생각을 대신할 수 있었으면 합니다.

청중 2 저도 아프가니스탄과 미얀마에 잠깐 있었는데요. 물론 피디님처럼 오래 있진 않았지만, 제가 보고 느끼고 경험한 것과 피디님이 말씀하신 것들이 공감되는 점도 있고, 또 다른 부분도 있는 것 같습니다.

분쟁 지역 전문 피디의 입장에서 그리고 언론인의 한 사람으로서 국제 분쟁을 전하는 한국 언론의 책임과 역할에 대해 어떻게 생각하시는지 묻고 싶습니다.

2011년에 한국군이 지역재건팀(PRT)으로 아프가니스탄에 파병을 나가잖아요. 이에 대해 언론에서는 단순하게 "이번에 500명이 파병을 간다, 지방재건팀은 이런 것이다" 정도로만 소개하거나 아프가니스탄 재건에 참여하여 국가적 위상을 높인다든가, 인도적 지원에 대한 불가피성을 강조하는 정부의 입장만을 그대로 대변하는 것 같습니다.

보통 분쟁 지역에 개입하는 데는 '무력 개입'과 '인도적 개입'이 있는데 우리나라가 이 부분에서 굉장히 딜레마가 많잖아요. 유엔평화유지활동(PKO)의 일원으로 일종의 무력적 파병도 하고, 한편으로는 지방재건팀으로 가는 인도적 지원을 하는 등 두 가지 개입이 동시에 이루어지죠.

그런데 이 두 가지 활동의 상관관계, 즉 '총을 들고 하는 구호 활동'에 대한 논쟁이 굉장히 많은 것 같은데 이런 부분에 대해서 한국 언론이 제대로 밝히지 않고 그저 인도적 개입을 정당화하는 역할만을 이야기하는 것 같아요. 이러한 문제점들에 대해 피디님은 어떻게 생각하시는지 궁금합니다.

강경란 전달자의 개인적인 이데올로기나 견해로부터 자유로운, 완벽하게 중립적인 객관적 보도라는 것은 불가능하다고 생각합니다. 어떤 문제에 대해 보도를 하든, 다큐멘터리를 찍든, 그것을 만든 사람의 의도나 견해가 그 안에 담길 수밖에 없겠지만 그래도 사적인 견해를 최소화하기 위해 노력하는 것이 언론인의 의무이자 책임이다, 이게 흔히 우리가 하는 이야기죠. 파병 문제처럼 예민한 사안이 나오면 우리는 흔히 이런 미사여구 뒤로 숨어 버리곤 합니다.

아프가니스탄은 취재 자체가 힘듭니다. 취재를 위해서는 그곳에 가야 하는데 아프가니스탄은 여행금지국이라 한국 정부의 취재 허가를 받기 전에는 입국 자체가 불가능합니다. 취재 허가를 받으려면 정부가 선호하는 내용을 취재 대상으로 삼을 수밖에 없죠. 취재 목적이 정부의 아프가니스탄 파병에 반대하기 위한 것이라면 허가를 해주겠습니까? 가령 '한국군의 지방재건팀 활동이 과연 아프가니스탄 사람들에게 적절한 것인가, 무기를 든 지방재건팀 활동이라는 것이 바람직한 것인가'를 보도하기 위해서라면 취재를 허가해 줄까요? 안 해줄까요? 정부의 허가라는 것 자체가 처음부터 취재의 범위를 제한한다는 것이 제 생각입니다. 그러다 보니 취재 허가를 받은 상태에서 나오는 보도가 한쪽으로 치우쳐 있다고 느끼는 분도 분명 계실 테지요.

한국 언론이 국민이 원하는 바를 충족시키지 못한다는 점은 저도 인정합니다. 하지만 그게 모두 언론인의 잘못일까요? 지금과 같은 환경에서 아프가니스탄에 대해 여러분이 알고 싶은 것을 다 듣고자 한다면 방법은 단 하나뿐입니다. 막지만 말고 누구든 들어가 취재할 수 있도록 해주는 겁니다. 하지만 우리는 일단 여기서부터 막혀 버리는 거죠.

여행금지국으로 묶어 놓고 무조건 못 들어가게 하는 것도 문제지만 거기서 무슨 일이 일어나는지 알리기 위해 수단과 방법을 가리지 않고 들어가겠다고 고집하는 사람도 문제이긴 마찬가집니다.

일단 아프가니스탄에 들어간다 칩시다. 그 다음은 취재 활동인데, 그곳 취재가 그렇게 만만하지 않다는 게 또 문제입니다. 지금 아프가니스탄은 정말 위험합니다. 저와 같이 일하는 카메라맨이 최근에 자주 아프가니스탄에 왔다갔다 했어요. 전쟁 취재에 관한 한 굉장한 베테랑입니다. 그런데 이 친구가 얼마 전 미군들과 캠프에 있다 탈레반의 공격을 받았는데 포탄이 바로 앞에서 터지는 바람에 귀가 잘 안 들려 고생하고 있어요. 그리고 나선 아프가니스탄에는 다시는 안 간다고 하더군요. 전쟁 취재 베테랑조차 고개를 흔들 만큼 그곳은 지금 상황이 좋지 않습니다.

그런데도 제 주변에는 아프가니스탄 취재를 가고 싶은데 어떻게 하면 좋을지 물어오는 사람들이 꽤 있어요. 이때 저는 제일 먼저 "비자는 해결했냐?"라고 물어요. 그러면 "어떻게든 해결하겠다." 또는 "무조건 국경까지 가서 어떻게 해보겠다"라고 대답합니다. "그곳에 아는 사람은 있나? 안전은 어떻게 할 것인가?" 물어보면 대부분 대책이 없습니다. 그냥 가겠다는 거죠. 이건 아주 위험한 생각입니다. 정부에서 가라, 마라 하는 게 문제가 아니에요. 아는 사람도 하나 없이 순수한 열정만으로 아프가니스탄에 가겠다는 건 정말 무모한 짓이에요. 그분들은 이렇게 말해요.

"안전이 보장 안 된다고 아무도 안 가면 진실은 누가 알리나? 모두 입 다물고 그냥 있으란 말인가?"

그런데 우리나라에도 갈 수 있는 분들, 자격이 있는 분들이 분명히 있습니다. 정보망을 갖추고 안전에 유의하면서 성공적인 취재를 해나갈 수 있는 그런 인력이 많아요. 그런 자격 있는 분들에게 정부의 심사에 의한 허가가 아니라 공정한 기회를 주고, 한국의 지역재건팀 활동이라는 것이 과연 어떤 의의가 있고, 어떤 문제가 있으며, 문제 해결을 위해 어떤 대처가 필요한지 심층적으로 취재할 수 있게 해야 합니다.

물론 언론은 아무 문제없고 모두 정부 탓이라는 건 아닙니다. 말씀하신 문제에 대해 저를 포함해서 언론인들이 알면서도 말하지 않는 자신의 비겁함을 잘 알고 있다고 생각합니다.

청중 3 어쩌다 보니까 다큐멘터리 피디가 됐다고 하셨는데 혹시 다른 일을 하셨다면 어떤 일을 하고 계실지 궁금합니다. 또 요즘 젊은 세대들은 자기가 하고 싶은 일이 무엇인지도 모르는 채 살아가는 경우도 많고 자기 꿈이 뭔지도 모르고 살아가는 경우도 많은데 그런 분들에게 인생 선배로서 하고 싶은 이야기가 있다면 어떤 것일지 궁금합니다.

강경란 저는 다큐멘터리를 안 했다면 아마 회사원 또는 제가 그다지 하고 싶지 않았던 학교 선생님, 둘 중 하나가 되지 않았을까 해요.

저는 지극히 평범한 사람입니다. 배우 김여진 씨처럼 끼가 많지도 않고, 김연아 선수처럼 운동신경이 발달한 것도 아니고, 잘하는 게 별로 없는 사람이에요. 학교 다닐 때 말 잘 듣고 공부 좀 했다는 대부분의 사람들이 가는 길 있잖아요. 아마 그런 길을 갔을 겁니다. 어쩌다 보니까 지금처럼 살고는 있지만요.

평범한 사람이라고 해서, 특별한 능력이나 재능이 없다고 해서, 꼭 평범하게 살아야 하는 건 아니잖아요. 살다 보면 피치 못할 사정으로 자기가 원하든 원치 않든 무언가를 선택해야 하는 경우가 있죠. 그때 아무 생각하지 말고, 앞뒤 재지 말고, 마음이 시키는 대로 행동한다면 후회는 없지 않을까 싶습니다. 그게 바로 자신이 정말 원하는 것이고, 정말로 하고 싶은 일이 아닐는지요.

인생 선배로서, 제가 나이로는 분명히 선배이긴 한데 인생에 있어서도 선배인지는 잘 모르겠습니다. 그래서 오늘 여기 오면서 준비해 온 글이 하나 있는데 그걸로 대신하겠습니다.

제가 1961년생인데 이분은 1961년에 노벨 문학상을 받으셨어요. 유고슬라비아의 세르비아 쪽 출신이고, 이름은 이보 안드리치라는 분이에요.

이분이 쓴 《길가의 표지》라는 길지 않은 소설이 있어요. 노벨 문학상을 받은 작품은 아니지만 이 소설에 나오는 한 구절이 제 이야기를 하는 것 같아 이렇게 적어 왔어요.

"왜 당신은 이 일을 하는가, 왜 당신은 이 일을 포기하지 못하는가, 삶과 죽음의 경계를 오가며 당신은 무엇을 생각했는가? 그때 당신 마음은 어떠했는가?"

사람들이 항상 제게 이렇게 물어왔지요. 하지만 저는 제 마음을, 제 생각을 잘 표현할 수가 없었습니다.

그런데 최근에 《길가의 표지》라는 소설을 보고 소름이 끼치더군요. 제 생각과 너무 같아서요.

여러분이 고민한다는 것 자체가, 아까 어떤 분이 질문하신 아시아의 절망과 희망에 관한 이야기처럼, 이 세상에 희망이 있다는 증거라고 생각해요. 더 많이 생각하고 고민하고 실천하다 보면 자신뿐 아니라 세상을 위해 조금은 도움이 되는 삶을 살 수 있지 않을까 싶어요.

강경란 피디가 생각하는 평화란

(1946년, 사라예보) 베오그라드에서처럼 여기에서도 나는 거리에서,
백발이 되어가거나 완전히 백발이 된 젊은 여성들을 많이 보게 된다.
그들의 얼굴은 고통에 시달렸지만 여전히 젊어 보였고,
그들의 몸매는 훨씬 더 명백하게 젊음을 드러냈다.
나는 지난 전쟁의 손길이
이 연약한 인간들의 머리 위를
어떻게 스쳐갔는가를 보고 있는 것 같았다.
이러한 광경은 미래에 보전될 수 없다.
이들의 머리는 곧 훨씬 더 희어지고 사라질 것이다.
이는 유감스런 일이다.
미래의 세대들에게,
젊은이 특유의 아랑곳 하지 않는 성질을 도둑맞은
이 백발의 젊은이들보다 더 명확하게
우리 시대에 관해 말해 줄 수 있는 것은 없을 것이다.
이 작은 기록을 통해 그들로 하여금 적어도 기념비나마 가지게 하자.

_ 이보 안드리치의 《길가의 표지》 중에서

두 번째 꿈, 사랑

노희경

드라마 작가, JTS 홍보대사
작품 〈거짓말〉, 〈그들이 사는 세상〉, 〈꽃보다 아름다워〉 외 다수

지금 사랑하지 않는 자, 모두 유죄

사랑
멘토
노희경

드라마를 쓴다. 1995년 데뷔 작품으로 처음 시청자와 만났다. 연기자의 몸을 빌어, 세상에 던진 대사에는 장식과 우회가 없다. "나 같은 에미도 에미라구 일 갔다 들어오면 자다가두 벌떡 인나, 입을 맞추고, 젖을 만지고, 엉덩일 흔들어대는데…… 젠장, 말은 귀찮다고 하고도 그게 좋드라구. 우리 같은 게 어디 그런 사랑 받아나 봤냐." 극본 속 술집 작부는 잃어버린 딸을 그리 회고했다.

사랑받지 못하는 이들이 내뱉는 사랑이 통속인 시대, 작가 나이 29살이었다. 이듬해 〈세상에서 가장 아름다운 이별〉, 또 해 지나 〈화려한 시절〉, 〈꽃보다 아름다워〉, 〈바보 같은 사랑〉, 〈거짓말〉, 〈고독〉, 〈굿바이 솔로〉, 〈우리를 행복하게 하는 몇 가지 질문〉, 〈그들이 사는 세상〉을 내놓았다. 여럿 '노희경 후유증'을 앓았다.

후유증이 길어지는 이유는 대사의 무게 탓이겠다. 저마다 내 얘기라고들 했으니까. 깊은 기억을 건져 올린 뒤 원고지에 널면 "지금 사랑하지 않는 자 모두 유죄"란 말도 소금처럼 남는다. 손바닥만 한 수기가 수없이 포스팅되며 작가는

'사랑 판관'이 되었다. 20~30대 독자의 가슴을 또 때렸다. 세상은 여전히 그에게 사랑을 물어온다.

"그를 사랑하고, 그는 사랑하지 않아요. 이젠 그와 헤어지고, 그에게 고백하려고 해요. 잘 설득해서 멀어지는 방법이 없을까요? 3년째 연애 중입니다. 설레지가 않아요. 어떻게 해야 할까요? 질투를 극복하는 방법이 있을까요? 확신이 없을 때 어떻게 하셨어요? 그러니까…… 청춘 남녀의 사랑법, 노하우가 있는 건가요?"

경상남도 함양 산골 마을에서 7남매 가운데 여섯째로 태어났다. 가난, 불화, 방황으로 도색된 성장 과정을 원망했다. 이제 "아픔의 기억이 많을수록 좋다"고 말한다. 가족의 사랑이 늘 글 아랫목에 있다. 작가는 독신이다. JTS 홍보대사로 굶주리는 아이들을 돕는다. 1966년 태어나 1988년 서울예술전문대학 문예창작학과를 졸업했다.

사랑은 이상과 현실에서 떠돈다. 아득한데 아프고 아픈데 아득한 이유일 것이다. 그 비극만이 현실이다. 영화 〈길다〉로 만인의 연인이 되었던 여주인공 리타 헤이워즈의 말마따나 "사람들은 길다와 잠들고, 리타와 깨어난다."

여럿 그의 드라마에서 잠들고 싶었으리라. 방황도 혼동도 없는 그곳. '양다리'를 걸쳐 본 적 있고, 사랑 때문에 죽고 싶었던 적 있으나, 시청률 때문에 울어 본 적 없고, 작가직을 후회해 본 적 없다는 여자가 이런 현실에 이르기까지. "서른 중반까지는 미친 듯 연애해야지요. 하지만 사랑과 섹스를 구분해야 해요. 열정과 자극을 혼동해선 안 돼요."

다시 태어나도 작가가 되고 싶은 사람

김여진 오늘은 비도 오고 덥기까지 했어요. 하루 종일 오락가락하는 이상한 날씨였는데도 불구하고 이렇게 많은 분들이 오셨습니다.

오늘 사랑 이야기 해볼 텐데요. 좋으시죠? 사랑 이야기. 오늘 이 자리에 모실 분은 제가 감히 우리나라 '최고의 사랑 이야기꾼', '사랑의 대가'라고 부르고 싶은 분입니다. 여러분이 정말 좋아하는 노희경 작가님 모실게요. 어서 오세요, 작가님. 저녁 식사는 하셨어요?

노희경 네, 먹었습니다.

김여진 오늘은 강연 들어가기에 앞서 노희경 작가님께 궁금해할 만한 것들을 O× 문답으로 준비했습니다. 빠르게 진행해 보도록 하겠습니다. 너무 많이 생각하지 마시고 바로 대답해 주시면 됩니다.

양다리를 걸쳐 본 적 있다. O
사랑 때문에 죽고 싶었던 적 있다. O

나는 아직 기다린다, 프러포즈를. ×
시청률 때문에 울어 본 적 있다. ×
작가 때려치우고 싶었던 적 있다. ×
누군가를 죽도록 미워해 본 적 있다. ○
다시 태어나도 작가를 하고 싶다. ○

김여진 시청률 때문에 울어 본 적 없고, 프러포즈 기다리지 않고, 작가 때려치우고 싶은 적 없으시네요, 맞나요?

노희경 네.

김여진 이야기를 풀어가면서 그 이유를 들어보죠. 첫 질문부터 시작할게요. 양다리 혹은 그 이상을 걸쳐 봤다고 했는데, 혹시 그때 죄책감이 드셨는지요?

노희경 나중에는 죄책감도 좀 들었지만 한창 여기저기 걸치고 있을 때는 그걸 안 들키는 게 중요하지 죄책감은 중요한 게 아니었어요.

김여진 솔직하게 몇 다리까지 걸쳐 보셨나요?

노희경 네 다리, 다섯 다리?

김여진 모두 20대 때 일이시죠?

노희경 네.

김여진 그 비결이 뭘까요?

노희경 다 좋은 거죠. A, B, C, D 다 좋은 거예요.

김여진 누구 하나 버릴 수 없는 상황이었나요?

노희경 아니죠. 버릴 수는 있는데 욕먹을까 봐 못 버리는 거죠.

김여진 그럼, 결말은 어떻게 됐는지 얘기해 주시겠어요?

노희경 정리가 됐죠. 들켜서 정리된 것도 있고, 어떤 경우는 직접 말을 해서 정리가 된 것도 있고요. 그리고 일단 그런 관계를 한 반년 이상 갖다 보면 체력이 못 견뎌요. 그때 제 연애관이 많이 정리가 된 것 같아요.

김여진 그 무렵에 연애관이 정리되었다고 하셨는데, 20대 시절이니까 꽤 오래전 이야기지만, 그래도 생각이 많이 나실 것 같아요. 드라마에서도 꾸준히 그런 사랑 이야기를 해오셨잖아요.

노희경 그럼요. 지금도 생각나죠.

연애, 알면서도 속는 것?

김여진 사랑했던 시절의 기억을 되살려서 지금 연애하고 있는 분들에게 성공하는 연애 방법을 알려 주세요. 특히 '나는 왜 연애만 하면 실패할까', '나는 왜 연애도 한 번 못 해볼까', '나는 왜 사랑하려다 말까', 이런 것을 고민하는 분들에게 사랑과 연애에 관한 나만의 노하우랄까 이런 얘기를 들려주세요.

노희경 한창 연애할 때는 특별한 방법이 별로 없었던 것 같아요. 그냥 뜨거운 거지. 보고 싶으면 찾아가고 상대를 괴롭히겠다고 작정하면 반드시 성공하고……. 뭐, 이런 거였죠. 그런데 지금 드는 생각은 뭐랄까, 그때 짰던 이런저런 작전들이 다 실패했거든요. 이제 와서 생각해 보면 잘못된 방법을 사용했구나 싶어요. 지금 다시 제게 사랑이 뭐냐고 묻는다면 이해(理解)라고 대답하고 싶어요. 내 마음을 이해하고 상대의 맘을 이해하려 애쓰는 거죠. 사랑에 대해 진지해지고 끊임없이 질문을 해볼 필요가 있다고 생각해요. '내가 정말 행복하려고 연애를 하는가? 아니면 단지 뜨거운 걸 원하는 건 아닌가? 행복보다는 소유하기 위해서 사랑하는 건 아닌가?' 이런 걸 스스로에게 묻고 상대에게 질문할 필요가 있어요. 가끔 우리는 행복해지는 걸 두려워하거든요.

김여진 그게 무슨 말씀이세요? 행복해지는 걸 두려워한다는 건 무슨 의미일까요?

노희경 사실 20대에 연애할 때는 단지 자극이 중요하죠. 그건 행복과 거리가 멀어요. 내가 얼마나 애끓는지가 중심인 거죠. 상대를 자극하고 내가 자극받고 하는 것. 거기에 무슨 이해가 있고, 거기에 무슨 평화가 있겠어요. 솔직히 연애하면서 싸우는 남녀를 보면 부럽잖아요.

김여진 나도 저래 봤으면 하는…….

노희경 그렇죠. 밤에 남자가 여자 때문에 막 뛰어가잖아요. 그게 부럽잖아요. 그런데 거기에 무슨 평화가 있겠어요. 어떻게 하면 오늘 저 놈 속을 뒤집어서 나한테 뛰어오게 할까, 내가 어떻게 하면 그 남자한테 멋있게 보일까를 생각하죠.

알다시피 우리가 연애할 때 연기를 배우잖아요. 그런데 지금은 '아, 그런 것들이 내가 진정성이 없는 거였구나. 내가 걔를 행복하게 해주거나 나를 행복하게 하려고 사랑했던 게 아니었구나!' 하는 생각이 들어요.

연애라는 게 어떻게 해서든 서로를 자극하는 거잖아요. 요즘 드라마를 봐도 방법이 그래요. 여자가 남자를 화나게 해요. 그래서 남자가 화가 나서 술을 한잔 먹고 그걸 풀려고 여자한테 가서 따지는 거예요. "너 왜 그랬냐?" 그러면서 싸워요. 여자가 말하죠. "난 그런 뜻이 아니었어!" "어, 그래?" 그러다 보면 서로 오해를 풀고 키스하면서 잠자리까지 가는 게 드라마의 기본 정석이죠.

아무 일도 없이 편하게 앉아서, "오늘 나랑 잘래?" 이렇게 나가는 드라마 본 적 있어요? 그러니까 싸우는 목적도 상대가 내 말을 이해하느냐 안 하느냐는 상관이 없어요. 오늘 어떻게 쟤를 기분 나쁘게 만들어서는 달래 주는 척하다가 술 한잔을 하며 같이 자느냐, 그런 거예요. 그런데 어렸을 때는 이걸 몰라요. 자기가 이렇게 하고 있다는 사실을 알아채지 못해요. 내가 오늘 남자를 기분 나쁘게 해서 남자가 화가 났는데 오히려 나중에는 나를 달래 주느라 시간이 늦어지죠. 그러니까 얘기를 좀더 하자며 모텔이나 여관 같은 얘기할 장소를 찾는 거죠. 여관에 들어가면서도 전혀 잘 생각이 없어요. 애초에 얘기하려고 들어간 거니까. 하지만 알다시피 결과는 그렇게 되지가 않죠.

　우리가 연애를 할 때는 자신이 그러는 걸 몰라요. 내가 오늘 그 사람을 유도해서 어떡하든 잠자리로 가게 하려고 한다는 걸 자신이 모르는 거죠. 그게 테크닉인 줄도 몰라요. 사십이 넘어도 모르는 사람이 있어요. 그래서 계속 그렇게 행동하는 사람이 있어요. 쉰 살이 돼도 몰라요. 이제 나는 안 거예요. 아, 이게 그런 거구나. 그래서 그만하자, 힘들다, 체력도 안 되고. 이제는 걔가 짜증 내면 그냥 화가 나요. 그만했으면 좋겠고 지치는 거죠.

김여진 제가 드라마 〈그들이 사는 세상〉에서 작가 이서우 역할을 했어요. 기억이 나는 게, 작가 이서우가 피디 지호랑 남녀 주인공 사이의 사랑 이야기를 하다가 울어요. 와인을 한 잔 들고 주인공의 감정에 푹 젖어서 진심으로 울면서 작가와 피디가 이야기를 만들어 가요. 그 장면이 굉장히 공감이 가더군요. 아, 이렇게 쓰시는구나, 라는 생각을 그때 했어요. 지금도 드라마를 쓰실 때 그렇게 젖어 드시는지요?

노희경 그럼요. 그래서 그때 제가 쇼를 한 게 가소롭지 않고 '아, 그것도 열정일 수 있겠구나. 내가 만약 그때 그러지 않았으면 지금 그러는 사람들을 이해하지 못하겠지. 주인공이 뛰쳐나가는 게 다 가짜라고 생각하겠지.' 이렇게 생각하며 주인공들이 울고불고 해도 그걸 비웃지 않고 정말 예쁘게 보는 거예요. 알면서도 속는 거, 그게 예쁜 거잖아요.

그런데 헤어질 때는 이런 게 다 빌미가 돼요. "넌 뻑 하면 자려고 그랬잖아." 이런 게 빌미가 되지만 그게 다 예뻐요. 그렇게 쇼를 하고 상대를 들볶아서 오늘 어떡하든 쟤를 기분 나쁘게 하는 게 목적인 거니까, 울려야 하죠. 여자가 울든 남자가 울든 울려야 해요. 그래서 술 먹고 남자가 막 뛰어가잖아요. 우리는 구경하면서 "야, 쟤네들 진짜 예쁘다." 이러면서 부러워하는 거죠.

두 달쯤 전에 아주 재미있는 일이 있었어요. 강연이 있어서 부산에 갈 일이 있었는데 마침 제 친언니도 결혼 20주년이고 해서 식구들끼리 함께 가서 자고 오자, 뭐 그렇게 식구들이 다 같이 내려갔죠. 강연이 밤늦게 끝나서 한 11시 정도 됐을 거예요. 언니와 동생이랑 호텔 엘리베이터를 탄 거예요. 그런데 한 여자가 술에 취해서는…… 남자는 술을 안 먹었더라고요. 둘이 딱 엘리베이터에 탄 거예요. 우린 이럴 때는 귀를 바짝 세우고 들어요. 무슨 대사가 오가나 하고. 진짜 너무 웃긴 게 두 사람이 삼류 드라마에 나오는 대사를 똑같이 따라하더라고요. 여자가 몸을 못 가누면서 나 많이 취했다고 어쩌고 하니까, 남자가 알았다고, 들어가서 그냥 얘기만 하자는 거예요. 그러니까 여자가 "나 오늘 정말 너랑 이러고 싶지 않아. 나 정말 얘기만 하고 싶다고." 그러니까 남자는 "그래 알았다니까, 우리 쉬면서 얘기나 하자." 이러는 거예요.

우아, 세상 사는 게 이렇게 똑같구나, 생각했죠. 그런데 이게 유치한 게 아니라 인생이 바로 그런 거예요, 인생이.

김여진 드라마가 학습시켜 주는 거 아닐까요?

노희경 그 영향도 있죠. 사실 드라마가 사람들을 학습시키는 부분도 많아요. 그렇잖아요? 아니라고 생각하세요? 스스로 특별하다고 생각하나 봐요? 다 영향 받아요! 삶이 드라마에서 영향을 받고, 또 드라마가 삶에서 영향을 받고, 계속 서로 주거니 받거니 하는 것 같아요.

김여진 제 친구가 지금 연애 중인데 잘 안 되나 봐요. 그래서 학습하려고 〈그들이 사는 세상〉을 보고 또 본대요. 제 친구처럼 이렇게 마음이 안 내려놔질 때는 어떻게 하는지, 뭐라고 하는지 궁금하네요.

노희경 어떻게 남자 속을 긁어 가지고 오늘 밤 우리 집에 오게 하나, 달려오게 하나, 하는 게 목적이겠죠. 정말 내려놓을까를 고민할까요? 그렇다면 참 좋네요. 어떤 사람에게 다가설까를 고민하고, 그가 왜 그랬을까를 고민하고, 그러다, 그냥 져주자는 맘이 아니라, 아, 그가 그래서 '그랬겠구나.' 이해한다면, 아마도 연애가 참 많이 깊어질 거예요.

우리는 행복해지려고 사랑을 한다

김여진 그러면 현재 유치찬란한 사랑을 꿈꾸고 또 배우 못지않게 연기를 하며 오늘 밤 어떻게 하면 상대의 속을 긁을까 머리 굴리고 계신 많은 청춘남녀에게 '사랑, 이렇게 해라' 이런 노하우를 좀 알려주세요.

노희경 저는 연애를 한 서른 초중반까지는 해야 한다고 생각해요. 그것도 미친 듯이. 그때는 노하우가 없어요. 그냥 오늘 긁고 싶으면 긁으면 돼요. 그렇잖아요. 이때는 아무렇게나 해도 되는 것 같아요.

다만 사랑과 섹스를 좀 구분할 줄 알아야 해요. 자극과 열정을 구별해야 해요. 이런 건 자기 자신한테 좀 물어볼 일인 것 같아요. 지금 내가 하는 게 정말 사랑인가, 아니면 얘랑 자기 위해선가, 질문해 보는 거죠. 아니다, 난 얘랑 안 자도 좋다, 자지 않더라도 별 상관이 없겠다, 얘가 날 자극하지 않아도 된다, 이 사람의 존경을 얻고 싶다, 그렇다면 '인간의, 인간에 대한' 존경이 있는 거죠. 그러니까 따라가고 싶은 것, 본받고 싶은 것, 정말 이 사람이 세상을 행복하게 할 것 같다, 등등 수많은 질문 속에서 확인할 수 있는 것들이 있잖아요.

우리가 사랑할 때 참고할 정말 아름다운 모델들이 많아요. 요즘은 《로미오와 줄리엣》이 모델이라는 게 문제인 거죠. 셰익스피어가 《맥베스》 같은 작품을 쓴 사람이에요. 그런 작가가 열여섯 살 짜리 애들이 만나서 연애하다 며칠 만에 죽어 버리는 걸 진정한 사랑이라고 이야기했겠어요? 이건 반어적인 거예요. 근데 이런

▲ 노희경 작가는 말한다. "사랑하고 섹스를 구분할 줄 알아야 해요. 자극과 열정을 구별해야 해요. 이런 건 자기 자신한테 좀 물어볼 일인 것 같아요. 지금 내가 하는 게 정말 사랑인가, 아니면 애랑 자기 위해선가, 질문해 보는 거죠."

것들이 요즘 연애와 사랑의 모델이죠. 자극하고 자극받고 이러는 게 모델이 돼 버렸어요. 자극받는 그 순간에 막 떨리면서 오늘 애랑 어떻게 안 하면 미칠 것 같고 돌아 버릴 것 같은 거죠. 남자애가 쇠문을 걷어차면서 "따라와!" 그러니까 여자가 "싫어!" 막 소리를 지르고 울고불고 하죠. 길바닥이고 어디고 상관없이.

우리가 궁극적으로 원하는 게 무엇이고, 그래서 우리가 어떻게 할 것이냐까지 얘기해 볼 수 있다면, 그럼 난 진지하게 말할 수 있어요. 진짜 저 밑바닥까지 가는 그런 자극이 사랑인지, 아니면 사람을 배려하는 것이 사랑인지 알잖아요. 우리가 사랑을 모르지 않거든요. 사랑의 좋은 점들을 알잖아요. 성경에 나오는 좋은 말들, '사랑은 온유하며 교만하지 않으며' 이런 말들을 우리가 다 알잖아요. 그럼에도 그런 것들을 우리는 지루하다고 생각해요. 왜? 우리 몸속의 자극이 사랑이라고 생각하게 됐으니까. 섹스가 사랑이란 거죠.

여기서 사전을 찾아봐야 해요. '사랑'이 뭐라고 정의되어 있고, '섹스'는 뭐라고 정의되어 있는지를 찾아봐야 해요. 우리가 그걸 혼동하니까 이런 데 와서 얘기할 때도 사람들과 깊은 얘기를 못 나누는 거예요.

정말 내가 그 사람한테 왜 버려졌는지 우리는 얘기할 수 있어요. 정확하게 알 수 있는데 그걸 혼동하거든요. 섹스와 사랑을 혼동한단 말이에요. 자극과 열정을 혼동하는 거죠. 자극이라는 건 뭔가 간지러운 거잖아요. 이때는 긁으면 돼요. 그럼 가라앉아요. 간지러운 자극을 긁어 주는 건 아주 쉬워요. 그런데 우리가 그런 것에 길들여져 있거든요. 그런 것들이 사랑이라고 세뇌가 되어 있어요.

　가령 이 사람이랑 자고 싶으면 어떻게 하든 수단과 방법을 가리지 않고 자요. 그러고는 잤느냐, 안 잤느냐가 사랑하느냐, 안 하냐의 척도가 되잖아요. 젊은 사람들은 날 안고 싶냐, 안 안고 싶냐가 바로 사랑하느냐, 안 하느냐의 척도잖아요. 이건 구분이 되어야 해요. 이런 것이 구분이 안 되니까 계속 쓸데없는 얘기밖에 할 수 없는 거예요.

　청춘남녀의 사랑에 어떤 노하우가 있을까요? "오늘부터 쟤가 전화해도 한 일주일만 받지 마." 그럼 확 자극이 되죠. "그때 어떻게 해?" "조금만 더 기다려." 그러다 "쟤가 얘기를 하면 어떻게 해요?" "그럼 눈을 깔아."

　이런 걸 나이 삼십, 사십, 오십까지 먹고서도 하는 거예요. 요즘에는 사람들이 젊어져서 나이 오십에도 사랑을 얘기해요. 지금 제 나이가 마흔다섯인데, 저한테 아직도 프러포즈를 기다리느냐고 묻잖아요? 우리 엄마는 마흔다섯에 애가 여섯이었어요. 우리 엄마한테 프러포즈를 기다리느냐, 아직도 섹스 하느냐, 이런 질문 안 했단 말이에요. 사람들이 너무 젊어지니까, 지금도 이런 쓸데없는 논의를 나이가 들어서도 한단 말예요.

　진짜 사랑에 대해서 논의할 거면 밤을 새고 해도 재미있어요. 정말 내가 그 사람한테 언제 위로받느냐, 난 이렇게 위로받고 싶다, 난 널 자극하고 그렇게 휘둘리는 것이 아니라 정말 내가 외롭다는 얘기를 하고 싶다, 이런 진지한 얘기를 할 수 있잖아요. 그런데 할 수 없게 만들죠. 습관이 잘못 들어서…….

김여진 알겠습니다. 그런데 저는 그 열정과 자극이 어쩌면 하나의 요소가 아닐까라는 생각도 좀 들어요. 제가 철이 늦게 들어서 그런지 아직도 그런 것에 많이 휘둘리는 것 같거든요.

노희경 간단하게 정리를 하면, 《플라톤의 대화편》 중에 〈향연〉이라고 있어요. 알다시피 이 책은 소크라테스를 비롯한 수많은 아테네의 지식인들이 모여서 사랑에 대해 주고받는 이야기죠. 당시 사람들이 논쟁을 벌였어요.

"야, 진짜 사랑이 뭔지 알아? 아가페적 사랑이 진짜야."

"무슨 소리, 부모 같은 사랑이 진짜야."

"야, 웃기지 마, 제우스가 최고야."

"아냐, 진짜는 태양신 아폴로의 사랑이야."

"내 생각에는 비너스야."

"엄마처럼 크고 아름다운 사랑, 이게 진짜 사랑이야."

그런데 소크라테스는 가만히 듣고만 있는 거예요. 이때 친구들이 한마디 하죠.

"우리가 사랑에 대해서 논의를 하는 중인데 네가 아는 게 많으니까 이야기 좀 해봐라."

그러니까 소크라테스가 가만히 웃으면서 말해요.

"너희 이야기를 들으니까 그것도 사랑 같고, 저것도 사랑 같고, 다 사랑 같다. 그래서 얘기를 들으면 들을수록 나는 사랑이 뭔지 모르겠다. 하지만 사랑의 궁극적인 목적이 행복하려고 하는 거 아니냐."

그러니까 사람들이 이렇게 말하죠.

"맞아, 불행하려고 사랑을 하는 것 같지는 않아. 그런 것 같네."

사실 〈향연〉에서 소크라테스는 서너 마디밖에 안 해요. 그때 이런 말을 하죠.

"어떻게 해야 우리가 행복해질 수 있을까? 내가 가만히 생각을 해보니 사랑은 행복하려고 하고, 행복은 정말 선할 때만 가능한 것 같아. 악하면서 행복한 사람은 보지 못했거든."

이게 〈향연〉의 마지막이에요. 친구들이 박수를 치면서 끝이 나죠.

이 책을 읽으면서 '아, 내가 지금 행복하려고 이 사람을 자극하나? 내가 행복하려고 이 사람 성질을 돋우고 있나?' 이런 질문만 해봐도 사랑에 대한 답을 스스로 찾을 수 있겠다, 이런 생각을 했어요.

아버지, 내 인생의 딜레마_"그래도 네 엄마랑 이혼은 안 했다"

김여진 노희경 작가님 하면 또 빼놓을 수 없는 이야기가 있지요. 가족. 드라마에서도 책에서도 참 많은 부분 가족에 관한 얘기를 해주고 계신데요, 작가님 가족 얘기를 듣고 싶어요.

왠지 드라마 〈꽃보다 아름다워〉의 한 장면에서 아버지로 출연하신 주현 선생님을 보면서 노 작가님의 아버지가 바로 저렇지 않았을까 짐작해 봅니다. 맞나요?

노희경 행동은 조금 더 나갔죠. 하지만 소리를 지르는 스타일은 아니셨어요. 대신 제 아버지는 당신 스스로는 무슨 잘못을 저지르는지 못 느끼는 거예요. 드라마에서는 집에 애기를 데리고 왔는데, 실제로는 여자를 데려왔어요. 밤에 엄마 자고, 아버지 자고, 그 여자 자고, 나는 엄마 옆에서 자고 그런 적도 있었지요. 아버지는 무엇이 문제인지 전혀 못 느끼셨던 것 같아요.

김여진 그냥 당연하다고 여기신 거죠.

노희경 당시 시골에서는 이런 일이 흔했죠. 아버지가 경상도 분이거든요. 아주 쎄고 쎈 거예요.

김여진 그때 어떠셨어요? 당시 언니들은 나이가 많아서 아버지에 대해 안 참았다고 하셨는데 작가님은 아직 어린 나이였잖아요.

노희경 우리 아버지가 저를 제일 무서웠다고 할 정도로 아버지와 제 싸움은 지난했어요. 정말 많이 싸웠죠. 아주 극악하게 싸운 적도 있고. 그러니까 뭐냐면 아버지가 어쩌다 집에 와요. 어느 때는 몇 달 만에 오시는데, 그럼 언니들하고 아버지가 싸우는 거예요. 나랑 두 살 차이인 언니는 철이 일찍 들었어요. 어릴 때 나는, 좀 안 믿기겠지만 소심하고 조용한 아이였어요. 친구도 별로 없고.

저는 아버지가 오면 반응이 두 가지였어요. 하나는 좋아요. 엄마가 밥을 하고 반찬도 많이 하니까 그건 좋은데, 다른 하나는 싫은 거예요. 아버지가 돈을 별로 안 가지고 오니까 빨리 갔으면 좋겠다 싶었지요. 그리고 담배 사 와라, 다리 주물러라, 심부름 시키잖아요. 그런 게 싫었어요. 나는 아주 단순했어요. 그때만 해도 철이 안 들었거든요.

제가 정확하게 기억이 나는 게 중학교 1학년 때였어요. 어느 날 아버지가 집에 오신 거예요. 언니는 아버지만 오면 오늘 어떻게 아버지 속을 뒤집어 놓을까를 연구했어요. 우리 언니가 많이 써먹던 기법이 뭐냐면, 아침에 밥상머리에서 아버지한테 돈 달라고 하는 거예요. 밀린 육성회비 같은 걸 달라고 하는 거죠. 그러면 아버지가 "돈 없다." 그러잖아요. 그럼, "왜 돈이 없어요! 아버지가 돼서 왜 그런 것도 안 줘요!" 이러면서 싸움이 나요.

그날도 언니가 아버지한테 육성회비를 달라고 그랬어요. 저는 평소 언니의 성질을 알고 있었고, 언니는 아버지가 올 때부터 화가 나 있었으니까 이게 언제 터질지 몰라 조마조마했어요. 그때 저는 아버지 구두를 막 빨리 닦아요. 빨리 구두 신고 가라는 거죠. 싸움이 나고 소란스러운 게 싫은 거예요. 구두를 빨리 닦은 다음 아버지한테 "구두 다 닦았어요." 그래요. 그러면 아버지는 밥을 딱 먹고 그 구두를 신고 나가서는 또 몇 달 동안 안 들어오는 거죠. 그럼 편하게 지낼 수 있잖아요.

어느 날 또 언니가 돈을 달라고 했어요. 그러니까 아버지가 "돈 없다." 그랬어요. 언니가 "아버지가 되어서 왜 자식 등록금도 안 줘요!" 하니까 아버지가 "뭐, 이 새끼야?" 그랬어요. 그러자 우리 언니가 밥상을 엎었어요. 그건 언니가 잘못한 거죠. 그날 언니는 밥상을 딱 엎고 그냥 도망간다는 생각을 한 거예요. 당시 엄마의 얼굴은 '아휴, 빨리 도망가라' 하는 표정이었어요. 엄마는 그저 자식들하고 아버지를 떼놓고 싶은 거지요.

그런데 그날은 아버지가 엄청 화가 난 거예요. 우리가 밥상을 엎은 적은 한 번도 없었거든요. 언니가 밥상을 딱 엎는 순간 아버지가 바로 언니를 때렸는데, 그걸 보고 제가 돈 거예요 당시 제가 중학교 1학년이었는데, 뭘 어떻게 했는지는 모르겠지만 일단 벌떡 일어났고, 기억이 나는 건 제가 아버지를 때렸다는 거예요. 아버지가 놀래가지고 저를 탁 밀었어요. 그때 목 부위가 긁혀서 교복에 피가 살짝 배어날 정도였지요.

시끄러운 소리에 동네 사람들이 몰려와서 구경을 했지요. 그러면서 뭐 저런 년이 다 있냐고, 딸년이 아버지를 때렸다고 그러더라고요. 그때가 제가 아버지한테 가장 크게 대든 거였어요. 아버지가 돌아가실 때까지 이 일로 죄책감을 느꼈느냐 하면, 솔직한 말로 아니었어요. 나중에 생각해 보면 정말 그때 아버지 심정이 안 좋았겠다, 하는 건 있었지만 그건 나중에 든 생각이고 그 당시에는 아니었어요.

어쨌든 그때부터 아버지가 절 무서워했어요. 제가 아버지한테 눈을 치켜뜨면 아무 말도 못 했어요. 그런데 나중에야 그게 다 참아 준 거라는 걸 언니들한테 들었죠. 아버지가 언니들한테 제 걱정을 하신 거예요. 막내가 어떻게 자랄지 모르겠다면서. 아버지는 제 인성을 걱정하신 거지요. 돌아가시기 전에 3년을 저랑 함께 살았는데 그때도 아버지가 들어오시면 텔레비전을 보다가도 벌떡 일어나 나가고, 밥 먹을 때 아버지가 있으면 밤 12시에 다시 차려 먹는 한이 있더라도 안 먹었어요.

당시에는 어떻게 하면 아버지를 괴롭힐까 고민하며 갖은 방법을 다 썼죠. 텔레비전을 보는데 이불 속에서 아버지 발이 닿잖아요. 그러면 아버지 발을 탁 쳐요. 아버지가 눈을 크게 뜨면 또 나가 버리고.

제가 아버지와 화해한 게 마흔이 넘어서예요. 그러니까 아버지가 돌아가시기 전 3년 동안, 제 나이 30대 후반부터 아버지를 조금씩 이해하기 시작했어요.

김여진 아버지와 마지막 3년을 같이 사셨잖아요. 어떤 마음이었을까 싶어요. 객관적으로 봐도 아버지와 화해할 수 있을까 싶고요. 끊임없이 바람을 피우시고 밖에서 여자를 데려오셨는데, 저라도 못 보고 살 것 같거든요. 그런데 아버지의 마지막 3년을 함께 지내셨어요. 어떻게 그러실 수 있었는지, 어떤 마음이셨는지 궁금해요.

노희경 아버지가 덜컥 암에 걸린 거예요. 그 전에는 오빠랑 같이 사셨는데, 오빠가 외국에 나가서 사업을 하고 있었고, 아버지는 올케하고 사이가 안 좋았어요. 또 올케도 외국에 나가고 싶어 했고요. 그럼 아버지를 누가 맡을 것인가, 하다 보니 큰언니부터 쭉 내려온 거죠.

그런데 큰언니는 지방에 있고 또 아버지가 큰언니를 불편해하셨어요. 작은언니는 경제 여건이 안 좋았고, 작은오빠도 경제적으로 좀 여유가 없었죠. 당시 저는 막내 언니랑 같이 살고 있었는데, 어쩔 수 없이 맡았어요. 어쩔 도리가 없어서 맡은 거죠. 아이 맡듯이.

그렇게 시간을 보내던 어느 날 제 안에서 어떤 질문이 생겨났어요. 〈꽃보다 아름다워〉를 쓰고 난 이후였는데 계속 아버지가 마음에 걸리는 거였어요. 어디 가서 가족 얘기를 하다 보면 '가족을 사랑하라' 뭐 이런 말들을 하게 되는데, 그때 아버지가 뒤통수에 딱 걸리는 거예요. 가족 얘기를 하면 마음이 찝찝하고 제가 떳떳하지가 않은 거예요. 그래서 되도록 안 하고 싶은 거죠. 그것이 계속 저한테 체증처럼 남아 있었어요.

평소에 제가 108배를 하는데 당시에는 100일 동안 300배를 했어요. 절을 하면서 문득 이런 생각이 드는 거예요.

'살인을 저질렀다면 그 사람한테 어느 정도의 형벌이 합당할까?'

연쇄살인범이 아닌 이상 제 생각에는 한 20년 정도가 합당할 것 같았어요. 그런데 제가 아버지를 몇 년이나 괴롭혔는지 생각해 보니까 거의 40년을 괴롭힌 거예요. 그것도 끊임없이 형벌을 준 거죠. 볼 때마다 눈으로 욕하면서.

우리는 아버지를 눈으로 욕하는 법을 알았어요. "밥 먹었냐?" 그러면 눈 딱 깔고 "밥 먹고 있잖아요." 또는 "바쁘냐?" 하고 물으면 "보면 모르세요?" 이렇게 대꾸하죠. 하여튼 아버지와 신경전을 벌이면서 드라마에서 갈등하는 방법을 많이 연구하게 됐어요. 어떻게 하면 상대를 괴롭히는 건지, 어떻게 하면 화나게 할 수 있는지를 알게 되는 거죠.

그런데 자꾸 이렇게 하다 보니까 점차 제 자신이 지겨워지더라고요. 진짜 지독하다, 이런 생각이 드는 거예요. 제가 저한테 질리는 거죠. '아버지가 싫다'는 말도 이젠 하다하다 지겨운 거예요.

아버지가 여든까지 사셨는데 바람을 안 피우기 시작한 것이 예순을 좀 넘어서였으니까 제 나이로 스물다섯 살, 스물여섯 살 이후로는 바람을 안 피셨어요.

참 묘한 게, 엄마가 먼저 돌아가시고 아버지가 혼자 됐는데, 첨에는 아버지가 딴 여자 만나는 게 싫었어요. 그런데 나중에는 아버지가 친구든 애인이든 만나러 밖에 나가서 저녁에 들어오시니까 좋더라고요. 심지어 아예 아버지한테 여자 친구가 있었으면 싶더라니깐요. 집에만 있으면 항상 밥해라, 뭐 해라 시키니까요.

그러다 보니 아버지한테 여자 친구가 있어서 늦게 들어왔으면 좋겠다는 생각이 드는 거죠. 그러면서 '이건 뭐지?' 하는 생각이 들기 시작했어요. 결국 저 편하자는 얘기잖아요. 아버지가 바람을 피우든 말든 상관이 없는 거였어요. 일단 제 눈에만 안 띄면 되는 거다, 이런 생각들이 꽤나 혼란스러웠어요.

아버지를 이해하고 싶었다기보다는 정말 제가 제 정체성을 모르겠는 거예요. 특히 글을 쓸 때 제가 사람 간의 의리, 사람 간의 정, 이런 걸 이야기하면서 한편으로는 아버지가 바람피우고 돈을 안 벌어다 준 얘기를 자꾸만 하는 거죠. 그래서 스스로한테 질문을 한 거예요.

"아버지가 돈 벌어다 주면 좋았을까?"

"당연하지."

"야, 너 돈 갖고 사람 판단하는구나."

"어, 그런 거네."

솔직히 전 아버지가 돈 안 벌어다 줬던 게 되게 상처였어요.

"네가 아버지를 돈을 갖고 평가한다면, 다른 사람에 대해서는 어떠니?"

나 자신한테 물어보는 거예요.

"아버지가 바람을 폈다? 너는 네 드라마에서 주인공들 연애하는 얘기하면서 양다리, 세 다리 걸치잖아. 그건 어떻게 설명할래? 너는 그것을 사랑이라고 얘기하는 거니, 아니면 사람들이 재미있어 하니까 쓰니?"

이렇게 질문이 계속 저한테 돌아오는 거예요. 이게 탁 버리면 들러붙고 또 버리면 껌 딱지처럼 들러붙고 그랬어요.

그 다음부터 아버지한테 말을 걸기 시작했어요. 처음에는 몇 번이나 연습을 했어요. 그래서 제가 아버지한테 물어본 게 밖에서 데려온 여자에 관한 얘기였어요. 제일 기억에 남는 사람이 얼굴이 곰보인 여자였는데 키가 컸고 기골이 장대했어요. 제 생각으로는 우리 엄마보다 안 예뻤어요. 그런데 이 여자하고 제일 오래갔어요. 자식까지 낳고. 그 자식은 어떻게 됐는지 몰라요. 지금쯤 아마 마흔 정도 되었을 텐데. 그 여자가 우리 집에서 같이 자고 했던 여자라서 기억에 많이 남았어요.

어느 따뜻한 봄날이었는데 둘이 장미꽃 화단을 가꾸다가 제가 아버지한테 물었죠.

"기억나, 아버지? 옛날에 그 곰보 아줌마?"

그때 제 목소리가 마구 떨리는 거예요. 연습하고 또 연습하고 또 연습했는데도. 정말 아버지도 사랑이었을 수가 있겠다, 이런 생각을 했어요. 마치 제 드라마의 주인공처럼.

"아버지, 곰보 아줌마가 좋았어? 엄마가 좋았어?"

그랬더니 아버지가 정말 너무 따뜻하게 웃어요.

"네 엄마가 좋았어."

그런데 엄마가 좋았다는 게 기분 좋은 게 아니라, 아버지와 이런 이야기를 나눌 수 있다는 게 되게 좋은 거예요. 화도 안 나는 거예요. 저도 지나간 사랑이 있잖아요. 마흔 넘어 살면서 제가 버린 사람도 있고, 제가 양다리 걸친 사람도 있고요. 또 저도 버림을 받아보고, 제가 버려도 보았단 말이에요. 그때 저는 어떤 행동을 해도 다 이유가 있었어요. 그런데 아버지에겐 왜 이유가 없다고 생각했을까? 그러다 어느 날 한 사건이 생각났어요.

제 동생이 죽었을 땐데, 당시 제가 일곱 살이고 동생은 네 살이었어요. 가난한 아이들은 크리스마스날 모두 교회에 가요. 교회에 가면 크리스마스에 떡이랑 먹을 걸 줬으니까요. 그걸 받아먹으려고 온 동네의 가난한 애들이 몇 십 미터나 줄을 섰어요. 동생이 그 추운 날 거기서 떡을 받아먹고는 체해서 쇼크사로 죽었어요. 너무나 선명하게 기억이 나요. 그 아이가 죽던 모습. 엄마가 동생 죽고 나서 우리한테 "동생 한번 봐라." 그랬어요.

그때 제 기억 속에 떠오르는 한 장면이 있어요. 그 사람이 누구였는지 그땐 잘 몰랐는데 나중에 생각하니까 아버지였던 거예요. 눈이 너무나 많이 오던 날이었는데, 양력 12월 27일이에요. 한밤중에 어떤 남자가 와서는 화장실 뒤에서 토하면서 막 울었어요.

큰 다음에 아무한테도 '혹시 그 남자가 아버지였냐'고 물을 수가 없었어요. 나중에서야 제가 아버지에게 물었어요. 아버지였대요. 당시 아버지는 딴 사람하고 살고 있었거든요. 딴 여자와 살고 있던 남자가 자식이 죽었다니까 눈길을 헤치고 온 거예요. 그리고 차마 앞에서 엉엉 울지는 못하고 화장실 뒤에 서서 혼자 울었던 거죠.

제가 정말 누군가를 사랑했을 때, 또는 양다리를 걸쳤을 때, 원래 만나던 옛 애인을 찾아갈 때가 있잖아요. 거기에 무슨 욕정이 있겠어요? 죄책감이 있고, 미안함이 남았겠지. 아버지가 화장실 뒤에서 울 때 얼마나 그랬을까, 그런 맘이 느껴지는 거예요.

돌아보니까 그 남자는 마흔이었어요. 그때 우리 아버지 나이가 마흔이었던 거예요. 제가 지금 마흔다섯이에요.

사실 우리 엄마는 못생겼고 말도 참 재미없게 해요. 반면에 우리 아버지는 정말 말도 재미있게 하고 노래도 잘하세요. 잘생겼고요. 옛날에 올백 머리 딱 하고 있으면 진짜 때깔이 났어요. 동네 아주머니들이 우리 아버지 노래를 들으려고 창문 앞에 붙어 서 있었대요. 그렇게 풍류를 아는 사람인데, 우리 엄마는 '발길을 돌리려고~' 이런 노래가 있잖아요. 그 노래를 가르쳐 드렸는데 어머니가 돌아가실 때까지도 못 불렀어요. 죽을 때까지 당신 이름 쓰는 거 하나 배웠어요. 당신 이름 하나 딱 쓰고 돌아가셨어요. 그렇게 답답한 양반이었어요.

어머니가 지혜는 있을지 모르지만, 우리 아버지는 정치 얘기도 하고 싶고 그랬을 텐데, 소통이 안 되는 거였어요. 아버지가 늘 하시던 말씀이 있어요.

"그래도 내가 너희 엄마랑 이혼은 안 했다."

그럼 우린 그래요.

"그게 자랑이세요? 이혼하세요. 왜 안 해요?"

하지만 아버지한테 이혼을 안 한다는 건 마지막 의리였던 거예요. 얼마든지 이혼하고 다른 여자랑 살 수 있었거든요. 저는 그걸 생색이라고 말했지만, '아버지한테는 그게 바로 의리구나.' 이런 생각이 드는 거예요.

나중에 제가 "아버지, 자식 잘 낳은 줄이나 아세요"라고 했더니

"그래, 맞다." 그러셨고, 돌아가실 땐 조카들한테 "고모한테 잘해라." 이런 말씀을 하셨어요. 그래서 제가 "그런 말씀은 하지 마세요. 애들하고 멀어져요." 그러면 "그래." 그러셨어요. 언젠가는 "네 엄마를 다시 만나고 싶다." 그래서 "엄마가 만나고 싶지 않다고 하면 어떡하려고요?" 했더니 "그럼 할 수 없지 뭐, 허허." 이러셨어요.

아버지가 돌아가시기 전에 서로 이런 얘기들을 할 수 있었어요. 그렇게 아버지랑 화해하고 나니까 참 많은 게 변하더라고요. 40년을 미워하던 아버지와도, 그런 원수하고도 화해를 했는데, 그게 그렇게 어마어마한 자신감을 줄지 몰랐어요. 가끔 친구들과 싸우잖아요. 그러면 "아이 냅둬. 한 1년 지나면 풀려." 이렇게 되더라고요.

지금 이런 이야기를 해도 떳떳해요. 우리 조카들, 형제들을 봐도 떳떳해요. 옛날에는 제가 "사랑하세요." 그러고 돌아서면 등이 따가운 거예요. 아버지와 사이가 안 좋으니까 형제들과도 사이가 무척 나빴어요. 아버지를 누가 맡느냐, 아버지를 누가 봉양하느냐, 이런 일로 계속 마찰이 있었는데 화해를 하게 되니까 그런 문제도 저절로 해소가 되더라고요.

나를 키운 건 8할이 어머니였다

김여진 미워했던 아버지, 그리고 그분과 화해했던 이야기를 들어봤습니다. 저는 사실 어머니 얘기를 더 듣고 싶어요. 노 작가님의 드라마나 연극 작품들을 보면 정말 사모곡이라고 할 만큼 어머니에 대한 애틋한 마음이 느껴지거든요. 어머니에 대해서도 말씀해 주세요.

노희경 우리 엄마는 열여섯에 시집왔어요. 옛날 경상도에서는 여자를 데려올 때 쌀 두 말을 주겠다는 증표를 줬나 봐요. 제주도 사람들도 결혼 풍습이 비슷하죠. 아버지도 보리 두 말하고 조 한 말인가를 준다는 증표를 쓰고 엄마를 데려왔는데, 증표만 써주고 쌀은 안 줬대요.

당시 엄마 쪽은 가난한데다 단명한 집안이었어요. 엄마가 오십 몇 살에 돌아가셨는데, 어릴 때 할머니, 할아버지가 단명하시고, 아버지도 일찍 죽고, 의지하던 오빠도 죽어서 달랑 두 자매만 남았대요. 그렇게 해서 우리 엄마가 아버지한테 시집을 온 거예요.

그런데 엄마는 참 답답한 양반이었어요. 옛날에 제가 이혼하라고 막 그랬거든요. "도망가, 이혼해." 그러다가 하도 답답해서 엄마한테 "아버지가 좋아?" 물어보면 "좋아." 하고 조그맣게 말씀하셨어요.

우리 엄마는 못 배우고 좀 모자라셨어요. 남들이 보면 모자라다고 했죠. 막내 동생이 죽고 나서는 엄마가 반년 동안 미쳐 있어서 우리 형제들이 엄마를 광에 가둬 놓고 돌아가면서 순번을 섰어요. 밖으로 나오면 석유를 뿌리면서 애들을 죽이려고 드니까 광에다 가둬 놨던 거죠. 그러다가 엄마가 그 광에서 자연치유가 된 거예요. 우리 형제들은 밥만 딱 넣어 줬는데 엄마 혼자서 그걸 견디신 거예요. 진짜 듣도 보도 못한 얘기일 거예요.

제가 전에도 어디에서 그런 얘기를 했는데, 옛날에 영세민들은 생활보호 대상자라고 해서 밀가루를 타 먹었어요. 그런데 우리는 명목상 아버지가 있기 때문에 생활보호 대상자가 아니었어요. 하지만 실제로는 아버지가 없는 거나 마찬가지란 말예요. 그러면 밀가루를 타다 먹어야 하잖아요. 옆집은 타다 먹는데 우리는 아버지 때문에 못 타다 먹는 거죠. 그게 〈내가 사는 이유〉에도 나와요. 거기 고두심 씨가 엄마로 나오는데, 우리 엄마는 모자라서 못 타다 먹었지만 고두심 씨는 "내가 남편이 있어도 남편이 남편인 줄 아냐?" 그렇게 막 싸우다시피 해서 밀가루를 타내는 장면이 있어요.

우리는 어떻게 했느냐면 자식들이 갔어요. 나하고 언니하고 쪼르르 가서 "우리는 아버지가 없다"고 말했어요. "너희들은 자격 조건이 안 된다"고 거절당해도 또 가요. "우리는 엄마도 일을 못하고 아버지도 노동자가 아니다." 그러면서 계속 가는 거예요. 그럼 그 사람들이 우리 얼굴을 보고 주는 거죠. 이러면서 자식들이 똑똑해진 거죠.

김여진 어머님이 약간 모자라시면 자식들이 똑똑해지는군요.

노희경 정말 자식이 똑똑해져요. 그러니까 엄마가 동네 사람하고 말다툼이 나잖아요. 옛날에는 공동 수도 쓰고 공동 화장실을 쓰는데 그런 데서 말다툼이 나서 누가 우리 엄마한테 뭐라 그러면 우리 엄마가 모자라니까 자식들이 떼로 나가요. 우리 언니들도 그렇지만 저도 만만하게 보이진 않잖아요. 일단은 기선을 제압하는 거예요. 무조건 그 아줌마 머리끄덩이를 잡아요. 그래서 동네 사람들이 저 집은 엄마는 순한데 자식들은 극악하다고 그랬어요.

엄마가, 제 동생이 죽기 전까지는 우릴 패면 진짜 무식하게 팼어요. 그게 지금 생각해 보면 우울증이었는데, 당시 저는 엄마가 왜 없는 돈에 계속 수면제를 사 먹나 했거든요. 지금도 기억나는데, 수면제를 사러 가면 도원 약국과 활인당 약국의 위치가 극과 극인데, 너무 자주 가니까 한 번은 이쪽 가고 한 번은 저쪽 가고 그랬어요. 제가 그 심부름을 도맡아 다녔는데 수면제를 못 사가지고 오면 엄마가 저를 패는 거예요. "엄마 심부름도 못 한 년"이라면서 팼어요. 그러면 엄마가 잘 때까지 밖에서 밤을 새는 거예요.

〈내가 사는 이유〉에도 쓴 건데, 어렸을 때는 엄마를 미워해서 엄마가 "물 가져와" 하면 컵에다 침을 퉤퉤 뱉어서 갖다 주고, '저 여자는 분명히 계모일 거야.'라고 생각했죠.

그런데 동생이 죽고 나서 엄마가 변하기 시작했어요. 말이 없어지셨어요. 그 다음부터는 완전히 순둥이가 됐어요. 제가 만날 가서 "야!" 그러면 "엄마한테 그러지 마." 이럴 정도로 순해지셨어요. 텔레비전 보다가도, 제가 "운다, 운다." 그러면 울어요. 드라마에서 누가 죽을 때가 되면 또 우는 거예요.

지금 우리 형제들이 제일 많이 하는 얘기가, 엄마가 진짜 우리 기를 안 죽였다는 거예요.

김여진 정말 그러신 것 같아요.

노희경 엄마가 암에 걸리셨을 때 제가 스물다섯 살이었는데 엄마 때문에 잠을 못 잤어요. 엄마가 일어나기만 하면 저도 벌떡 일어나는 거예요. 엄마가 화장실에만 가도 벌떡 일어나고. 엄마 돌아가시나,

이런 생각이 들어서요.

어느 날 엄마가 절 보더니 "이러다 너도 죽고 나도 죽겠다. 너 엄마랑 있으면 아무것도 못 하는데, 그렇게 아무것도 못 하는 널 보고 있으면 엄마가 되레 일찍 죽겠다. 멀리는 못 보내니까 집 가까이 나가거라." 이렇게 말씀하셔서 제가 스물다섯에 집을 나왔어요. 엄마가 참 지혜로우셨어요.

스물다섯에 집을 나와 출판사에서 일하면서 첫 월급을 탔을 때 이야긴데, 월급을 받고 엄마한테 갔어요. 그때 받은 월급이 12만 원이었거든요. 7만원은 제 주머니에 딱 넣고, 엄마한테 5만원을 줬어요. 당시는 우리 집이 정말 가난할 때예요. 아버지는 돈을 안 주지, 형제들은 분가했지, 엄마는 오빠가 주는 10만원으로 한 달 생활을 해야 하는 거예요. 그러니까 그때 5만원은 큰돈이었죠.

엄마한테 5만원을 줬는데 우리 엄마가 한참을 보더니, 제 손에 그 돈을 다시 꼭 쥐어 주는 거예요. 그리고 눈을 마주보면서 말씀하셨어요.

"이제부터 나한테 주려고도 하지 말고 가져가려고도 하지 마라."

그 이후로 엄마와 저는 경제적인 관계가 완전히 끊겼어요. 나중에는 제가 쌀을 못 사 먹어도 쌀을 안 주더라고요. 근데 그때 엄마가 저한테 돈을 줬으면 제가 지금처럼 아버지한테 독하다는 소리를 들을 만큼 일하지 못했을 것 같아요.

김여진 작가가 되시기 전에 수많은 일을 하셨죠?

노희경 네, 정말 많은 일을 했죠.

김여진 굉장히 다채로우세요. 어떤 일들을 했는지 직접 말씀해 주세요.

노희경 전단지 돌리는 일도 했고, 사람들한테 책갈피를 명함 돌리듯이 돌리는 일도 했죠. 군복 견장 만드는 데서도 일하고, 남대문 청자상가 밑 해방촌에서 시다도 해봤어요. 그 다음에 조나단이라는 신발 공장에서도 일했어요. 포장마차도 해보고. 일은 이것저것 많이 했죠. 용돈도 없고 아무것도 없었으니까.

김여진 어머님이 쌀도 안 주셨나 봐요.

노희경 아무것도 안 줬어요. 하지만 정말 없어서 못 주는 걸 알았어요. 저는 부모가 가진 게 없는 것도 되게 중요하다고 생각해요. 제 친구들 중에는 지금도 부모한테 돈 받아쓰는 애들이 있거든요. 엄마들 유산 있죠? 걔들은 지금도 엄마 말이라면 거절을 못해요. 제 경우는 엄마가 살아계실 때도 "얘, 이것 좀 해." 그러면 "엄마가 뭐 해 준 거 있어?" 이러죠. 그럼 가만히 계세요. "맞다, 하지 마." 그러셨어요. 이렇게 해서 자유로워지는 거예요. 부모한테 유산을 받는 친구들은 부모가 오라면 오고 가라면 가야 해요. 그러니까 순순히 받아먹으면 되게 위험한 거예요, 아무리 부모의 돈이라도.

그러니까 엄마는 일찍부터 저를 어른 대접해 준 거예요. 그래서 제가 당당할 수 있었어요. 사실은 제가 어른이 안 되면 살 수가 없는 때였죠. 모든 걸 다 끊어 버렸으니까.

중학교 3학년 때부터 제가 봉제 공장 같은 데서 알바를 했어요. 당시 우리에게 학교라는 건 자기가 돈 벌어서 가면 가고 못 벌면 못 가는 거였어요. 언니들은 사느라 바빠서 공부를 많이 못했어요. 엄마가 진짜 저를 중학교 때부터 어른 대접을 한 거죠.

모든 일에는 목적이 있어야 한다

김여진 일찍부터 경제적인 지원을 끊어 버리신 어머니 덕분에 중학생 때부터 많은 일을 하셨네요. 그래서 그런지 드라마를 보면 정말 생생한 느낌이 들어요. 그냥 상상으로 쓰신 게 아니라 인형 눈 하나하나 다는 장면을 봐도, 또 미싱 돌리는 장면을 봐도 정말 진짜 같다는 거죠.
 노 작가님의 삶이 투영된 드라마 이야기를 이제 안 할 수가 없는데요. 저도 함께 드라마에 참여해 봤지만 그 현장이라는 데가 거의 전쟁터잖아요. 수많은 사람이 함께 드라마를 만들어 나가기 때문에 나는 이렇게 하고 싶은데 그렇게 할 수 없는 상황들이 자주 발생하죠. 노 작가님도 본인이 갖고 있는 이야기를 풀려고 하는데 함께 일하는 사람들과 마찰이 있을 수 있겠죠. 드라마 작가로 살면서 어떤 부분이 가장 힘들었고, 어떻게 극복했는지 궁금하네요.

노희경 저는 솔직히 방송을 하면서 사람들과 그렇게 심하게 싸워 본 적은 없어요. 왜냐하면 죽기 살기로 일하고 싶었고 또 죽기 살기로 드라마 공모를 한 거예요. 우리 때 드라마 공모하면 보통 600 대 1, 700 대 1 그랬어요. 지금은 더 심해져서 몇 천 대 일이죠. 거기서 살아남았고, 또 계속 살아남으려면 어떻게 해야 하느냐. 우리 때는 아무리 수가 틀려도 무조건 하겠다는 생각이란 말이죠. 반면 돈이 있는 애들은 안 해요. 감독이 고치라고 하면 "에이, 기분 나빠, 안 해!" 하지만, 우리는 해야 해요. 화도 나고 성질도 있지만 싸우더라도 해야 하죠. 싸워도 하고, 밤을 새워도 하고, 어쨌든 해야 해요.

저 같은 경우는 싸우면 끝까지 싸워요. 그렇게 해서 결국엔 화해하는 게 목적이에요. 싸우는 이유가 화해하는 데 있는 거예요. 만일 감독이 저한테 무슨 말을 했는데 그게 마음에 걸리면 밤새 생각해요. '그 인간이 나한테 그런 말을 했지.' 그게 안 풀리면 뛰어가는 거예요. 서로 안 맞으니까 감독을 자르든 저를 자르든 하는 게 목적이 아니라, 어떻게든지 풀어야 하는 거죠. 무조건 찾아가는 거예요. 그렇게 가면서 푸는 거죠.

김여진 그러다 보면 늘 다 풀리던가요?

노희경 그럼요. 풀려요. 뭐냐면, 안 풀릴 거라고 의심하는 것, 이게 진짜 사탄이에요. 이게 마왕, 대마왕인 거죠. 우리는 무슨 문제에 부딪치면 안 풀릴 거라는 의심이 있단 말예요. 아주 부정적인 생각이 있어요.

예를 들어 볼까요? 표민수 감독하고 싸운 적이 있어요. 그때 표 감독하고 제가 가장 심하게 싸운 게 캐스팅 문제예요. 작가와 감독이 가장 부딪치는 게 캐스팅 문제죠. 대본은 차라리 본류니까 괜찮은데, 캐스팅은 뭐냐면 약간의 파워 게임이에요. "송혜교 할래, 손예진 할래?" 그럼 감독이 "손예진", 나는 "송혜교" 그래서 서로 "내가 원하는 사람으로 해!" 이러면 싸움이 붙는 거예요.

구체적으로 어떤 일이 있었냐면 지금은 다 얘기할 수 있는 건데, 윤여정 선생님과 양희경 씨가 캐스팅이 된 상태였어요. 어느 날 윤여정 선생님이 저한테 "야, 양희경 스케줄이 너무 복잡해서 우리가 못 맞출 것 같애. 메인이 서브한테 캐스팅 스케줄을 맞출 수는 없잖아. 김해숙은 어때?" 이러시는 거예요. 난 이래도 상관없고 저래도 상관없었어요. 그래서 표 감독한테 "감독님, 김해숙 선생님 어때요?" 그랬더니 표 감독이 뒤집어진 거예요. "캐스팅 권한은 감독이다!" 이렇게 나온 거죠.

당시 표 감독하고 전화로 싸우는데, 캐스팅 권한은 감독에게 있다기에 제가 "내 작품 갖고 캐스팅하는 거예요!" 하니까 표 감독이 "지금 권한 침해예요!" 막 소리를 지르는 거예요. 그래서 "그럼 제 작품 하지 마세요!" 이렇게 싸움이 점입가경이 된 거죠.

"표 감독님! 제가 지금 그 사람 하라, 그런 것도 아니고 그냥 어떠냐고 물어본 건데 이렇게 과민하게 나옵니까?"

"노 작가님! 제가 과민한 게 아니라 그런 식으로 자꾸만 캐스팅에 대해서 관여하시잖아요."

표 감독하고 저는 화나면 더 또박또박 존댓말을 써요. 평소에는 그냥 "아저씨, 아저씨" 하다가 화만 나면 "표 감독님!" "노 작가님!" 이래요. 이렇게 소리를 버럭버럭 지르다가 전화를 끊었어요.

전화를 끊은 시간이 밤 11신가 그래요. 그런데 가만히 생각해

보니까, 화도 나고 억울한 마음도 드는 거예요. '아니, 내가 김해숙 씨한테 돈을 받아먹은 것도 아닌데.'

그래서 밤중에 전화를 했더니 표 감독 부인이 하는 말이, 남편이 화가 나서 술 먹고 잔다는 거예요.

'넌 술 먹으니까 좋겠다. 술 먹고 자네. 나는 술도 못 먹으니까 계속 말똥말똥 생각이 나는데.'

그래서 뛰어갔어요. 뛰어가서 얘기를 한 거죠.

그때 싸우면서 깨달은 게, 드라마를 할 때 내게 파트너로서 가장 소중한 사람이 누구지?' 하는 생각이 든 거예요. 작가한테는 감독이에요. 근데 감독이 저렇게 싫다는데 그럼 안 해도 되잖아요. 지금은 어떻게 얘기하냐면, 예를 들어서 제가 "감독님, 김여진 씨 어때요?"라고 물어보잖아요. 감독이 "글쎄, 나 김여진 씨 별론데" 하면 "아, 그래요? 그러면 감독님이 알아서 해요." 이렇게 말해요.

김여진 그러지 마세요.

노희경 이게 뭐냐면, 우리가 캐스팅을 논의할 때 죽어도 하기 싫은 배우가 있어요. 지금은 노하우가 생겨서 "그런 사람만 뽑지 마." 이렇게 정리해요. 그 사람만 빼면 이래도 상관없고 저래도 상관없는 경우가 많아요. 대부분 감독이 캐스팅을 하고 저는 의견을 주는 거죠. 사실 감독이 캐스팅을 못 하면 현장에서 통제가 안 돼요. 그래서 현장에 있는 감독한테 많은 권한을 주죠. 저는 죽어도 싫은 애만 안 하면 되는 거고. 그건 제 권한이지만 다른 것들은 대부분 감독이 하는 게 맞아요.

　그 이후로는 한 번도 싸워 본 적이 없어요. 서로의 진심을 알고 목적이 같으면 돼요. 저 같은 경우엔 감독하고 반드시 크게 한 번은 싸워요. 대본 수정 같은 문제로 한 번은 싸우는데 그럼 끝까지 가요. 근데 그러다가 놓치는 게 늘 문제예요. 그리고 의심하는 거요. 제가 진심으로 얘기해도 이 사람이 안 들을 거라는 의심!

　표 감독하고 싸울 때 제가 바로 그런 거죠.

　"난 윤여정 선생님이 물어보래서 물어본 거다. 감독님이 싫다면 난 안 하죠."

　이 얘기만 했으면 끝나는 것을 그 한마디를 못해서…….

　"아까, 노 작가님 작품이라고 그랬잖아요.", "표 감독님 권한이 뭐 어떻다면서요?" 그러다가 나중에는 "그럼, 여기서 누가 끗발이 좋아요? 스크롤에 올라가는 순서대로 하자고. 누가 먼저 올라가? 작가가 먼저 올라가잖아." 이러면서 쓸데없는 신경전을 벌이는 거예요. 그럴 필요가 전혀 없는데 말이에요.

김여진　목적을 생각하면 좀더 쉬워지겠군요.

노희경　쉬워지죠. 지금 단막극을 하면서도 감독하고 작품을 의논하다가 자꾸만 바꾸는 일이 생기잖아요. 그러면 갑자기 기분이 확 나쁘다가도 아, 우리 목적이 뭐지? 하다못해 단막극 하나를 해도 그런 생각을 하죠.

　'지금 첫 번째 목적은 방송사의 단막극 부활이고, 두 번째는 좋은 작품이지. 단막극 부활을 위해 우선은 내가 하기 싫어도 해야 하는 거야. 또 감독은 좋은 작품이 목적이니까, 이 사람이 내가 싫어서 공박하는 게 아니라 좋은 작품을 만들기 위한 조언이라고 들어야 하는 거지.'

그러니까 목적을 계속 챙기려고 노력하는 거예요. 뭘 하다 보면 이것을 자꾸만 놓치게 돼요. 하지만 계속 목적을 챙기고 돌아보면 거의 싸울 일이 없어요. 혹시 싸워도, 요즘은 좀 싸우고 나면 '이 사람하고 친해지겠네.' 이런 생각을 해요. 한번 크게 싸우면 오히려 서로 깊어지죠.

시기와 질투는 나의 운명

김여진 네, 이번에는 드라마 작가들에 대한 얘기들을 한번 해볼게요. 극이 안 풀릴 때는 자기 재능에 대한 의심이 들 때도 있을 것 같아요. 어쩌다 상대의 재능에 대해서 불편한 질투를 할 때도 있겠죠. 저 사람은 나보다 재능은 없는데 시청률이 높다, 이럴 때도 있을 테고요.

제 얘기이기도 한 게, '내가 배우로서 쟤보다 떨어지지 않는데 쟤가 더 인기가 높다' 이렇게 생각할 때 질투가 나거든요. 그렇잖아요? 함께 일하는 동료들 사이에도 알게 모르게, 어떤 때는 재능이 나보다 많아서, 어떤 때는 나보다 재능은 없는데도 인기가 높으니까 질투가 날 수 있다는 생각이 들어요. 그런 경험 없으셨나요?

노희경 항상 그렇죠. 생활이에요, 생활. 시기와 질투는 나의 생활.

김여진 그러면 이 질투를 극복하는 방법이 있을까요? 아니면 그냥 참으려니 하세요?

노희경 이 문제를 돌아볼 아주 중요한 계기가 두 번 있었어요. 하나는 어느 날 드라마를 딱 봤는데 세상의 드라마가 다 맘에 안 들어요. '쟤는 저따위로 썼네, 얘는 요따위로 했네.' 이러면서 제가 계속 불만을 토로하는 거예요. 그런 저를 보면서 '내가 왜 이러지? 내가 부정적인 인간인가?' 이런 생각이 드는 거예요. 그때 지혜가 필요해요. 그 지혜가 뭐냐면, 이 나라 드라마를 내가 다 해먹을 게 아니라는 거죠.

제가 이 사실을 알고 얼마나 기뻤는지 알아요? '이 나라 드라마를 내가 다 못 해먹는구나! 내가 계속 해먹을 수 없구나. 그래서도 안 되는구나.' 이런 사실을 지금 좀 알아가고 있어요.

또 하나, 이것은 제가 전에도 한 얘긴데요, 작가 중에 김지우 씨라고 있어요. 〈부활〉과 〈마왕〉 쓴 친군데 전 그 친구가 그렇게 질투가 나는 거예요. 작품이 좋아요. 그 친구는 일일극이든 주말극이든 쓰면 시청률도 잘 나와요. 처음엔 제가 그 친구를 질투하는 줄도 몰랐어요. 근데 사람들이 제게 그 친구 얘기를 하잖아요? 그러면 기분이 별로 안 좋은 거예요. 제가 그걸 넘고 싶었어요. 그런데 그게 저를 힘들게 만들거든요. 모임에서도 서로 얼굴을 보고 그러니까 더 힘이 드는 거죠.

그러던 어느 날 제가 그 친구한테 전화해서 "야, 정말 작품 좋더라!" 하고 말해 주었는데, 그때의 해방감이란……

사실은 그 친구에게 전화하기 전에 여러 차례 연습했어요. 정말 많이 연습했어요. 제가 그걸 넘고 싶어서요. 그렇게 한번 얘기하고 나니까 편한 거예요. 그러면서 스스로에게 '어차피 내가 드라마 다 해먹을 거 아니지. 이런 좋은 동료가 있잖아. 나눠서 해먹으면 되잖아.' 이렇게 생각했어요. 이렇게 생각하면 편한데 제가 왜 그걸 굳이 질투를 해요.

질투를 느낄 때 정확하게 봐야 하는 것 같아요. 어디서 질투의 어리석음이 오는지. 지금은 '내가 질투를 하는구나' 생각하면 지혜도 같이 와요. 질투라는 것은 그 대상이 그냥 막연히 싫은 거예요. "아, 짜증나." 그러는 거예요.

얼마 전에 남아공에서 일본이 축구를 잘했잖아요. 사실 일본이 올라가면 아시아 축구가 잘되는 면도 있잖아요. 우리 형부가 조기축구인인데 일본이 이기니까, 아시아 축구가 이렇게 같이 성장하는 것도 좋다는 거예요. 하지만 우리나라가 남아공에서 잘 못하면 막 짜증이 나잖아요. 우리는 못하는데 일본이 잘되면 짜증나잖아요. 그거랑 똑같아요.

질투라는 것은 그냥 아무 이유 없이 싫은 거예요. 이것도 싫고 저것도 싫고, 그냥 나만 잘됐으면 좋겠는 거예요. 그렇게 해서 자기가 잘되면 좋겠지만 문제는 질투하는 것 때문에 스스로 자꾸 스트레스를 받는다는 거예요. 스트레스를 받아서 못살겠는 거죠.

이것을 딱 알아차리니까 정말 지혜가 생기더라고요. '이 나라 드라마가 수백 갠데 내가 다 해먹을 것도 아니고, 이왕이면 좋은 친구들과 같이 해먹어야지.' 이렇게요.

요즘 단막극을 보거든요. 저 다음에 후배들이 쭉 썼는데 너무 예쁜 거예요. 그러면서 정말 설렜어요.

'아, 정말 좋구나. 이런 공모가 있어서 후배들이 먹고살겠구나. 야, 좋다. 내가 다 해먹을 것도 아닌데.'

그래서 질투가 딱 오는 순간에 그냥 수그러들어요. 이제는 질투가 느껴지면 '아 내가 질투하는구나, 근데 저 친구가 있으니까 미래가 있구나.' 그러면서 편해지죠.

그런데 질투는 습관처럼 올라와요. 그냥 올라오는 거예요. 생활이에요. 질투는 제 세포예요. 뼛속까지 박혀 있어요.

춤추는 아이들

김여진 나는 왜 이렇게 늘 질투만 할까, 생각하셨던 분들 이제 좀 안심하셔도 될 것 같습니다.

노 작가님을 소개하면서 JTS(Join Together Society)에서 활동하신다고 말씀드렸잖아요. 그 얘기를 간단하게 여쭤 보고 싶어요.

오늘 주제가 사랑인데, 남녀 간의 사랑도 사랑이고, 가족 간의 사랑, 또 함께 일하는 사람들과의 사랑 그리고 질투를 넘어서는 사랑, 정말 수많은 사랑이 있잖아요. 그 한편에 또 이렇게 JTS라는 국제구호기구에서 생명을 살리는 일을 하고 계신데, 제가 들은 바로는 작가님이 이런 말씀을 하셨어요.

"봉사 활동을 할 때의 마음과 드라마를 쓰고 작업을 할 때의 마음이 다르지 않다."

그래서 어떤 마음으로 참여하고 계신지, 그리고 그게 왜 다르지 않은 사랑인지 말씀해 주세요.

▲ 매년 5월 어린이날과 12월 송년 거리 캠페인에 참석하여 시민들에게 모금 동참을 격려하고 있는 노희경 작가.

▲ 거리 캠페인 중인 노희경 작가.

▲ 노희경 작가가 속한 정토회 길벗모임에서는 아시아 어린이들에게 학교와 먹을 것 등을 지원하자는 취지로 거리 캠페인을 해마다 꾸준히 열고 있다.

노희경 우리 가족이 영세민일 때 타다 먹은 쌀이 유엔 기구에서 보내 준 거예요. 거기에는 터키 쌀도 있고, 미국 쌀도 있고, 영국 쌀도 있고……, 유엔에서 취합된 것들이었어요. 전 그걸 얻어먹었는데, 그게 정말 좋았어요. 저만 얻어먹은 게 아니라 우리 엄마도, 우리 언니들도 다 얻어먹은 거예요. 우린 그걸로 살 수 있었어요. 어떻게 보면 지금 그걸 갚고 있는 거예요.

그런데 가령 제가 백 끼를 얻어먹었다고 해요. 제가 지금 천 끼를 갚았으면 열 배로 갚았으니까 어깨가 으쓱하고 신이 날까요? 그건 아니에요. 어린 시절 얻어먹은 쌀 한 포대는 제 생명을 죽고 살게 하는 거지만 지금 제가 백 포대, 천 포대를 도와준다고 해도 그게 제가 죽고 사는 문제는 아니거든요. 제가 우리 집 재산을 다 팔아가지고 마이너스 잔고를 만들면서 도와주지는 않는단 말이에요. 저 먹을 걸 다 쟁여 놓고 도우는 거니까요. 정말 얄팍하게 해요.

사실 그때 도와준 미국 사람들한테 나중에 고마웠냐? 안 고마웠어요. 유엔 사람들이 고마웠냐? 안 고마웠어요. 그래서 오히려 제가 지금 떳떳한 거 같아요. 제가 지금 누구를 도와주는 게 옛날에 얻어먹은 것을 갚는 것도 갚는 거지만, 그보다 더 중요한 건 그게 아닌 것 같아요.

요번에 JTS에서 아이티를 갔다온 영상을 봤어요. 아이티에서 구호품을 나눠 주는 모습이었는데, 주변에 유엔군이 총을 들고 서 있어요. 왜냐하면 가난한 사람들이 식량을 보고 갑자기 소란을 피울 수도 있으니까요. 그런데 아이티 사람들이 쌀을 받아가지고 가면서 그 총을 든 삼엄한 분위기에서 막 춤을 추는 거예요. 애도 어른도……. 바로 그런 거예요.

저는 아직도 기억해요. 한겨울에 일곱 살짜리와 아홉 살짜리가 10킬로그램 밀가루 포대를 들고 80도 경사의 계단 수백 개를 올라가는데 우리 언니랑 저랑 정말 신났었거든요.

'오늘 이걸 가지고 가면 수제비를 먹는 거야. 풀죽이 아니라 수제비를 먹는 거지.'

그 당시 기억은 가끔은 하기 싫고 짜증이 나고 그래도 다시 돌아봐지고 그런 거 같아요. 무슨 말이냐 하면 제가 배를 곯다가 먹게 되었을 때 그 행복, 그 밀가루가 주는 행복을 기억하는 거죠.

재밌는 얘기 하나 할게요. 어느 날 우리 집에 밀가루가 동이 났어요. 그날 먹으면 이제 그 다음 날부터 굶는 거예요. 엄마가 마지막으로 밀가루 수제비를 했어요. 그리고 저보고 "수제비 먹게 언니 데려와라" 그랬죠. 신이 나서 달려 나갔더니 언니는 동네 만홧가게에서 텔레비전을 보고 있었어요.

그때 제가 초등학교 4, 5학년 정도 됐는데, 그냥 언니보고 "밥 먹어." 이러면 되잖아요. 그런데 만홧가게 문을 탁 열고 언니를 향해 냅다 소리를 질렀어요.

"언니, 너 빨리 와라. 지금 엄마가 밀가루 톡톡 털어서 오늘 마지막 수제비를 했다. 지금 빨리 안 가면 못 먹는다. 내일부터는 굶는다!"

이러면서 언니를 부른 거예요. 제가 지금 생각해도 왜 그랬는지 모르겠어요.

이날 언니가 가게에서 나오자마자 절 길바닥에서 막 두들겨 팼어요. 얼마나 창피했겠어요. 언니는 서른 살, 마흔 살까지도 그 생각만 하면 기가 막혀하면서 물어요.

"넌 어떻게 그 많은 애들 앞에서 나한테 그럴 수 있니? 창피하게. 남자애들, 여자애들 다 있는데. 그냥 '언니 밥 먹어' 하면 되지. 수제비 먹는 것도 화가 나는데 마지막 수제비라느니……."

그런데 저는 그래야 언니가 빨리 나올 거 같아서 그랬던 거예요. 언니가 빨리 와야 퍼지기 전에 먹을 수 있으니까. 수제비는 퍼지잖아요.

김여진 누구를 도와주고 무엇을 갖는 것도 중요하지만 먹는 행복, 배고팠을 때 먹을 수 있었던 행복에 대한 기억이 더욱 이 일을 하도록 이끈다고 말씀하셨어요. 정말 가슴에 와 닿네요.

한 가지만 더 여쭤볼게요. 최근에 배우 한지민 씨와 필리핀 민다나오에 다녀오셨는데요, 거기가 분쟁 지역이잖아요. 사실 들어가는 것도 굉장히 복잡하고, 보호도 받아야 하고, 뿐만 아니라 가신 곳이 알라원이라는 곳인데 엄청나게 걸어야 하고요. 5, 6시간을 거머리와 싸우면서 걸어 들어가야 하는 곳인데, 어떠셨나요?

우리가 당연히 이럴 것이다, 생각하는 것과 직접 가서 보고 함께 있을 때의 느낌은 다를 거 같아요. 여기 계신 분들 중에도 많은 사람들이 국제자원봉사활동을 꿈꾸시고, 봉사하는 삶을 살고 싶다고 하지만 어떻게 실행할지는 아주 막연해요. 그래서 작가님이 지금 하고 계신 활동들이 어떤 의미가 있는지, 그리고 직접 갔을 때 무엇이 작가님의 마음을 가장 흔들었는지 구체적으로 말씀해 주세요.

노희경 저는 단순해요. 애들이 예뻐요. 전 어렸을 때 제 모습이 창피하지 않고 귀여워요. 정말 귀여워요. 그때 언니한테 뛰어가던 제 모습을 상상하면 정말 예뻐요. 자기 언니 먹이겠다고 그랬던 거예요, 퍼지지 않은 수제비를.

JTS 구호지역 알라원에 갔을 때도 애들이 너무 예뻤어요. 애들이 굶고 배고프면 기가 죽고 그러는데, 그렇게 되지 않도록 할 수 있다면 그건 정말 가치 있는 일이죠. 전 그래서 신났어요. 가서 울지 않았어요. 애기들과 놀면서 정말 신났어요. 거긴 먹을 것만 있다면 천국이에요. 그리고 그 애들이 우리 엄마처럼 되지 않도록 하는 게 중요해요.

지금 알라원 같은 경우는 먹을 것도 그렇지만 글을 모르니까 임금을 제대로 못 받고 있어요. 서양 사람들이 와서 커피 농장에서 일을 시키는데 임금을 속여도 몰라요. 우리 엄마가 옛날에 근로사업이라고 나갔는데 엄마는 닷새 일했는지 엿새 일했는지도 몰라요. 제대로 임금을 못 타왔으면 자식들한테 밥을 세 끼 먹일 걸 두 끼밖에 못 먹일 수도 있잖아요? 실제로 그랬어요. 그래서 저는 그 애기들이 다 저 같아요. 예쁘고 재밌고 귀엽고.

이 아이들을 먹여 주고, 가르쳐 주고, 그래서 나중에 그 아이들이 컸을 때 굶주리고 못 배워서 우리 엄마처럼 무시당하지 않았으면 좋겠어요. 우리 엄마는 무시당했잖아요. 동네 사람들이 "저 아줌마는 무식해가지고 밀가루 하나 못 타서 자식들이 타러 왔다"고 했으니까요. 그나마 자식들이 배웠으니까 그걸 타먹었지, 우리까지 못 배웠으면 다 굶어 죽는 거잖아요. 그런데 이 아이들을 그렇게 만들지 않을 수 있잖아요.

아이들과 함께하는 게 정말 재밌고 좋아요. 연애하는 게 얼마나 좋은지 설명할 수 없잖아요. 이것도 설명할 수 없어요. 해봐야 알아요. 그리고 해보면 잊지 말아야 해요. 가끔 천원을 도와주고 "아, 천원 도와줬어." 이렇게 생색내는 게 있어요. 그런데 생명을 살리는 일에 생색내는 건 딱 끝내 버려야 해요.

그냥 '천원으로 내가 어느 애 밥을 줬구나, 그 애가 바로 노희경 같은 애구나.' 이렇게 생각하면 돼요. 애들 보면 얼마나 예쁜데요. 지난번에 JTS에서 북한 아이들한테 물건도 주고 음식도 보내 줬다고 동영상을 보여 주는데 거기 나오는 애들이 막 춤을 춰요. 우리가 온다고 춤을 추더라고요, 잘 보이려고. 그 모습이 안쓰럽지 않고 예뻐요. 할 수만 있다면 그 아이들이 계속 춤추게 해줘야죠.

김여진 행복하고 따뜻한 기분이 듭니다. 이게 또 사랑이지 않을까요? 방금 말씀하셨듯이 연애할 때의 느낌을 설명할 수 없듯이 아이들 이야기를 들을 때도 정말 말할 수 없이 기분이 좋습니다.

여러분, 묻고 싶은 거 많으시죠? 이제 질문을 받겠습니다. '다시 태어나도 드라마 작가를 하고 싶으세요?'라는 질문이 있네요.

노희경 글 쓰는 일, 재밌어요. 방송국에서 돈 주면서 만날 연애에 대해 고민해라, 가족에 대해 고민해라, 그러는 거잖아요. 제가 당면한 문제들에 대해 고민하는 걸 돈 주면서 하라는 거예요. 그러니 얼마나 재밌어요. 어떤 드라마 작가가 후배 작가들한테 "야, 드라마 작가 힘들어, 하지 마." 이러면 제가 그래요. "쟤 혼자 다 해먹으려고 그런다."

김여진 하하, 그렇군요. 다음 질문은 '용기 없어 주저하고 있는 드라마 지망생에게 하고 싶은 말은?' 입니다.

노희경 용기는 없어도 돼요. 그냥 쓰면 돼요. 그런데 안 쓰잖아요, 솔직히. 교육원에 창작반이 있어요. 15명에게 장학금을 주면서 글을 쓰게 하는 거예요. 이 친구들이 항상 저한테 하는 얘기가 뭐냐면, 제가 운이 좋았고 좋은 감독을 만나서 그렇게 됐다는 거예요. 자기들은 하루 24시간 죽을 둥 살 둥 글을 써도 안 된다는 거예요. 자기들은 운도 없고 좋은 감독도 만나지 못했다면서요. 그래서 물었죠. "아, 그러세요? 그럼 이제 하루 24시간 글 쓰지 마세요. 하루에 딱 1시간만 쓰는 거예요. 잠은 하루에 몇 시간씩 자요?" 그러니까 하루에 서너 시간만 잔대요. "그럼 10시간씩 자요. 깨서 할 일도 없잖아요. 10시간 자고 하루에 딱 1시간만 써봐요."

그런 다음 게시판에 출석부를 만들어서 제 말대로 한 사람들을 체크했죠. 한 달 후에 "글 열심히 썼어요? 세상이 불만이에요?" 그랬더니 "아니에요!"라고 말하더군요.

명색이 창작반 학생들이 컴퓨터 앞에 앉아 머릿속으로 고민만 하다가 "아이씨, 재미없네." 그러면서 인터넷 들어가서 뭘 찾는다고 이곳저곳 쑤시고 다니고……, 그런 걸 글 썼다고 착각하면 안 돼요.

용기도 필요 없고 아무것도 필요 없어요. 그냥 쓰면 돼요. 그런데 안 쓰잖아요. 사실은 다 알고 있으면서 단지 안 하는 것일 뿐이에요.

김여진 노희경 작가님이 하신 말씀 중에 제가 제일 좋아하는 말이 있는데요. 뭐냐면 "글 쓰는 일을 호떡 장수가 호떡 굽듯이 해야 한다"고 하신 적이 있어요. 호떡 장수가 매일매일 호떡을 구워서 먹고살듯이 그렇게 글을 매일매일 쓰는 게 작가라는 이야기였는데, 마음에 와닿아요.

이런 질문도 있네요. '일 말고 인간관계에 대한 욕심, 질투, 어떻게 해야 할까요?'

노희경 여기서 인간관계라는 게 한마디로 '저 사람이 날 좋아했으면 좋겠다.' 뭐 이런 질문인 거 같네요. 제가 방송 분야에 있으니까 이쪽 얘기를 해볼게요. 가령 A 작가와 B 작가가 있는데 감독이 자길 더 좋아해줬으면 좋겠는 거예요. 특히 신인 작가들 같은 경우에는 더더욱 감독 눈에 들고 싶어 하죠. 후배들이 나한테 이런 상담을 하는데 그럴 때 그 사람한테 말해요. "뭐 하려고? 목적이 뭔데? 감독하고 연애하려고?"

감독만이 아니라 저를 찾아오는 사람들도 있어요. 노희경을 찾는 목적이 글을 잘 쓰기 위해서 그러는 게 아니라, 그냥 노희경과 친분관계를 맺으려고 하는 사람이에요. 그래서 목적이 뭐냐고 물었어요. "너 나랑 연애할 거야? 내가 널 좋아해서 뭐할 건데?"

저는 학생들 따로 안 만나요. 작품도 따로 안 봐줘요. 저를 자꾸 만나려는 사람들의 목적이 그저 저랑 얘기하려는 거니까. 작가를 꿈꾸면 쓰는 게 목적이 돼야죠. 노희경과 차 마시는 게 무슨 목적이 돼요?

"선생님과 상담하고 싶어요." "뭔데?" "글에 대한 상담이요."

"어, 그래? 그럼 글 다섯 편만 써와." 이렇게 말하면 이 사람들은 글을 안 써와요, 절대로.

자신의 목적에 대해 한번 고민해 보세요. 그러면 세상 사는 데 상당히 도움이 돼요. 이 사람을 만나려는 목적이 뭔가? 사랑하는 사람을 만나는 목적은 행복하기 위해서잖아요. 그런데 상대를 들들 볶아서 괴롭게 만들고 자꾸 싸우고 그래요. 이러면 안 되잖아요. 그러면 행복해지려는 목적에 위배되잖아요. 이럴 때는 목적을 챙기면 정말 좋아요. 제가 표민수 감독과 일하는 목적은 좋은 드라마 만들고 제가 행복해지고 싶어서지, 표민수 감독과 파워 게임을 해서 누굴 캐스팅 하느냐가 목적은 아니잖아요. 자신이 원하는 목적에 대해서 진지하게 고민을 해보면 좋겠어요.

김여진 이런 질문도 있네요. '아홉 살 연하의 애인이 있다. 연애를 더 잘 할 수 있게 조언 한마디 해주신다면?'

노희경 지금까지 그렇게 얘기했는데 딴소리하는 거 봐. 그 사람이 뭘 행복하게 생각하고, 뭘 원하는지 좀 들어보고 맞춰 주는 것이 좋겠죠. 우리가 이게 잘 안 돼요. 제가 아는 사람이 연하남과 연애하는데 저한테 상담을 해요. 제가 물었죠. "그 남자가 어떤 걸 원해?" "전화를 안 하는 걸 원해요." "그럼, 전화하지 마." 그게 안 된다는 거예요. 아니, 그것도 못 들어주면서 무슨 사랑이 되겠어요. 남자가 전화하지 말아달라는 것도 못 들어주는데 무슨 위대한 사랑을 하겠어요. 또 순간적으로 자꾸 화를 내게 된다는 거예요. 참아 보라고 했더니 그게 또 안 된대요. 아니, 화 한번 못 참아 주는 그런 사랑이 뭐 위대하겠어요!

　사랑을 계속 강조하는 이유는 이 작은 것들이 잘 안 되기 때문이에요. 이게 쉬운 게 아니에요. 그나저나 이 질문은 무슨 테크닉에 대해 물어보는 것 같은데, 그건 모르겠어요.

김여진　'지금까지 쓰신 작품들 중에 가장 기억에 남는 작품은 뭔가요?'라는 질문도 있습니다.

노희경　〈거짓말〉과 〈세상에서 가장 아름다운 이별〉이요.

김여진　다음 질문은 믿음에 관한 거네요. '확신이 없을 때 어떻게 하셨나요? 한걸음도 뗄 수 없을 때가 있으셨나요?'

노희경　있었어요. 아침에 눈을 뜨지 않았으면 했던 적도 있었어요. 그게 〈고독〉 쓸 때였는데, 아침에 눈이 안 떠졌으면, 그래서 확 죽었으면, 이런 생각까지 들 만큼 절대공포가 찾아왔었어요. 그때 제 안의 의심이 바로 제 적이라는 걸 알았죠.

　요즘 제 기도문은, '오직 지금 이 순간 최선을 다하겠습니다' 예요. 지금 작품을 쓰고 있는데 의심이 들어요. '이 한 장면을 고친다고, 지금 이렇게 많은 문제들이 있는데 잘 진행될까?' '다음 회를 쓸 수 있을까?' 계속 의심이 든단 말이에요. '그래도 지금 이 순간 최선을 다하자.' 그러죠. 정신이 안 차려지면 목욕도 가고 그래요. 요즘 제가 컨디션이 별로 안 좋았어요. 하루에 서너 번씩 샤워를 하거나 머리를 감고 얼굴을 씻고, 그러고 나서 정신 차리고 또 보고 또 보고. 우리가 정말 사랑한다면 이 정도 노력은 노력도 아니잖아요.

김여진 '6년째 연애 중. 설레지가 않아요. 권태긴가요? 어떻게 극복할 수 있을까요?'

노희경 이 설렌다는 게 잘 보면 불안증이잖아요. 불안할 때와 설렐 때가 똑같아요. 심장이 두근두근하잖아요. 우리가 이런 말도 하잖아요. 간절한 사랑을 기원합니다, 애절한 사랑 이야기, 여기 나오는 '간절'이라는 말을 찾아봤더니 '간이 절단된다'는 의미예요. '애절'은 '장이 절단됐다'는 뜻이에요. 제가 왜 연애를 그만뒀는지 알아요? 정말 간이 절단되고, 장이 절단되는 아픔을 느끼고 나니까 정이 뚝 떨어졌어요. 아, 이거 장난치고는 너무 위험한 장난이다 싶었어요. 이게 정말 그래요. 이래서 이런 질문을 보면 "진짜 편해도 지랄이다" 이런 얘기를 하는 거예요.

표민수 감독과 그의 아내를 보면 정말 예뻐요. 그 사람들은 끊임없이 서로한테 잘 보이고 싶어 해요. 그게 참 좋은 거 같아요. 그 집에 가면 한쪽 벽면 전부가 둘이 아침저녁으로 주고받은 메모장이에요. 특히 요즘 같은 경우에는 일주일에 하루 이틀도 못 보잖아요. 표민수 감독은 다른 사람과는 연락 안 해도 부인하곤 반드시 연락을 해요. "오늘 힘들어, 용기 줘, 사랑해." 이렇게요. 그 두 사람은 옆에서 보고 있으면 지금도 설레는 게 느껴져요. 끊임없이 서로가 서로한테 가장 잘 보이고 싶어 하거든요. 그리고 늘 노력해요. 가령 표 감독이 잘못된 결정을 내리려들 때도 부인이 잡아주는 게 있어요. 부인한테 떳떳하고 싶으니까 사리사욕을 접게 되고 지혜롭게 행동하게 되는 거예요.

사랑이 얼마나 위대한데요. 정말 사람 하나를 제대로 사람으로 만들어요. 사랑이 사람을 만든다니까요. 제가 길거리를 가다 기부함에 천원 안 도와주고 싶어도 이 남자가 보니까 도와주게 되고, 또 이 여자가 보니까 지나가는 할머니 가방도 들어줘야 하고 그런 거예요. 사랑이 인간성 자체를 바꿀 수 있다니까요.

그래서 정말 존경심이 중요한 것 같아요. 서로에게 감사하는 마음이 있으면 정말 깨끗한, 누가 봐도 행복한 사랑을 할 수 있지 않을까, 하는 생각이 드네요.

상처를 치유하는 최고의 방법

김여진 '상처를 극복하고 치유하는 방법은 뭔가요?'

노희경 제일 좋은 방법은 그걸 상처라고 생각하지 않는 게 아닐까 싶어요. 우리 엄마가 저를 두들겨 팼지만 저한테는 별로 상처가 아니에요. 엄마한테 맞을 수도 있잖아요. 맞을 수도 있다고요. 그리고 아버지가 옛날에 바람을 피웠으니까 제가 지금 아버지 바람 피운 얘기를 쓰는 거예요. 또 엄마가 모자라니까 우리 형제가 일찍부터 세상 사는 법도 알게 됐고요. 엄마가 못 배운 게 뭐가 상처예요?

요즘엔 너무 상처를 받아요. 사실 드라마가 잘못이에요. 왜 상처 있는 남자 있잖아요, 시니컬한 남자. '저 남자는 어떤 상처가 있어? 엄마가 재가했어. 한 남자가 술을 먹고 어떤 여자를 함부로 해, 왜 그래? 여자에 대한 미련 때문에…….' 저도 드라마를 쓸 때 그렇게 해서 쓰거든요. 캐릭터를 그렇게 잡아요. 그런데 그런 것들이 멋있게 보인다는 거예요.

사실 우리 엄마는 부모님이 너무 일찍 돌아가셔서 정말 가난하게 살았어요. 결혼 후에는 남편이 허구한 날 바람을 피웠죠. 열여섯 살에 시집오게 된 것도 엄마의 언니가 자기 시집 빨리 가려고 동생을 보리 두 말에 판 거나 마찬가지였어요. 이 정도면 정말 인생이 상처투성이 아니에요? 그런데 우리 엄마는 뭐라고 했냐면 "그땐 다 그랬어." 이러셨어요. 그걸 상처로 여기지 않은 거예요.

결국 자기 자신이 그걸 상처로 생각하느냐, 생각하지 않느냐의 문제가 아닐까요? 만일 작가지망생이라면 그런 걸 작품에 써먹으면 되죠. 눈을 똑똑히 뜨고 상처를 직시하면서 다 써먹으면 되잖아요. 어머니라면 그 상처를 똑똑히 기억했다가 자식들한테 지혜를 주면 되잖아요.

상처를 극복하는 방법은 상처라고 생각 안 하는 거예요. '아, 이거 경험이다.' 그냥 그렇게 생각하는 거죠.

김여진 저는 이 질문이 재밌어요. '상대방의 행복을 위해 잘 맞춰 주는 편인데 그걸 남자친구는 지루해하던데요?'

노희경 그래서 행복의 기준은 자리이타(自利利他)예요. 나도 좋고 상대도 좋은 방법을 찾아야 해요. 상대가 지루해한다는 것은 내가 상대한테 끌려간다는 뜻이에요. 저쪽만 맞춰 줬단 말이죠. 그럼 답답하

▲ 평화재단에서 '사랑'이란 주제로 강연 중인 노희경 작가.

▲ 상처를 극복하는 방법에 대해 묻자 그녀는 대답했다. "상처를 치유하는 가장 좋은 방법은 그걸 상처라고 생각하지 않는 거예요."

잖아요.

앞에서도 말했지만 흔히 말하는 연애는 자극이에요. "야, 오늘 전화하지 마!" 그랬더니 여자가 진짜 전화를 안 해요. 그럼 자극이 안 되죠. "전화하지 마!" 그럼 전화를 하는 거예요. 반대로 "전화해!" 그럼 전화를 안 하고. "너 왜 전화 안 했어?" 슬슬 긁는 거란 말이에요.

지금 같은 경우는 저 남자가 자극을 원한다고 해서 그걸 또 맞춰주는 게 좋은 건 아니에요. 요즘 사람들은 그걸 '밀고 당기기'라고 하는데 이것은 아니죠. 대등할 때가 좋아요. 나도 좋고 너도 좋은 방법이죠. 가령 지금 저한테 어떤 드라마 캐릭터가 있어요. 여자앤데 오래된 연인이 있어요. 그런데 이 남자가 싫어진 거예요. 지루해요. 그래서 헤어지려고 하는데 남들은 이 남자를 보면 다들 착하고 괜찮다는 거예요. 이 여자가 봤을 때는 정확하게 말은 할 수 없지만 은근히 생색내는 걸 알겠는 거예요. 쟤가 나한테 '봐줬지' 하는 게 있단 말이에요.

연애할 때 느껴봤을 거예요. '내가 이거 참아주고 저거 봐주고⋯⋯.' 생색을 내고 있는 걸 자신도 안단 말이에요. 정말 사랑은 맑아서 다 느껴요. 그러니까 생색내지 않으려면 내가 못 하겠는 건 딱 못 하겠다고 말하고, 내가 할 수 있는 것, 그러니까 우리 둘이 행복할 수 있는 것은 말하는 거예요. 나도 좋고 상대방도 좋은 방법을 찾는 거죠. 참는 게 아니라요. 참는 사람은 좀 답답해요. 언젠가 반드시 생색을 내게 되어 있어요.

제가 옛날에 애인과 헤어질 때 정이 한순간에 딱 떨어진 일이 있어요. 대학 땐데, 사실 제가 참 못했어요. 제가 여러 가지로 개보다 모자라고 그랬는데, 걔가 떠날 때였어요. 지금도 잊지도 않아요. 남산 계단에서 "난 너한테 할 만큼 다 했다." 그러는데 그 말에 정이 뚝 떨어지는 거예요. 제가 속으로 '뭐? 할 만큼 했어? 야, 지금까지 한 거 다 기억해 뒀네? 그거 어디 적어 놨나 보네.' 그러면서 가뜩이나 미안하던 마음이 싹 없어지는 거예요. 사실 그전까지는 미안했어요. 그래서 한번 애원해 보리라 마음도 먹었어요. 만약에 "너 이거 고쳐!" 하면 고칠 마음도 있었어요. 그런데 갑자기 "할 만큼 다 했어!"라고 말하기에 제가 "잠깐, 뭘 다 했는데?" 물었어요. 그랬더니 자기가 언제 나를 봐주고, 언제 뭘 해주고⋯⋯ 그렇게 쭉 얘길 하는 거예요. 제가 속으로, '오, 그거 어디 장부가 있나 보지?' 이렇게 되더라고요.

지금 질문한 사람이 상대방의 행복을 위해 잘 맞춰줬다고 한 표현을 보고 '야, 너, 무섭다. 아, 장부에 기록했네.' 이런 생각이 드는 거예요.

정말로 나도 행복하고 상대방도 행복한 방법이 사랑이 아닐까 싶어요. 나만 행복하거나 상대방만 행복한 게 아니라요. 한쪽의 희생정신이 깔리면 답답해져요. 우리 아버지가 답답해한 걸 제가 이해하는 게 엄마의 희생정신이에요. 정말 답답했을 거라고요. 엄마도 아버지한테 얘기할 수도 있고 싸울 수도 있고 그랬어야 하는데 엄마는 만날 참고 울고 그랬거든요. 그런 것들이 얼마나 아버지는 답답했을까, 이런 부분을 제가 이제 이해해요.

그래서 자기도 좋고 남자도 좋은 방법을 찾았으면 좋겠어요. 구질구질하게 매달려가지고 얻은 사랑이 오죽하겠어요. 여자를 자기 원하는 대로 해야지만 사랑하는 사람이라면 구질구질하게 그럴 필요가 뭐 있어요, 사람도 많은데.

김여진 지금 직접 손들고 질문해 보겠다는 분 계시면 기회를 드릴게요.

청중1 지금 제 친구들은 대부분 연애 중인데요. 제가 보니까 처음에 남자들이 프러포즈를 하면 여자들은 관례처럼 꼭 한 번씩 튕기더라고요. 그냥 한번 그래보는 건지 어떤지는 모르지만 어쨌든 튕기는 여자한테 남자들이 사정을 하든 어떻게든 매달려서 사귀게 되는 경우들이 많은데요. 그렇게 해서 연인이 되면 대부분 남자들이 여자애 말에 꼼짝을 못하더라고요. 뭘 하고 싶거나 다른 걸 주장할 때도 눈치를 보면서 혹시 헤어지자는 말이 나올까 봐 덜덜 떠는 거예요. 옆에서 그런 걸 보면서 연애관계에 대해 좀 부정적인 생각이 들었죠. 제가 궁금한 것은 어떻게 하면 남녀가 처음부터 평등하게, 정말 서로 눈치 보지 않고 친구 같은 연인 관계를 맺을 수 있을까 하는 것입니다.

노희경 조카가 대학 들어가서 처음으로 어떤 여자가 마음에 든 거예요. 그게 연애 첫 경험인데, 저한테 물어요. "그 여자는 지금 딴 남자가 있지만 전 그 여자가 좋아요. 어떻게 해야 할까요?" "네가 좋으면 말해 봐라"라고 했더니 딴 남자가 걸린다는 거예요. "그건 네가 상관할 바가 아니지. 네 생각만 해. 너 좋은 대로만 해." 그래서 여자한테 말을 한 거예요. 그랬더니 이 여자가 얘도 좋고 쟤도 좋고 해서 딱 양다리가 되었어요. 그리고 한 달인가 두 달이 지나서 조카가 또 저한테 물어요. 이 여자가 양다리를 걸치면서 둘 다 안 놓고 있대요. "너 참을 수 있니?" 참을 수 없을 것 같대요. "그래? 그럼 말을 해. 단, 결정할 시간을 정확하게 줘. 얼마 줄 거야? 일주일 정도 줄 거야?" 그랬더니 한 사흘 정도 주고 싶대요. 조카가 여자한테 가서 얘기한 거예요. "너 그 남자인지 나인지 선택해. 사흘 줄게."

조카는 그 말을 한 순간 너무 편하더래요. 정말 할 만큼 했다는 생각이 든다는 거예요. 저는 처음에 조카한테 참을 수 있나 없나를 물었어요. "기쁘게 참을 수 있겠냐? 참아도 답답하게 참는 게 아니라 기쁘게 참을 수 있겠냐?" 조카는 그랬어요. '다른 남자와 사귀는 여자지만 괜찮다. 아무 문제없다. 그 여자가 자길 안 놓친 것도 좋다. 하지만 이게 한 달 두 달 지속되면 자신이 괴롭겠다.' 그때 조카는 자기만 생각한 거예요. 결국 그 여자는 조카를 선택했어요.

제 친구들 중에도 남자들이 쫓아다녀서 결혼한 경우가 몇 명 있어요. 그 여자들이 결혼하고 나서 무슨 말을 하는 줄 알아요? '쟤가 날 쫓아다녀 놓고 지금 내 말을 안 들어준다'는 거예요. 그게 평생 빌미가 돼요, 평생. 그 부부를 보면 무서워요. 와, 걔는 지금 종을 부리는 거예요. "너, 나 쫓아다녔잖아. 그러면 나한테 잘해줘야지. 이젠 하는 짓 봐라." 그러면서 남편을 무슨 종 보듯이 부리는 거예요. 자식까지 낳아 놓고. 제 친구지만 진짜 무서워요. 내 말을 잘 들어주는 게 사랑이면 그게 그렇게 위대한 거겠어요? 사랑을 위대하다고 말하잖아요. 나도 행복하고, 그도 행복하고, 우리 둘이 더불어 행복할 수 있어야 사랑인데.

사실 남자들도 그러잖아요. "이미 잡은 물고기에 누가 미끼를 주냐?" 여자가 사랑해 주면 그 사랑에 감사하는 게 아니라 "한번 자고 났더니 좀 지루해지네." 이러잖아요. 우리 자신이 얼마나 추레한지 알아야 해요. 그걸 깨달아야 어른이 돼요. 저도 남자한테 차여도 보고 차도 보면서 이런 게 사랑이면 안 해야 옳지 않나, 그런 생각까지 했어요.

사람들이 사랑 얘기 좋아하잖아요. 옛날에 누가 저한테 "사랑하고 싶어요?" 물으면 "네." 그랬어요. 그럼 사람들이 막 좋아해요. 요즘은 누가 저한테 사랑하고 싶냐고 물으면 "아니, 내 나이 마흔다섯이야. 내가 지금도 이 남자 저 남자 허덕이고 댕겨야 되겠어? 클럽에 다니고 길거리 돌아다니면서?"

이런 사랑은 젊었을 때 20대~30대에나 하고, 지금은 길거리에서 휴지 줍는 게 훨씬 더 멋있다고 생각해요. 길거리에서 휴지 줍고 알란원에 가서 애들하고 놀거나 그 아이들을 위해서 일하는 것, 저는 이런 게 40대에 할 일이라고 생각해요.

여러분은 사랑하시되 그 사랑이 정말 애랑 섹스를 하고 싶은 건지 아닌지 정확하게 스스로에게 물어봐야 해요. 자기가 지금 몸종을 필요로 하는 건지 아니면 인생의 동반자라든지, 존경할 대상을 찾는 건지 물어야 해요.

목적을 챙겨야 한다고요. 내가 지금 행복하려고 하는 건지 그런 거 없이 그냥 끌려다니는 건지. 이런 질문이 계속 나온다는 건 아직도 우리가 사랑이 뭔지 잘 모른다는 거예요. 소크라테스가 명확하게 말했잖아요. 우리는 행복해지려고 사랑을 해요. 이런 것들을 진지하게 고민해 볼 필요가 있다는 생각이 들어요.

제가 어머니 생각만 해도 가슴이 뜨겁듯이 지나간 애인들, 저한테 좋았고 제가 존경했던 애인들을 생각하면 지금도 가슴이 뜨거워요. 그 사람들한테 부끄럽고 싶지 않아서 제 행동을 더 조심하게 돼요. 우리가 정말 사랑을 한다면 상대한테 그렇게 해야 되지 않겠어요? 상대가 너무 아까워서 보기에도 아까운 사람이어야 하지 않겠어요? 내가 함부로 말할 수 없는 사람이라야 하고요. 이게 뜨거운 열정이 아닐까 싶어요. 그런데 이런 진짜배기 사랑 얘기를 하면 사람들이 재미없어하고 그래요. 아, 답답하다, 진짜.

김여진 어떠셨어요? 해답을 얻으셨나요? 작가님이 요즘 젊은이의 사랑, 자극적인 사랑에 대해 좀 매운 질타를 하셨는데요, 그래도 물러서지 마시고 묻고 싶은 것 있으면 또 물어봐 주세요.

청중 2 저희 부모님은 이제껏 다투시는 걸 한 번도 못 봤을 정도로 굉장히 화목한 부부라고 생각해 왔어요. 그런데 최근에 저도 원하고 부모님도 원하는 직업을 선택했다가 그 꿈이 좌절되면서 저도 실망하고 부모님도 실망을 하셨어요. 얼마 전에 엄마가 제게 그러시더라고요. 자식을 잘 키우는 게 당신들의 역할이라고 생각해 오셨는데 제가 요즘 잘 안되니까 엄마 아빠 사이에 대화가 많이 없어졌다, 상당히 멀어졌다고요. 이 말씀을 들으니 저 때문에 부모님 사이가 멀어지는 것 같아서 제가 어떻게 해야 할지 모르겠어요.

노희경 엄마 아빠가 원하던 꿈이 뭐였는데요?

청중 2 아빠가 공무원이신데 저도 비슷한 진로를 원했고, 아빠도 원하셨어요.

노희경 엄마 아빠 사이에 대화가 없어지는 건 뭐, 어른들은 대화하다가 안 하다가 그러니까 괜찮아요. 두 분이 한 20~30년간 얘기했을 것 아녜요? 그러면 당분간 얘기 안 할 수도 있죠, 뭐. 그건 걱정이 안 되는데, 본인은 원래 공무원이 되고 싶었어요? 왜 되고 싶었어요?

청중 2 그냥 막연하게, 어려서부터 당연하다고 생각했어요.

노희경 엄마 아빠 사이가 안 좋아졌다, 이런 말씀을 들으니까 속상했어요?

청중 2 만약 두 분만의 문제라면 둘이 해결할 텐데 그 원인이 저한테 있으니까요.

노희경 그건 뭐 핑계 대는 거지. 괜찮아요. 사실 제가 이런 얘기를 왜 하느냐면 20대 친구가 있는데 꽤 부잣집 딸이에요. 그 친구 말이, 자기 엄마가 이상해 보인다는 거예요. 엄마가 자기한테 돈으로 이 일 시키고 저 일 시키고 이런 생각이 든다는 거죠. 그게 이 친구한테 상처가 되는 거예요. 무슨 일을 하려고 하면 "엄마가 돈 줄 테니까 그 일 하지 마. 안 그러면 돈 못 준다"라면서 자꾸 돈을 빌미로 자기를 조종하려고 하니까 부모에 대한 신뢰가 무너진 거예요. "우리 엄마 아빠가 이렇게 속물이었어요" 하더라고요.

그래서 이런 걸 묻고 싶어요. "엄마 아빠에 대한 신뢰가 무너졌어요?" 공무원이 되려고 했는데 안 됐어요. 경쟁이 너무 세니까 열심히 했는데 안 됐단 말이에요. 그런데 그것 때문에 두 양반이 싸우고 내 핑계를 대는 게 오히려 부모님에 대한 신뢰를 무너지게 만들

없느냐 아니냐 묻는 거죠. "이런 부모가 아직도 존경스러우세요?"

청중 2 저는 지금도 부모님을 굉장히 존경하고 사랑해요. 그래서 부모님께 인정받고 싶은 욕구가 큰데, 제 욕구도 만족시키지 못하고 부모님 욕구도 충족시켜 드리지 못하니까 그게 마음이 아파요.

노희경 제가 그 친구한테 이런 얘기를 했어요. "부모님이 자식에게 어떻게 하라고 또 무엇이 되라고 얘기하는 건 그래야 자식이 고생을 안 한다는 걸 아니까 그러는 것이다. 그것도 사랑이다. 엄마가 너한테 돈 벌어라, 하는 것도 사랑이다. 부모가 속물인 게 아니다."

엄마가 세상을 살아보니 돈이 필요하고, 세상을 살아보니 공무원이 좋은 직업이고, 그래서 딸이 그걸 해서 세상을 편하게 살기를 바라는 거죠. 그걸 잊지 않았으면 좋겠다는 생각이 가장 먼저 드네요.

그리고 그 다음 중요한 것은 뭐냐면, 사업가가 되든 공무원이 되든 모든 부모는 아이들이 뭔가가 되길 바란다는 거죠. 그런데 결국에는 자식이 행복한 걸 하면 진짜 좋아하는 거예요. 부모님이 말로는 공무원, 의사, 변호사를 얘기하지만 최종 목적은 자식이 행복해지는 거예요.

그래서 제 드라마를 보면 부모님의 말씀을 다 거역하고 다른 짓을 해요. 〈우리가 정말 사랑했을까〉에서도 김혜수가 엄마의 반대를 무릅쓰고 집을 나와서 결혼해 버리잖아요. 내가 어떤 짓을 해도 결국에는 내 선택이 나를 행복하게 만드는 거예요. 모든 선택은 부모님이 아니라, 내 행복을 기준으로 삼아야 해요.

내가 만약에 부모님을 실망시키고 옷 장사를 했어요. 옷 장사를 해서 내가 행복해요. 돈을 많이 벌어서가 아니라 내가 이 일을 하는 게 행복하면, 부모님은 처음에 공무원 안 하고 어쩌고저쩌고 하다가도 '아, 우리 자식이 행복하구나.' 이렇게 깨닫게 돼요.

어떻게 하면 부모님께 인정받을 수 있을까요? 그건 본인이 행복하면 돼요. 공무원이 되고 싶지만 떨어졌어요. 하지만 다시 도전할 수도 있어요. 경쟁이 워낙 세니까 계속 시험을 봐도 떨어질 수도 있잖아요. 그럼 다른 길을, 자기가 행복해질 다른 일을 찾는 거예요. 부모님은 서운해할 수 있겠지요. 하지만 그런 서운함은 오래 안 가요. 부모 죽인 원수하고도 화해하는 판에 부모하고 나하고는 칼로 물 베기예요.

그래서 조금만 기다리면 좋겠어요. 그게 의리고 믿음이에요. 부모님이 화가 많이 났어도 조금 기다리면 되지 않을까요? 공무원 시험 떨어져서 부모님의 우려가 오래가는데, 자식이 계속 기가 죽어서 눈치 보고 이러면 더 오래가요. "엄마 또다시 도전해 볼게!" 이렇게 긍정적으로 행동하고, 본인 때문에 부모님 사이가 나빠졌으면 "엄마, 아버지 미안해요" 하면서 애교 떨고 그러는 게 필요하지, 슬슬 집 밖으로 돌고 그러면 또 싸움의 원인이 되거든요. 지금은 더 애교를 떨어야 해요. 간을 빼놓고 애교를 피우세요.

김여진 결국 스스로 행복해져야 부모님도 행복해진다는 말씀이신데, 꼭 이러한 사례가 아니더라도 부모 자식 관계라면 누구에게나 공감이 가는 문제 같아요.

또 다른 분, 아까 손드신 분 계시죠?

청중 3 제 나이가 결혼 적령기가 다 돼 가는데요. 주변에 결혼할 친구도 있고, 또 이미 결혼한 친구도 있어요. 그런데 친구들끼리 하는 얘기라서 좀 그렇지만, 자꾸 친구의 남자들과 비교가 되는 거예요. 쟤 남자 친구는 부잣집 아들이고, 쟤 남자 친구는 의사고, 뭐 이런 것에 대해서 질투를 반복하는 거죠. 그러다 중요한 건 그게 아니다, 생각을 고쳐먹다가도 또 맘속에 불이 확 일어나서 부럽다, 너무 부럽다, 이러다가 또 가라앉고. 그걸 계속 반복하는 게 무척 지치더라고요. 이런 마음을 어떻게 해야 할지 모르겠어요.

노희경 실제로 이런 얘기가 있어요. 표 감독이 누가 봐도 참 사근사근하거든요. 그래서 한번은 박원숙 선생님이 농담으로 "저 사람 좀 이상하지 않아? 저렇게 사근사근한 남자가 집에 가서는 채찍으로 부인 때리고……" 이런 우스갯소리를 했어요. 실제로 표 감독 부인을 어느 식당에서 보고 박원숙 선생님이 "혹시 집에서 채찍 맞고 살아요?" 하고 물었지요.

어떤 사람을 볼 때 꼼꼼하게 살필 필요가 있어요. 여기에 어떤 의사가 있어요. 나이는 서른여덟 살이에요. 그럼 혼자 질문을 하는 거예요. '성격은?' '너한테 해주는 건?' '이럴 땐 어떻게 해? 그런 상황에서는 뭐라고 해?' 이렇게 쫀쫀하게 물어볼 필요가 있어요. 자세하게 묻고 여러 가지를 따져보잖아요. 사람은 대개 비슷해요. 제가 필리핀에 가서 봉사활동도 하고 그러지만 애들 도와주는 게 어찌 항상 제 일보다 우선이겠어요? 아니에요. 다 제 일 하면서 하는 거잖아요. 가만 보면 이기적인 거죠. 사람은 다 비슷비슷해요. 좋은 점도 있고, 나쁜 점도 있고, 그런 거죠.

제가 비교하기 시작하면 남자도 비교해요. 제가 정말 애인하고 뜨거웠을 때는, 있는 그대로 저를 사랑해 줄 때예요. 그럴 때가 있어요. "나 정말 걔한테 질투 나더라." 이럴 때 그걸 꼬투리 잡지 않고 고개를 끄덕이면서 "질투 나지" 하고 말해 주는 사람, 이때 존경심이 생겨요. 같이 일하는 파트너한테도.

사실 사랑하는 사람하고 그런 얘기를 더 진지하게 나눠야 해요. "나 이런 거 질투한다. 비교가 돼. 자기도 내가 비교되지?" 이런 대화를 나눠야 해요. 내가 되면 걔도 돼요. 역지사지 하는 마음이 참 중요해요. 내가 하면 그 사람도 하고 있다는 거죠. 내가 기분 나쁘면 그 사람도 기분 나쁜 거예요.

여러분이 결혼 적령기란 말을 하는데, 이 결혼 적령기를 조금 넘기면 이미 결혼한 친구나 애 낳은 친구들 보면 질투가 나고 배도 아프고 그렇죠. 그런데 조금만 더 기다리면 이혼한 친구들이 생겨요. 또 조금만 더 기다리면 두세 번 결혼해 본 친구들도 생기죠. 이렇게 기다려 보는 것도 괜찮아요. 그런 거 보는 재미도 쏠쏠해요.

세상에 자기만 있는 것 같아 외롭지만 적령기라는 게 따로 없거든요. 자기 하고 싶을 때, 자기한테 가장 적당한 시기가 적령기예요. 인간을 동물적인 의미로 보면, 즉 배태의 의미로만 보면 적령기가 있죠. 대충 20대 중반 정도? 동물적으로는 적령기가 있겠지만 인간적으로 보면 적령기란 건 없어요. 정말 물건 사듯이 품평회를 하는 게 아니죠. 우리 엄마는 제가 못생겨도, 제가 죄를 저질러도 봐줬어요. 아이들은 그러면서 큰다고 생각했지요.

표 감독하고 그 부인이 예쁜 건, 이들의 처음 신혼집이 방 2개에

쪽마루가 딸린 열여섯 평짜리였어요. 텔레비전이 14인치인데 표 감독 자취방에서 쓰던 거였죠. 아직도 기억이 나요. 4킬로그램짜리인가 6킬로그램짜리 분홍색 세탁기도 있었어요. 그런 살림들이 기억이 나요. 그리면서 서로 칭찬을 해요. 딴 사람이 아무도 안 믿을 때 부인은 남편이 좋은 감독이 될 거라고, 인간을 따뜻하게 만드는 그런 얘기를 했거든요.

제가 예전에 대놓고 얘기했지만 표 감독 데뷔작이 별로였어요. 그런데 제가 이 사람하고 작품하기로 이미 약속을 한 거예요. 그러고 나서 데뷔작을 보고는 '어머, 이 사람하고 어떻게 작품을 해!' 이런 생각이 들었어요. 그런데 부인이 끝까지 믿어 줬어요. 남편이 최고의 감독이 될 거라고. 단막극 할 때도 열 번, 스무 번을 보고 남편한테 잘했다고 칭찬해 주고 그랬어요. 제가 보기에는 잘한 거 아닌데도. 옆에서 봤을 때 그런 모습들이 정말 아름다웠어요.

모여서 밥 먹을 때도 5천원씩 걷어서 먹고, 나가서 술 마시면 돈 아까우니까 집에서 떡볶이 사가지고 가서 먹고 그랬죠. 지금도 우리는 노는 게 아주 궁상스러워요. 옛날 궁상이 몸에 배어가지고 지금도 우리끼리는 어디 가서 밥을 좋게 안 먹어요. 표 감독을 만나면 여의도에서 다니던 황태북어집, 순댓국집에서 보는데 주로 먹는 게 5천원짜리예요. 그런 것들이 주는 진정성이 있어요.

김여진 시간이 정말 많이 지났습니다. 딱 한 분에게만 더 질문할 기회를 드리겠습니다.

청중 4 짝사랑하는 A가 있어요. 오랜 시간 좋아했던 사람인데, 제 사랑을 아직 몰라줘요. 그런데 너무 외로워서 저를 좋아하는 B와 만나게 됐는데 아무리 생각해도 B한테는 감정이 안 생기는 거예요. 그래서 이번에 A한테 고백을 해야겠다, 용기 있게 말을 하려고 해요. B한테는 이제 안 만났으면 좋겠다고 문자를 보냈는데 B가 만나서 얘기하자고 자꾸 문자를 보내는 거예요. 답장을 안 했죠. 그래도 자꾸 문자가 오는데, 이 B를 퇴치할 방법은 없는지, 잘 설득해서 멀어지게 하는 방법은 없는지 알고 싶어요.

노희경 연락을 안 하면 되죠. 연락을 안 하면 돼요. 우리가 주변에서 이런 질문들을 많이 받잖아요. A를 좋아하는데 B가 자꾸 연락을 한다. 옆에서 보면 연락할 짓을 해요. 부처님, 예수님 말씀 하나도 안 틀려요. '두드려라 열리리라, 구하라 얻으리라.' 이게 맞는 말이에요. 연락이 몇 번을 오든, 한 달이든, 반년이든 그냥 내버려둬야 하는데, 세 번 정도 연락이 오면 '연락하지 마' 이러면서 문자를 날려요. 질문한 사람은 그 친구한테 답신 문자 날렸어요, 안 날렸어요?

청중 4 안 날렸어요. 그런데 저희 집을 알아요. 집 앞에 찾아오면 어떻게 해요?

노희경 냅둬요. 그러다 심하게 스토커 짓을 하면 신고하면 되지. 그 친구한테는 그냥 연락하지 마요. 어떤 얘기도 하지 마세요. 이런 얘기를 친구들하고도 하지 말고. 얘기하고 다니면 그 친구 귀에 들어가요. 이런 정보들이 그 친구한테 자꾸 들어간다니까요. '어, 그래?' 그러면서 자꾸 여자를 되뇌게 만들거든요. 그러다 위험해지는 거예요. 무관심이 최고예요. 병적으로 빠지지 않는 친구들은 그러다 보면 대부분은 없어져요.

정말 여러분이 조심해야 할 것은 남자건 여자건 상대방을 들뜨게 하는 사람들이 있어요. 그래서 집착하게 만드는 거죠. 그런 경우들이 있어요. 정말 위험한 짓이에요. 제가 스토킹당한 사람을 알거든요. 살인보다, 아니 정말 살인행각 이상이에요. 사람 들뜨게 하고, 애끓게 해요. 이거 조심해야 해요. 남자 비위를 살살 건드려서 자기한테 집착하게 만드는 거죠. 한쪽은 집착하게 만들어 놓고 이쪽은 사귀고……, 이런 사람이 많은데, 조심해야 해요.

그런데 요즘 젊은 친구들은 참 많이 물어요. 친구들한테도 잘 묻고요. 우리 조카들도 보면 자꾸 물어요. 저는 우리 엄마한테 별로 안 물어봤어요. 집 나간다고 엄마한테 묻고 나가나요? 안 묻잖아요. 근데 요즘 친구들은 잘 물어봐요. 제가 보기엔 묻는 것도 별로 좋은 버릇은 아니에요. 혼자서 사유할 힘을 키웠으면 좋겠어요. 혼자 사유하고 혼자 고민하고. 그래서 '왜?'라는 질문 속에서 혼자 답을 찾아가는 것. 소크라테스는 '왜?'라는 것 하나만 있으면 뭐든 해결된다고 했어요.

저한테 물으면 어떻게 답할지 뻔히 다 알잖아요. 저한테 "어떻게 살아야 해요?"라고 물으면 "남 괴롭히면서 사세요." 이렇게 말하겠어요? 우리가 답을 다 알고 있어요. 다만 실천하지 않는 거죠. 자기 자신이 찾아내면 행동할 때 훨씬 더 힘이 실려요. 나중에는 여러분이 혼자 질문하고, 혼자 찾은 답을 갖고 친구들과 공유하는 거예요. "넌 어떤 정보가 있니? 난 이런 정보가 있어." 이렇게 정보를 공유하는 그런 토론회장이 됐으면 좋겠어요.

김여진 시간이 너무 빨리 지나갔어요. 아쉽지만 끝마칠 시간이 됐습니다. 사실 방금 노희경 작가님께서 여러분에게 중요한 화두를 던져주셨어요. '더 이상 남에게 물어보지만 말고 혼자 생각하고 혼자 질문하고 혼자 답을 찾으면서 자기만의 힘을 키워라.' 우리 모두 고민해야 할 좋은 화두인 것 같습니다.

마지막으로 젊은 친구들, 후배들에게 노 작가님께서 해주시고 싶은 말씀, 더 이상 딴 데 가서 물어보지 않아도 되게 요것만은 좀 기억해 줬으면 좋겠다, 이런 말씀 한마디만 해주세요.

노희경 이 세상의 모든 것은 다 세상에 나온 이유가 있다고 하잖아요, 그걸 좀 믿으면 좋겠어요. 자기가 사랑하는 사람에게 최선을 다하는 사람이었으면 좋겠어요. 치졸해도 돼요. 울어도 되고요. 정말 좋은 친구, 좋은 스승, 이런 사람이 사랑하는 사람이었으면 좋겠어요.

우리가 세상에 온 목적이 다 있어요. 은하에서 왔든지 외계에서 왔든지 하늘에서 뚝 떨어졌든지 아니면 부모님이 만들었든지 세상에 태어난 목적이 있어요. 누구나 목적이 있는데 그걸 잘 몰라요. 그 목적이 뭔지 자신에게 좀 물어보세요. 자기한테 가장 든든한 친구가 바로 각자 자기 자신이었으면 좋겠다는 생각이 들어요.

정말 전 그랬어요. 글 쓸 때 거울을 보면서 "노희경, 넌 할 수 있다"고 매일 이야기했어요. 그 누구보다 내가 나를 먼저 믿어 주는 것, 또 사랑하는 사람이 잘해서 믿어 주는 게 아니라 못할 때도 믿어 주는 것, 그게 진짜 믿는 게 아닐까요?

사랑은 정말 아름다운 거예요. 저는 엄마가 아니었다면, 엄마가 저를 사랑하지 않았다면, 제가 엄마를 사랑하지 않았다면, 저는 학교에서 정학당한 아이, 사고치는 아이, 공부 못하는 아이로 그냥 끝날 수도 있었어요. 그런데 엄마가 "넌 작가가 될 수 있다"고 그랬고, 그런 것들이 정말 저를 여기까지 키운 거예요. 저는 원래 그럴 애는 아니었는데, 남들이 보면 싹수가 노란 애였거든요. 공부를 잘한 적이 한 번도 없었어요. 학교에서 정학도 많이 맞아서 빨간 줄이 수두룩해요. 학교 기물을 파괴하고, 도둑질을 곧잘 하고……, 전 도둑질도 아주 오래 했어요.

그런데 그때도 '내가 이상하다, 내가 이렇게 살아야 할까' 이런 질문들을 스스로에게 했어요. 엄마는 그게 과정이라고 여겼어요. 끊임없이 학교에 불려갔지요. 선생님이 엄마한테 "얘가 말이에요, 학교에서 불을 피우고요, 학교를 전복시키려고 했어요." 이런 말도 안 되는 얘기를 했어요. 제가 성냥 하나 갖고 있었다고 말이에요. 담배도 안 피웠거든요. 그때 엄마가 "너 학교에 불 지르려고 성냥 가져갔어?" 하고 물었어요. 아니라고 했죠. 엄마가 "네가 아니라면 믿어야지, 별일도 아닌데." 그랬어요. 하지만 학교에서는 끝내 정학을 맞았지요.

우리도 마찬가지예요. 사랑하는 사람한테 그런 믿음을 주는 게 사랑이 아닐까요. 남자가 "나 의사가 못 돼서 미안해. 난 능력이 없어." 이럴 때 "의사가 못 되면 어때. 돈 버는 의사보다 생명을 구하는 NGO가 훨씬 낫지 않아요?" 이렇게 독려해 주는 친구였으면 좋겠다는 생각을 해요.

오늘은 가서 그 남자를 어떻게 꼬실까가 아니라 내가 정말 어떤 사람을 만나고 싶은가, 난 어떤 사람이 되고 싶은가를 한 100가지씩 적어 보세요. 그럼 답이 나와요. 근데 보통 한두 가지만 적더라고요.

　사랑은 정말 아름다운 거예요. 정말 아름답고, 정말 해봐야 하는 거죠. 그 첫 번째가 무엇보다도 자기 자신이었으면 좋겠다는 생각이 들고, 그 다음에 상대를 구할 때는 정말 크게 좀 생각했으면 좋겠어요. 상대가 나와 같은 사람이란 사실을 잊지 말고요.

　제가 요즘에 많이 써주는 말이 있어요. '그도 나만큼 외로울 뿐!' 이란 말 많이 쓰거든요. '그도 나만큼 지쳤을 뿐!' '그도 나만큼 지루할 뿐!' 사는 게 그와 내가 별다르지 않다 생각하고 이렇게 진지한 논의를 해봤으면 좋겠다는 생각이 들어요.

노희경이 생각하는 사랑이란

한 사람이 3만 원으로 다른 한 사람을 살릴 수 있다.
그런데 내가 살린 한 사람이 혹여 100명을,
아니 한 명을 살릴 사람이 될 수도 있으니
그 한 사람의 힘이 정말 원대하다.
한 생명을 살리는 일이
분명 지금 내가 글을 쓰는 일보다 더 크리라.
사람보다 글이 먼저라면 이미 글 쓰는 목적을 잊은 것
생명보다 먼저 사랑이라면
그 역시 이미 사랑의 목적을 잃은 것

세 번째 꿈, 성공

박원순
희망제작소 상임이사, 소셜 디자이너
《악법은 법이 아니다》,《내 목은 매우 짧으니 조심해서 자르게》,
《마을에서 희망을 만나다》,《시민의 힘이 세상을 바꾼다》,《박원순 변호사의 일본시민사회 기행》,
《한국의 시민운동 프로크루스테스의 침대》,《성공하는 사람들의 아름다운 습관, 나눔》 외 다수

진정한 성공이란 무엇인가?

성공
멘토
박원순

성공의 비결이 있는가. 가능성만 따지자면 '대개 가지 않으려는 길을 가라' 만한 것이 없겠으나, 흔한 길이라도 가보려던 대개에겐 그 길만 겨우 아는 까닭이 크다. 그마저도 버겁다. 한 시인이 제 삶을 은유한 '표류와 표착'은 21세기 젊은이들의 삶을 아프게 직설한다. 사교육에 허우적이다 표착한 대학에서 학자금을 융자받고, 졸업하여 비정규직으로 표류한다. 하여, 그 길을 안다는 이가 그 길을 걸어 보았기 때문일 때야 일러준 길은 겨우 울림이 있다.

변호사는 한때 검사였다. 변호사는 참여연대를, 아름다운가게를, 희망제작소를 만들었다. 5년여마다 다른 길이었고, 예제없이 한국 시민사회의 신작로가 됐다. '시민'이란 한국어는 그와 함께 자라고 몸통을 키웠다. 변호사 대신 스스로 시민활동가라 부르던 이는, 이제 명함에 '소셜 디자이너'를 새기고 있다. 가보지 못한 길들의 자락에서 뭇사람들은 그를 어찌불러야 할지부터 주저할 것이다. 이름 두 자에 씨나 붙여 달란다. 그는 원순 씨다.

원순 씨처럼 성공한 시민활동가가 있는가. "굉장히 역정을 냈어요. '아니

내가 성공을 했다면 세상이 이 정도밖에 안 됐겠냐. 내가 꿈꾸는 세상이 이런 세상이란 말이냐 반박을 했어요." 무모한 허기가 또 다른 길을 내는 모양이다. "천국이 재미없을 것 같아 지옥 가서 인권변호사도 하고, 지옥개혁사업을 해보고 싶어요."

원순 씨의 성공엔 '당신'과 '우리'가 전제한다. 그래서 무슨 일을 할 수 있겠냐는 스무살의 질문이 쏟아질 때, 술 소믈리에, 밥 소믈리에, 여대생들의 장례서비스 등등 미답의 직업 1천 개를 웃으며 꼽는다. "당장 명함부터 파시랴"며 또 웃으며 채근한다.

그건 당신이 창의적이고 도전적이어서 그런 것 아닙니까. 따져 묻는다면 원순 씨는 낮춰 말할 도리밖에.

"작게 버리면 작게 얻는다. 많이 버리면 많이 얻는다. 다 버리면 다 얻는다." 이것은 역설이 아니다. 역설은, 가난한 시민활동가에게 성공했다며 성공의 길을 물을 수밖에 없는 이 시대다.

1956년 경상남도 창녕에서 태어났다. 학생 운동으로 옥살이하다 서울대에서 제적당하고 단국대를 졸업했다. 1980~1990년대 인권변호사였다. 이젠, 과거 복잡한 남자가 우리들에게 따질 차례다.

"전 대책없는 낙관주의자입니다. 비관해서 뭐합니까. 저라고 19살에 감옥 가는 게 즐거웠겠습니까. 어떤 상황이 닥치더라도 절망하지 마세요. 여러분은 잃어버릴, 무슨 대단한 거라도 있습니까, 뭐가 그리 겁나세요. 실패해도 좋아요. 거기에 또 시작이 있으니까요."

한국 사회를 디자인하는 남자

김여진 오늘 초대 손님이신 '박원순 변호사님'에 대해 소개해 드릴게요. 우선 전직 검사였고, 인권변호사로 유명하시죠. 하지만 변호사님이라고만 소개해 드리기가 어렵습니다. 우리나라 대표 시민운동가이시기도 하니까요. 또 참여연대, 희망제작소, 아름다운가게 등에서 많은 일을 하셨고, 현재도 바쁘게 활동하시는데요, 요즘은 스스로를 '소셜 디자이너'라고 소개하고 계십니다. 안녕하세요? 박원순 변호사님!

박원순 네, 안녕하세요.

김여진 그런데 '소셜 디자이너'가 구체적으로 뭔가요?

박원순 제가 '대한민국 디자인 홍보대사'입니다. '디자인'이라고 하면 보통 뭘 아름답게 만드는 것, 예컨대 인테리어 디자이너, 패션 디자이너를 뜻하죠. 그런데 요새 디자인이라는 개념에는 '커뮤니티 디자인, 소셜 디자인' 등의 개념이 많습니다. 사실 제가 이거 지어 놓고 대한민국에서, 아니 세계에서 최초로 만든 직업이라고 생각했거든요. 그런데 나중에 보니까 다른 나라에서도 이미 쓰고 있더라고요. 예컨대 일본의 리쿄 대학에 가면 소셜 디자인학과가 있어요. 그래서 누가 원조인가를 한참 따져 봤는데 우열을 못 가리겠더라고요. 그래서 '아, 세상엔 창조적인 사람들이 굉장히 많구나.' 이런 생각을 했죠. '어떻게 하면 우리 사회를 좀더 업그레이드 해볼까?' 늘 고민하는 사람을 '소셜 디자이너'라고 해요. 특허청에 등록도 안 해놨으니 여러분도 사용하셔도 됩니다.

김여진 너무 근사한 이름이에요. 하지만 어릴 때 "너 꿈이 뭐니?"라고 물으면 "소셜 디자이너요"라고 대답하지는 않을 것 같아요. 혹시 어릴 때 꿈이 소셜 디자이너셨나요?

박원순 그렇지는 않아요. 사람은 늘 꿈이 변하는 것 같아요. 저는 사람은 누구나 변하는 존재라고 생각하거든요.

김여진 그러면 어릴 적 꿈은 무엇이었는지, 어린 시절 이야기를 조금만 들려주시겠어요?

박원순 많은 사람들이 그렇지만, 저도 어릴 때 꿈이 참 많았어요. 제가 시골 아주 농촌에서 자랐는데요. 어릴 때는 선생님이 잘해주시면 선생님이 꿈이잖아요. 한때 저는 약국을 운영하는 꿈을 가지고 있었어요. 당시 우리 마을엔 병원이 없어서 아프면 늘 약국에 갔거든요.

김여진 고향이 어디시죠?

박원순 경남 창녕입니다. 우포늪 아시지요? 거기서 멀지 않은 곳입니다. 그때 약국에 가면 저보다 학년이 조금 높은, 누나가 있었어요. 주사 맞는 거 생각하면 너무 싫었지만, 그 누나가 너무 좋아서 나중에 약국을 하고 싶었던 적도 있었습니다.

조금 나이가 들면서는 부모님께서 원하시는 사법시험을 봤는데, 막상 일을 해보니까 검사나 이런 직업이 썩 좋은 직업이 아니더라고요. 제가 보기엔 3D 업종 중에 하나예요. 잘 모르는 사람들이나 대단한 줄 알지요. 변호사도 마찬가지입니다. 이게 남의 고민대행업이잖아요.

그러니까 남의 떡이 커 보이듯이 막상 해보면 아닌 게 많습니다. 제가 변호사 노릇하면서 머리카락 절반이 날아갔어요.

지금은 사법연수원에서 강연할 기회가 있으면 "변호사 절대 하지 마라"고 말합니다. 요새는 사법연수원생이 1천 명이 되더라고요. 한번은 사법연수원생들에게 "변호사 시험, 사법고시 합격하면 길가에 '누구 집 둘째 아들 사법고시 축' 이라고 현수막 걸어 놓는데, 절대 '축' 이라고 쓰지 마라. '근조' 이렇게 써라"고 했어요. 바로 그날 연수원생 한 명이 저를 쫓아왔는데, 그 인연으로 만들어진 게 '공익변호사 공감' 입니다. 지금은 8명 정도가 함께 일하고 있는데, 비영리로 운영되고 있어요. 사회적 약자와 소수자의 인권을 보장하고 문제를 개선해 나가는 일을 하고 있지요.

꿈은 늘 변하는 것 같습니다. 그래서 제가 내린 결론은 "평소에 자기가 정말 하고 싶은 것을 해야 결국 행복해지는 길로 가게 된

▲ 소셜 디자이너, 박원순 변호사를 만나기 위한 비밀의 문. 그는 말한다. "평소에 자기가 정말 하고 싶은 것을 해야 결국 행복해지는 길로 가게 된다."

다. 그러니까 젊은이들은 주변에서 권유하는 것을 할 필요없다. 자기가 하고 싶은 것을 해라"고 말해 줍니다.

내 인생의 터닝 포인트_ "줄을 잘 서야 성공한다"

김여진 법학도에서 역사학도로 변하신 적이 있고, 검사에서 다시 인권변호사로, 다시 시민운동가로 숨 가쁜 변화를 거쳐 오셨는데, 그 이야기를 다 들으려면 오늘 날을 새워야 할 것 같아요. 그래서 변호사님께 한 가지, 인생의 터닝 포인트에 대해서 묻겠습니다. 남들이 원하는 삶에서 변호사님이 원하는 삶으로 방향을 바꾸게 된 터닝 포인트가 무엇이었는지 여쭤 보고 싶습니다.

박원순 물론 인생에서 여러 가지 크고 작은 전환들, 그런 전환을 가능하게 했던 사건들이 있었죠. 역시 제일 큰 전환점이라고 하면 대학교 1학년 때였습니다.

당시 대학 들어가자마자 감옥에 갔거든요. 간단하게 상황을 설명하면 제가 그때 도서관에서 공부를 하고 있었어요. 그 무렵만 해도 오히려 데모가 많지 않았을 때였는데 갑자기 경찰 수천 명이 오더니 도서관 아래쪽에서 데모를 하던 학생들을 잡아가기 시작하는 거예요. 너무 잔인하게. 그래서 저도 모르게 뛰어 내려가서 같이 데모에 참여하게 되었지요. 한참 하다 보니까 최초에 주동한 사람들은 다 도망갔고, 저같이 어리바리한 사람만 붙잡혀서 남부경찰서에서 한 달, 영등포구치소에서 4개월 있다 나왔어요.

당시 저는 어렸기 때문에 소년수 방에 수감되었는데, 그곳엔 온갖 '강' 자 돌림의 범죄자들이 다 와 있더라고요. 예를 들어 강도, 강간, 강도살인인데, 그런 일을 저지른 게 대부분 미성년자들이었어요. 처음엔 함께 있는 게 굉장히 두렵더라고요. 혹시나 밤에 강도살인으로 들어온 아이가 제 목을 조를지 어떻게 압니까?

그런데 막상 사귀어 보니까 애들이 너무 괜찮은 거예요. 정도 많고요. 따지고 보면 우리 사회의 구조적 문제 때문이지, 그 아이들이 근본적으로 악인이어서 그렇게 된 건 아니라고 생각하게 되었어요.

당시 감옥에서는 밤에 불도 안 꺼요. 아이들이 도망갈까 봐요. 덕분에 완벽한 면학 분위기가 조성되어 공부하기엔 좋더라고요. 그래서 책을 많이 봤어요. 나중에 학교에서 복학을 안 시켜 줘서 제가 대학을 제대로 못 나왔지만 그때 감옥에서 4, 5개월 있는 동안 읽었던 수많은 책이 제게 지적 영양분이 됐어요. 생각해 보면 저는 우리가 대학에 다닐 필요는 없다고 생각해요. 그 대신 감옥은 꼭 한 번 갔다 오세요.

그 후에 제가 검사 노릇도 하고, 별걸 다 했어요. 그러나 그중 최고는 감옥에서의 경험, 그때 사귀었던 젊은 친구들, 운동권 선배들과 같은 많은 분들이 세상의 변화를 통해 좋은 세상을 만들고자 했던 꿈 그리고 연대가 제 인생을 지배하게 됐지요.

그래서 '내가 참 줄을 잘 섰구나'라고 생각해요. 인생에서는 줄을 잘 서야 합니다. 제가 만약에 그때 양심의 소리를 무시한 채 저 혼자 공부했다면 참 이기적인 인간이 됐을 거예요. 그랬다면 아마 검사장이 되고, 검찰총장이 돼서 사람들을 잡아가두는 걸 즐거움으로 생각하고, 스폰서 검사가 되었을지 몰라요. 다행히 저는 당시 제가 겪은 인생의 경험을 통해서 '어떻게 하면 가난하고 수난 당하는 사람들 곁을 지킬 수 있을까?' 이런 고민을 하는 사람들과 지냈으니 행복한 사람이라고 할 수 있죠.

특별한 추억, 조영래 변호사

김여진 터닝 포인트라는 얘기를 하다 보니까 생각이 나는데, 얼마 전에 전태일 열사 40주기였고, 그분의 평전을 썼던 고(故) 조영래 변호사님의 기념행사도 있었습니다. 짤막하게나마 그분과의 추억 이야기를 좀 나눠 주셨으면 좋겠어요.

박원순 조영래 변호사님은 저보다 9년 선배죠. 이분이 살았던 시대가 유신, 그러니까 박정희 대통령의 독재가 가장 심각할 때였지요. 당시 전태일 열사가 청계천에서 "우리도 인간이고 싶다. 근로기준법을 지켜라"며 분신자살을 했는데, 전태일 열사의 일기에 '나도 법대를 다니는 친구가 하나 있으면 너무 좋겠다'고 썼답니다. 가난한 노동자 입장에서는 법대 다니는 친구 한 사람의 조언이 너무도 아쉬웠던 것이지요. 그 뉴스를 듣고 당시 서울대 법대에 다니던 학생 몇 명이 달려갔지요. 그중에는 장기표 씨도 있었고, 또 고시 공부 중이던 조영래 변호사도 있었어요. 그래서 여러 가지 시위를 조직하고 그랬지요. 그런 인연 때문에 나중에 조영래 변호사가 숨어 다니면서도 계속 전태일 열사의 어머니인 이소선 여사를 만나

전기를 쓰게 됐습니다.

저는 조영래 변호사님과 사법연수원에서 만났어요. 당시 조영래 변호사님이 '서울대 반국가음모사건'으로 1년 넘게 징역을 살고 나온 후 사법연수원도 다시 못 들어오다가 세월이 한참 지난 후에 다니게 되었거든요. 이런 이유로 저와 연수원도 같이 다녔고, 이후에는 제가 검사를 잠깐 하다가 그만두고 변호사를 할 때 '부천서 성고문 사건', '서울대 미문화원 사건', '박종철 군 사건' 등 수많은 사건을 같이 하게 됐어요.

그때 저는 그분한테서 정말 많은 것을 배웠습니다. 그분이 저를 앞에 놓고 가르친 건 아니지만 제가 그분의 삶과 일을 처리하는 열정과 사람들을 대하는 포용력에서 많이 배웠지요. 인생에서 좋은 스승도 되고, 때론 동지도 되는 그런 분을 갖는다는 것은 참 소중한 일입니다.

이분이 45세 되던 1990년에 요절하셨는데, 지금 생각해도 너무 안타깝습니다. 우리 대한민국 사회가 갖고 있는 수많은 문제와 부닥칠 때마다 저는 '조영래 선배라면 어떻게 했을까?'라는 생각을 늘 하게 됩니다. 이분은 정말 똑똑했고 통찰력이 있었어요. 또 수많은 사람들과 어울리면서 문제를 풀어 갔습니다. 예를 들어 부천서 경찰에게 성고문을 당한 권인숙 양이 용감하게 그 사실을 고발하자 오히려 정부에서 "저 사람은 운동권 여성인데, 가짜로 주장하는 거다. 이념의 포로가 된 사람의 주장이다"라며 죄를 뒤집어 씌웠어요.

그러자 조영래 변호사님은 '지금 국민들은 누구의 말이 옳은지 정확히 판단하지 못하고 있다'고 생각했지요. 왜냐하면 언론의 자유가 없었기 때문에 정부의 이야기만 일방적으로 전달하던 시절이었으니까요.

그때 조영래 변호사님이 김수환 추기경님을 찾아가자는 아이디어를 냈어요. 그 길로 추기경님을 찾아가서 저녁을 얻어먹으면서 사정을 이야기했더니 추기경님께서 자필로 "권양에게"라는 우편엽서를 써주셨어요. 저희가 그걸 갖고 나와서 복사한 후 언론에 알렸습니다. 이 엽서가 언론에 공개되면서 "김수환 추기경님의 말씀이라면 믿을 수 있다"는 여론이 형성되면서 판세가 바뀌기 시작한 거죠. 이 모든 걸 이끌어갔던 분이 조영래 변호사님이세요. 지략가지요. 힘들 때면 그분의 지혜와 포용력, 돌파력을 그리워하게 되더라고요. 그분이 살아 계셨으면 분명히 우리 사회를 지금보다는 훨씬 더 좋은 세상으로 만들었을 겁니다.

진정한 성공이란 무엇인가?

김여진 지금까지 살아오신 이야기를 간단하게 들어봤는데요, 오늘 주제는 '진정한 성공'이에요. 제가 오늘 하루 종일 성공에 대해서 생각도 해보고, 트위터에도 올려봤습니다. 그러다 한 가지 깨달은 게 있어요. 제가 별로 성공이란 단어를 안 좋아하더라고요. 성공이라는 말을 하기가 뭔가 껄끄럽고 불편한 마음이었어요. 그래서 이런 제 생각을 트위터에 올려봤더니 사람들이 성공과 실패를 쌍둥이처럼 함께 떠올리기 때문이 아닐까라는 말씀을 해주셨어요. 이런 의미에서 박원순 변호사님은 '진정한 성공'이라는 말을 들었을 때 어떤 생각이 드시는지요?

박원순 저도 '성공'이라는 말을 별로 안 좋아해요. 그런데 저보고 사람들이 성공했다고들 해요. '성공한 시민운동가'라고요. 그 말을 들으면 제가 굉장히 역정을 냅니다. "아니, 내가 성공을 했다면 세상이 이 정도밖에 안 됐겠냐. 내가 꿈꾸는 세상이 겨우 이 정도란 말이냐" 저는 그보단 훨씬 더 욕심이 많아요. 그렇게 보면 저는 성공과는 거리가 멀어요. 그런데 사람들이 자꾸 '성공, 성공' 하니까 제가 책을 하나 썼어요.

김여진 제목이 '진정한 성공의 비결'인가요?

박원순 아니요, 그런 건 아니고요. 오래돼서 책 제목도 잊어버렸네요. 《성공한 사람들의 아름다운 습관, 나눔》입니다. 코비 박사라는 분이 《성공하는 사람들의 7가지 습관》이라는 책을 냈잖아요. 언젠가 장충체육관에서 사람들을 엄청 모아 놓고 '한국리더십센터' 주최로 행사를 했는데, 제가 먼저 강연한 다음 코비 박사가 강연을 하게 됐어요. 제가 "코비 박사는 7가지 성공의 원칙을 얘기했지만 저는 거기에 하나 꼭 더 붙이고 싶다. 그것은 나눔이다"라는 얘기를 했지요. 그랬더니 나중에 이분이 책을 한 권 썼는데 나눔에 관한 것이라고 들었어요.

저는 성공이라는 목표가 아니라 그 과정이 훨씬 더 중요하다고 생각합니다. 예를 들어서 미국에서 성공한 기업인이라고 하면 마이크로소프트의 빌 게이츠나 애플의 스티브 잡스를 꼽잖아요. 그런데 그분들을 보세요. 예를 들어 빌 게이츠는 작년에 회장직을 그만두고 재산의 대부분을 부인의 이름을 붙인 '멜린다 게이츠재단'에 기부했습니다. 그리고 아프리카로 날아가서 '어떻게 하면 아이들을 질병으로부터 해방시킬 수 있을까?'를 고민하고 있잖아요.

이후 빌 게이츠가 백신 개발을 위한 왁진에 투자하겠다고 하니까 갑자기 왁진 산업이 확 일어날 정도예요. 그걸 보면서 '진정한 기업인이라는 게 뭘까? 진정한 기업가 정신이라는 게 뭘까?' 생각해 봤습니다. 그것은 돈을 얼마나 버는 데 달려 있는 게 아니라, 창조와 혁신으로 기업을 일구고, 그것을 발전시켜 가고, 또 그것을 통해서 인류 사회에 큰 기여를 해나가는 과정이 아닐까 싶습니다.

그런데 우리나라 자본주의는 성공의 개념을 잘못 이해하는 것 같아요. 기업가 정신을 잘못 이해하는 것 같아요. 마치 목표를 위해서 수단은 아무것도 문제가 안 되는 것처럼 여기잖아요. 그런데 저는 과정이 훨씬 더 아름다운 것이고, 결과는 어째도 좋은 것이라고 생각합니다.

"혼자만 잘 살면 무슨 재민겨?" 전우익 선생님께서 이런 말씀을 하셨잖아요. 우리나라 사람들은 성공을 하기 위해서는 결과가 중요하고, 남들보다 좋은 차, 좋은 아파트가 성공의 척도라고 생각하는데, 저는 그 생각에 전혀 동의할 수가 없습니다. 비록 가진 것이 없어도, 죽은 다음에 정말 이름 모르는 누군가가 와서 꽃 한 송이 딱 놓으며 눈물 흘리고 가는, 그래서 그 사람이 평소에 주변의 누군가를 돕고, 함께하던, 그런 삶이야말로 진정 성공한 삶이라고 생각하거든요.

▲ 원순 씨, 진정한 성공의 비결을 이야기하다. "사람들에게 욕먹는 게 무슨 성공입니까. 만약 제가 검사 노릇을 계속해서 검사장이 되고 검찰총장이 되었다 하더라도 그게 무슨 의미가 있습니까. 저는 역사 속에 이름을 하나 남기고 올바른 행동으로 세상의 빛과 소금이 되는 것이야말로 가장 큰 성공이라고 확신합니다."

사람들에게 욕먹는 게 무슨 성공입니까. 만약 제가 검사 노릇을 계속해서 검사장이 되고, 검찰총장이 되었다 하더라도 그게 무슨 의미가 있습니까. 검사, 검사장, 검찰총장은 수도 없이 많습니다. 그렇지만 정말 제대로 된, 추상같은 정의를 세우는 검사가 몇 명이나 됩니까. 저는 역사 속에 작은 이름을 하나 남기는 것, 올바른 행동으로 세상의 빛과 소금이 되는 것이야말로 높은 직책을 얻고, 어마어마한 재산을 모으는 것보다 훨씬 더 큰 성공이라고 확신합니다.

세상을 바꾸는 1천 개의 직업 프로젝트_"남이 가지 않는 길로 가라"

김여진 이쯤에서 제가 슬슬 딴죽을 걸어보도록 하겠습니다. 〈개그 콘서트〉를 보면 "1등만 기억하는 더러운 세상, 국가가 나한테 해준 게 뭐 있어?"라는 유행어가 있어요. 그게 굉장히 인기가 있는 코너였는데, 어떤 국회의원의 말 한마디에 지금 종방이 됐어요. 찔린 거겠지요?

저는 지금 20대~30대들이 굉장한 성공을 바란다고 생각하지 않아요. 정말 멋진 차, 멋진 집을 원하는 게 아니라 연애하고 결혼해서 아이를 낳고 교육을 시킬 수 있는 정도, 대학을 나왔을 때 대학등록금을 갚을 수 있는 만큼의 직장을 구하는 정도라고 생각합니다. 이런 소박한 꿈을 갖고 있고, 그 안에서 '나도 언젠가 누군가를 폼 나게 돕는 성공한 사람이 되고 싶다'는 생각을 하죠. 하지만 "어떻게?"라고 구체적인 질문을 하면 늘 거기서 막히게 돼요.

박원순 그래서 제가 고민하는 게, 어쨌든 청년들은 직장을 가져야 하니까 시험도 통과하고 면접도 통과해야 하잖아요. 어디서 봤는데 현재 젊은 구직자들이 평균 스물여덟 번 면접을 본다고 하더라고요. 그 문이 굉장히 좁다 보니 합격하는 것도 굉장히 힘든 일이지요. 설사 합격한다고 하더라도 그것이 과연 성공적인 직장을 잡는 것일까요? 저는 그렇게 생각하지 않습니다. 예컨대 제가 아는 친구의 아들, 딸이 우리나라에서 최고로 꼽히는 대기업에 취업을 했어요. 그런데 매일 같이 새벽에 출근해서 코피를 흘리는 살벌한 경쟁 속에서 '과연 이것이 잘한 선택일까?' 라고 고민한다는 얘길 들은 적이 있습니다. 실제로 부사장이었던 분이 아파트에서 뛰어내려 자살하기도 하잖아요.

저는 우리 사회 전체가 미쳐서 돌아간다고 생각해요. 이런 비정상적인 사회를 바꿔 내는 운동, 사회를 맑게 만드는 흐름을 우리가 만들어 냈으면 좋겠어요. 물론 '지금 내 앞가림도 못하는데 무슨 그런 일을 할 수 있느냐?' 생각할 수도 있겠지요.

이런 현실이 너무 답답해서 제가 일자리를 1천 개 만들었어요. 지난번에 경희대에서 그런 강연회를 했는데요, 그 강의를 통해서 "세상에 길은 무척이나 많다. 남들이 가고자 하는 그런 경쟁의 길이 아니라 남이 가지 않는 길, 자기만의 길을 만들어라. 절대로 굶어죽지 않는다"는 메시지를 주고 싶었습니다.

수많은 사람들이 바라는, 부모님이 바라는, 그런 길로 가다 보면 결국 젊은이들이 자기 인생은 없이 노예처럼 끌려다니는 삶을 살게 됩니다. 사실 저도 남들 쫓아가다가 제 길을 찾은 경우인데요, 그래서 더 자신 있게 말할 수 있어요. 다른 사람 평가에 의해 선택하는 그런 직업이 아니라 스스로 원하고 진정으로 바라는, 남들이 가지 않는 그런 길로 가면 얼마든지 보람도 찾고, 세상도 바꾸면서 자기 밥벌이도 할 수 있는 길을 찾을 수 있습니다.

김여진 구체적으로 그게 어떤 일인지 궁금합니다. '세상을 바꾸는 1천 개의 직업 프로젝트'에 대해서 좀더 자세히 이야기해 주시겠어요?

박원순 1천 개를 제가 다 보여 드릴 수도 있는데, 그러려면 한 3박 4일 날을 새야 할 겁니다. 구체적인 예는 다 못 들겠지만, 간단히 말씀을 드릴게요. 우리는 보통 '일자리'라고 하면 기업, 정부기관을 떠올리지만, 비영리단체에도 일자리가 어마어마합니다. 제 경우 아름다운재단에서 60여 명이 일하고 있고, 아름다운 가게에서 약 360명이 풀타임으로 일하고 있습니다. 거긴 월급도 제법 되는데, '제법'이라고 하면 좀 추상적이지만, 어쨌든 받습니다. 굶어 죽진 않습니다. 또 아름다운커피에서도 벌써 30명이 일하고 있고, 희망제작소에서 60명 정도가 일하고 있습니다.

그러니까 비영리단체도 어마어마한 일자리를 창출하고 있는 거예요. 미국의 경우 전체 GDP 중에 약 7퍼센트가 비영리단체에서 일자리가 나옵니다.

제가 하나의 예를 들어드릴게요. 공문서, 공공기관에서 만들어 내는 문서들이 좀 어렵지요? 괜히 어려운 말을 쓰잖아요. 영국도 마찬가지인가 봐요.

어느 날 영국에 사시는 어떤 할머니가 공무원들에게 가서 멱살 잡고 막 따졌대요.

"나도 제대로 학교 졸업한 사람인데, 도대체 말을 왜 이렇게 어렵게 쓰냐? 쉽게 써라."

자꾸 그러고 다녔더니 이 할머니가 전국적으로 유명해졌어요. 그래서 지금은 영국의 모든 공공기관의 공무원들이 공문서를 작성하면 이 할머니에게 가서 검사를 받습니다.

그렇게 검사한 다음 '크리스털 마크'를 받아요. 할머니가 크리스털 표시, 크리스털 도장을 찍어 주는 거예요. 지금 그 할머니와 함께 40명이 일하고 있어요. 얼마 전에는 월드뱅크가 여기에서 컨설팅을 받았어요. 월드뱅크가 어떻게 하면 영어를 쉽게 쓸 수 있느냐 하고요. 그게 'Plain English Campaign'이에요.

저는 창조적인 생각만 하면 눈에 보이는 게 일자리라고 생각해요. 그래서 제가 경희대 강연에서도 말씀드렸듯이, 제 앞에 한 줄로 서면 한 명 한 명 모두에게 직업을 드리겠다고 했어요.

그때도 사실 150개~200개 정도밖에 소개를 못했어요. 일단 민박집을 살펴보죠. 영국, 스위스 등 어느 나라든 가보면 민박, 비엔비(B&B)라고 있잖아요. 그게 별거 아니에요. 동네 할머니들이 비어 있는 자기 집에 관광객을 받아서 하루 재워 주고, 밥 주는 거예요. 밥도 별것 아니에요. 그냥 주스 한 잔에 토스트 주고 20파운드, 30파운드 받거든요. 우리나라 돈으로 약 5만원 되지요. 그런 게 웬만한 관광지나 시골에 가면 다 있습니다.

그런데 우리나라에 지금 그런 게 있습니까? 관광지 일부에 민박집이 있는데, 우리나라 민박집은 어떤가요? 바퀴벌레 나오고, 침구도 지저분하고, 바가지요금을 씌우는 경우가 적지 않아요.

외국에서는 한번 관계를 맺으면 다음에 또 가요. 일본도 '그린

투어리즘'이라고 해서 지금 야단이 났어요. 농촌 지역의 깨끗한 환경을 체험하면서 숙박할 수 있는 관광 상품이 인기예요. 우리나라도 농촌 체험 관광을 개발하고 있기는 하지만 아직 부족해요.

우리나라의 경우 폐가만 이용해도 어마어마한 일자리와 소득을 만들어 낼 수 있습니다. 농촌에 가면 의외로 한옥들이 많이 남아 있는데 한옥에는 보통 젊은 사람들이 안 살아요. 종갓집의 며느리도 안 가잖아요. 그런데 '한옥관리사'라는 직업을 만들어 '한옥관리사 양성학교'도 만들고, 거기에 문화프로그램까지 만들면 대박이 나는 겁니다.

잘 살펴보면 눈에 보이는 게 일자리, 직업이에요. 하나만 더 소개할게요. 소믈리에라는 직업이 있잖아요. 와인 소믈리에, 많이 들어보셨을 거예요.

그런데 우리 전통주 소믈리에가 지금 한 명도 없어요. 우리나라 술도 이미 수십 개가 만들어지고 있는데도 불구하고, 이것을 제대로 품평하고, 컨설팅하고, 글로 쓰고, 강의하는 사람이 아무도 없습니다. 그러니까 당장 명함 만드는 사람이 최초로 선점할 수 있어요.

일본에는 약 3만 명의 '채소 소믈리에'가 있어요. 우리나라에는 한 명도 없습니다. 된장, 간장, 고추장을 우리가 일상적으로 먹고 있는데, '장 소믈리에' 있나요? '된장 전문가'가 있어요?

또 예컨대 '물 소믈리에'도 만들 수 있겠죠. 우리가 물도 일상적으로 먹고 있는데, 그 물이 도대체 어떤 물인지 정확히 압니까? 물도 종류가 다양해요. 지금 어느 회사는 물 카페를 만들고 있어요. '워터 카페'라고요. 앞으로는 커피숍 대신에 워터 카페가 막

생겨날 거예요.

그 다음에 '밥 소믈리에'가 있을 수 있겠죠? 우리나라만 해도 이미 수백 개의 쌀 브랜드가 있습니다. 해남에서 생산되는 쌀은 '한눈에 반한 쌀'입니다. 그게 브랜드예요. '임금님표' 는요? '이천 쌀'이죠. 철원에는 무슨 쌀이 있어요? '오대 쌀'입니다. 이게 다 다릅니다. 김해에 가면 '이온 쌀'이라는 게 있습니다. 이 쌀은 가공하면서 캡슐을 씌운 거예요. 상하지 않게요.

일본의 '고향 뮤지엄(밥 박물관)'에 가면 쌀로 지은 밥을 먹을 수 있는데, 365일 매일 쌀 종류가 달라요. 밥의 레시피가 다 다르다고요. 얼마 전 방송을 보니 쌀로 만든 밥이 다이어트에 훨씬 좋다는 연구가 있더라고요.

제가 말하고 싶은 것은, 우리가 늘 밥을 먹지만 쌀에 대해서는 너무 모르고 있다는 사실이에요. 이제 쌀에 대한 전문가가 필요해요. 그게 바로 쌀 소믈리에, 밥 소믈리에예요.

주위를 둘러보면 일자리는 정말 많아요. 제가 알려드린 내용을 갖고 바로 가서 명함을 만들어도 좋아요. 그 대신 그걸로 수입을 내면 저에게 10퍼센트는 기부하셔야 합니다.

선점의 효과_"명함부터 준비하라"

김여진 말씀을 듣다 보니 변호사님은 정말 끊임없이 솟아나는 아이디어를 갖고 계시다는 생각이 드네요. 대체 그 많은 아이디어는 어디에서 생기는 건가요? 또 어떻게 하면 그렇게 창의적인 생각을 할 수 있는지 정말 궁금해요. 그리고 아이디어가 생겼을 때 정말 명함만 준비하면 되나요? 젊은 친구들이 시작하기가 막막할 수 있을 텐데, 첫발을 떼는 것, 어떻게 해야 할까요?

박원순 일단 명함부터 준비해야 합니다. 왜냐하면 '선점의 효과'라는 게 어마어마하게 크거든요. 아름다운가게를 시작할 때 사람들이 전부 안 된다고 그랬어요. 풀무원 남승우 사장님이 제게 "박 변호사, 지금까지는 잘했는데, 이건 아무래도 실패할 것 같아"라고 하시더라고요. 만약에 그분이 "박 변호사, 정말 좋은 일 시작했네. 이거 분명 성공하겠는걸." 그랬으면 제가 안 했을 겁니다.

누구나 그렇게 쉽게 성공할 수 있다면 제가 시작도 안 했을 겁니다. 남들이 잘된다고 하고, 누구나 할 수 있다고 하면 저까지 뭐 하려고 하겠어요. 남이 안 된다고 하는 것, 남이 정말 해봐도 안 되는 것을 시도하는 것이 제 의무이자 미션입니다.

저는 이렇게 단체를 만들어 놓고 그 단체가 잘 돌아간다 싶으면 외국에 몇 달 동안 나가 봐요.

그런데 저를 안 찾으면 처음에 어떤 마음이 들겠어요? 한편으론 좀 서운하겠지요? 자꾸 찾아줘야 자기 존재감이 있잖아요. 그런데 안 찾아요. 그럴 때는 '내가 떠날 때가 됐구나.' 이런 생각을 합니다.

누구에게나 이 세상은 아주 거친 황야입니다. 그렇다고 비행기를 타고 단숨에 인생의 끝까지 가버리면 재밌겠습니까? 우리가 가는 길에는 사막도 있고, 험한 길도 있고, 오솔길도 있는 겁니다. 때로는 행복과 즐거움도 있지만 대부분은 거친 황야입니다.

인생은 길을 가다가 오아시스가 나타났을 때 잠깐 목 축이고 행복해하는 거예요. 거기에 무슨 지름길이 있겠습니까. 그냥 즐겨야 해요. 저는 늘 즐기려고 노력해요. 그러다 보면 인생이 그냥 즐거워지는 거지요.

흔히 막막하다고 말하는 사람들이 있는데, 그 사람은 늘 막막할 수밖에 없습니다. 막막하게 생각하는 사람은 늘 인생이 막막해요. 이제부터라도 도전하세요! 부딪치세요! 시작해 보세요! 그리고 실패해 보세요. 실패를 통해서 훨씬 더 많은 걸 배웁니다.

일단 명함을 만드시고, 내일부터 당장 시작해 보세요. 그리고 부딪쳐서 어려운 문제가 생기면 돌파하세요. 누가 해결해 주는 거 아니니까요.

저는 우리 연구원들이 와서 뭐 안 된다고 할 때가 제일 싫어요. 왜냐하면 되는 길이 다 있거든요. 이 벽을 보고 많은 사람이 저한테 와서 "이거 벽입니다. 못 갑니다"라면서 주저앉아요.

위를 뚫어서 넘어가거나, 아니면 땅굴을 좀 파면 어때요? 아니면 문으로 나갈 수도 있어요. 아니면 그냥 밀어 보세요. 가끔은 숨겨진 비밀의 문이 있을 수 있거든요.

루팡이나 셜록 홈즈가 나오는 추리소설 있죠? 저는 어릴 때 그런 책을 많이 읽어서, 가끔은 서재인데 열면 비밀통로가 딱 나타나는 그런 상상도 해봅니다.

이런저런 연구도 안 해보고 그냥 길이 없다니요? 다 길이 있어요. 도전해 보세요. 늘 멀리서만 쳐다보면 막막하게 보입니다. 부딪치세요! 현장으로 가세요! 실험해 보세요! 그것이 안 되면 또 다른 길이 열려요.

일이 잘될 때가 떠날 때

김여진 변호사님은 참여연대란 단체를 만드시고 가장 잘나갈 때 그만두셨어요. 또 아름다운재단, 아름다운가게를 설립하시고 가장 잘나갈 때 그만두셨지요. 이제 슬슬 희망제작소도 그만두실 때가 된 것 아닌가 하는 생각도 드는데요. 혹시 성격이 진득하지 못하신 건가요?

변호사님은 뭔가 일을 벌이고, 그 일이 잘되어서 모든 사람들이 주목하고 인정할 때 그 자리를 털고 나오시는데, 제가 느끼기엔 그게 변호사님의 가장 특징적인 부분이라는 생각도 드네요. 특별한 이유가 있나요?

박원순 지금까지 만든 단체가 대체로 잘된 것은 제가 요란하게 일을 했다기보다는, 사실 우리 간사들의 눈물과 땀의 결과물이라고 생각합니다. 저는 늘 이렇게 말해요.

"저와 같이 일하면 둘 중에 하나다. 병나서 그만두거나 아니면 진짜 유능한 사람이 될 것이다."

실제로 3년 정도 함께 열심히 하면 누구나 일을 잘하게 되더라고요. 그래서 저는 가끔 사람을 뽑는 것에 대해서 회의가 있어요. 그냥 선착순으로 뽑으면 되지 않을까 하는 생각이 들어서요.

사람은 열정이 있으면 모든 걸 잘 해낼 수 있어요. 이런 까닭에 제가 한 조직에 5년 이상 있게 되면 다른 사람의 리더십을 키우는 데 방해가 돼요. 사실 1년에 한 번씩 바꿔어야 하는데, 그건 너무 짧고, 정책의 일관성이 없기 때문에 5년까지는 괜찮다고 하더라도 그 다음에는 떠나는 게 맞는 것 같아요. 그래야 후배가 책임자가 되어서 새로운 관점에서 시도해 볼 수 있잖아요.

저로서도 이미 제가 할 수 있는 온갖 열정을 5년간 쏟아 부었는데, 더 한다는 것은 무의미하다고 생각해요. 올해가 희망제작소 시작한 지 5년차예요. 그런데 지난번에 제가 영국에 두 달 가 있었는데 다행히 아무도 안 찾더라고요. '이제 슬슬 뭘 해볼까?' 이런 생각을 하고 있어요.

모든 문제는 사소한 것에서 시작된다

김여진 변호사님의 트위터에 핀란드에 다녀오신 이야기, 영국에 다녀오신 이야기를 짤막하게 소개해 주셔서 재밌게 봤어요. 그런데 거리 풍경 하나, 벤치가 놓여 있는 방법 하나에도 주목하신 걸 보고 놀랐어요. '아주 사소한 것들, 작은 일상 속에서 영감을 얻으시는 게 아닐까?' 하는 생각을 해봤거든요. 여행 다녀오신 이야기 조금만 더 들려주세요.

박원순 핀란드의 카이보 공원 바닷가 쪽을 걷다 보니 해안가를 바라볼 수 있도록 의자가 바다 쪽을 향해 놓여 있었어요. 참 운치가 있구나, 생각했는데 그 위치가 독특하더라고요. 벤치가 도로 선에서 옴폭 들어간 자리에 있는 거예요. 혹시라도 지나가는 행인이나 마라토너, 자전거가 걸리지 않고 마음껏 지나갈 수 있도록 배려를 한 겁니다.

▲ 핀란드 해안가에서 흔히 볼 수 있는 벤치(위)와 호텔에서 발견한 제안함(아래).

▲ 여행에서 배우는 아이디어와 변화의 키워드. 모든 문제는 사소한 것에서 시작된다.

그리고 핀란드의 길거리에는 전찻길도 있고 차도 다녀요. 그런데 차도 중에서 일부 구간을 오목하게 만들어 거기에 주정차를 하도록 만들었더라고요. 이렇게 되면 차를 안전하게 주정차할 수 있으니까 우리나라처럼 인도로 올라올 일이 없지요. 이처럼 작은 것에도 신경 쓴 것이 아름답게 보였어요.

사실 모든 것은 작은 것으로부터 시작하잖아요. 작은 움직임, 작은 것, 이런 것들이야말로 어마어마하게 중요합니다. 제방이 무너지는 건 아주 작은 구멍에서 시작하거든요. 도시설계도 마찬가지입니다. 제가 핀란드에서 찍은 사진을 100장 이상 블로그에 올려놨어요. 인상적인 것이, 작은 마을에서 전망대를 지을 때 설계 공모를 했는데, 어느 것이 좋은지 사람들이 와서 투표하게 한 거예요.

김여진 모든 사람들이 다 와서요?

박원순 우리나라에서 중요한 시설물들을 만들 때, 투표해 본 적 있습니까? 4대강을 어떻게 할지 투표해 본 적 없잖아요. 이런 중요한 정책들에 대해 늘 주민들의 얘기를 듣는 거예요. 제가 앞서 과정이 중요하다고 말씀드렸는데, 저는 이런 소통의 과정들이 훌륭한 결과를 낳는다고 생각합니다. 그런 걸 보여 준 것이지요. 제 블로그에 가보시면 온갖 시시콜콜한 아이디어가 다 있어요.

김여진 정말 시시콜콜한 아이디어들 때문에 깜짝 놀랐습니다. 지금까지 한 번도 눈여겨보지 않았던 것을 이렇게도 볼 수 있다는 것에 큰 감동을 받았어요. 멋진 말, 거대한 담론, 이런 것들은 누구나 할 수 있다고 생각하거든요. 핀란드의 예를 드셨지만, 우리나라의 경우는 사정이 정말 많이 다르잖아요.

박원순 저는 늘 카메라를 갖고 다녀요. 그러다가 문제가 있고, 틈새가 있는 보도블록을 찍죠. 사실은 공무원들 혼나야 해요. 하이힐 신은 우리 여성들, 길거리 안전하게 다닐 수 있나요? 보도블록이 엉망진창이잖아요. 제가 어느 거리에서 찍은 거라고 블로그에 다 올려놨습니다. 서울 시장이 여성들을 행복하게 한다는 의미로 '여행(女幸) 프로젝트'를 한다고 했는데, 여성들이 길을 편하게 걸을 수 있게 하는 것도 포함된다니까 블로그 들어와서 제가 올린 거 다 보셔야 해요. 공무원들 불러서 "왜 이렇게 만들었냐?"고 추궁하면 저절로 해결될 거예요.

공직자들도 현장에 가서 직접 보기 시작하면 바뀐다고 생각해요. 현장과 멀리 떨어져서 책상머리에 앉아 있으니까 세상에서 무슨 일이 벌어지는지 잘 모르지요.

행복 프로젝트_"행동하는 젊은이를 기다리다"

김여진 앞으로 또 다른 꿈이 있으시다면 뭔가요?

박원순 제가 말씀드린 1천 개의 직업은 전부 제가 하고 싶었던 프로젝트예요. 그러려면 제가 500년은 살아야 할 것 같은데, 그럴 자신이 없어서 나눠드린 거예요. 그중에 아주 쉽고 재밌는 것이 있는데, '미담신문, 굿뉴스' 이런 거 하나 만들면 좋겠다 싶었어요. 왜냐하면 9시 뉴스는 너무 살벌하잖아요.

그런데 아름다운재단 같은 데 와서 보면 정말이지 괜찮은 분들이 참 많으시거든요. 이분들의 이야기를 아침에 출근하면서 읽을 수 있으면 훨씬 행복해질 것 같아요. 주간지로 만들어도 좋을 것 같아서 〈메트로〉 편집국장한테 이야기했더니 자기들이 그런 뉴스를 넣어 주겠대요. 그래서 유통망은 이미 제가 해결했어요.

그런 미담들은 주변 신문들을 스크랩하거나 아름다운가게 같은 데 가서 취재하면 금방 만들 수 있습니다. 그런데 제가 그것까지 어떻게 다 합니까. 그러니 여기 계신 분들 중 누구든 시작해 보세요. 그거 만들면 아마 미담이니까 사람들이 금방 퍼 나를 테고 금방 유명해질 거예요. 비용을 어떻게 충당하냐고 묻는다면, 그 비용만큼만 좋은 기업에서 아르바이트 하셔도 됩니다.

또 제가 하고 싶었던 프로젝트 중에 예컨대 'Fix My Street'라고 영국에서 배운 게 있어요. 우리나라 길에 대해 앞서 말씀드렸듯이 여러 문제가 있을 때 그걸 공무원들이 다 바꾸려면 너무 바쁘잖아요. 반면 요즘은 웹사이트 지도에 누구나 들어갈 수 있습니다.

인터넷 검색 사이트 구글을 보면 인공위성 지도가 무척 잘돼 있어요. 예를 들어 우리 집 앞 맨홀 뚜껑이 열려 있다면 지도를 찾아서 찍고 맨홀 뚜껑이 열려 있다고 글을 쓸 수 있게 만들면 공무원들이 현장에 안 가봐도 그것만 보고 파악할 수 있잖아요. 온 국민이 공무원이 되는 것이지요. 제가 이런 프로젝트를 블로그에 올려놨더니, 그걸 본 어떤 두 단체가 서로 하고 싶다고 싸움이 붙었어

▲ 우리나라의 기부 문화가 온 세상에 확대되도록 노력하고 있는 운동단체, 아름다운재단.

◀ 창의적 · 사회혁신적 마인드로 우리 사회를 좀더 나은 사회로 바꿔 보자고 하는 프로젝트 기관, 희망제작소.

요. 사업 가능성을 본 거죠.

나이가 많은 분들은 생각이 변하기 어렵지만, 젊은이들은 제 말이 귀에 팍팍 들어올 거예요. 그래서 가능하면 젊은 분들에게 제 아이디어를 많이 나눠 드리려고 해요. 가끔 고등학생들도 저를 찾아와요.

어느 날 고등학교 학생 몇 명이 '착한 천만원 클럽' 회원이라며 찾아왔더라고요. 학생들이 돈을 모아 좋은 일에 쓰겠다는 거지요. 요새는 고등학생도 똑똑한 친구들이 많더라고요. 시간이 부족해도 가능하면 이런 학생들은 만나려고 노력합니다.

소셜 디자이너, 지옥에서도 꿈을 꾸다

김여진 꿈에 대해 여쭤 봤더니 아주 작고 구체적인 계획들을 말씀해 주셨어요. 이것도 참 남다르신 것 같네요. 이제는 거대한 담론을 한번 여쭤 보고 싶습니다.

트위터에 누군가 천국에 대해서 질문했더니 "난 천국이 재미없을 것 같아서 지옥 가서 인권변호사도 하고, 지옥개혁사업을 프로젝트로 한번 시작해 보겠다"라는 말씀을 하신 적이 있으세요.

새로운 프로젝트를 구성하고, 좀더 나은 세상을 만드는 것 자체가 즐거우신 것 같아요. 이름하여 '소셜 디자이너' 이신데요, 디자인을 하고 싶고, 본인이 꿈꾸는, 정말 아름답고 예쁘고, 다 같이 성공한 사회란 어떤 모습일까요? 함께 꿈꿀 수 있도록 설명 부탁드릴게요.

박원순 우리 사회에서 일어나는 일들을 보면 때론 절망스러울 때가 있죠. 특히 저희들 같은 사람이 뭔가 세상을 바꿔 보려고 해도 그게 쉽지 않잖아요. 타성과 제도의 벽에 부딪치고, 늘 벽 앞에서 주저앉지요.

그렇지만 한편 생각해 보면 이 문제 많고, 절망밖에 없어 보이는 세상이 있기 때문에 행복한 게 아닌가 싶어요. 정말 좋은 세상이라면 제가 실업자뿐이 더 되겠습니까?

그런데 해야 할 일이 너무나 많기 때문에 저는 신나는 거지요. 할 일이 많으면 그렇잖아요. 제가 천국 갈 가능성은 별로 없지만, 혹시 천국에 간다면 거기는 착한 사람만 있잖아요. 거기 가면 무슨 재미가 있겠어요. 지옥에 가서 변호사 하면 고객도 많을 거고, 또 지옥개혁시민연대도 만들고, 희망제작소도 필요할 것 아닙니까? 그래서 지옥에 가기로 결심했어요. 천국보다 훨씬 재밌을 것 같아서요. 외국 가면 정말 재미없는 천국이래요. 그런 서울은 아주 재미있는 지옥이래요. 그러니까 서울 사는 재미라는 게 또 있는 거지요. 그런데 혼자 가면 뭘 못 하잖아요. 함께 가야 연대도 만들고, 재단도 만들고, 제작소도 만들지요.

하버드 법대 도서관을 점령하다

김여진 박원순 변호사님께서 들려주시는 성공 이야기를 듣다 보니 '할 일이 많으니 즐겁게 살면 되겠구나.' 이런 생각이 들었어요. 그래서 저도 모르게 기분이 좋아지고 웃음도 납니다.

다른 질문으로 넘어가서 박원순 변호사님께 의미가 있는 책이 있다면 소개해 주세요. 가장 감동적이었던 책도 좋고, 남다른 인연이 있는 책도 좋습니다. 알려주시면 저희도 읽을 계기가 될 것 같습니다.

박원순 요즘 책 읽을 시간이 별로 없었는데, 책은 앞서 말씀드렸듯이 감옥에서 많이 읽었고, 감옥을 나왔는데도 복학을 안 시켜 줘서 할 수 없이 여행을 다니면서 책을 읽었어요. 그리고 제가 하버드 법대 도서관에 객원연구원으로 1년 동안 가 있었는데, 하버드 법대 도서관 꼭대기 7층부터 지하 3층까지 있는 책을 모조리 읽었습니다.

물론 비즈니스 관련 책은 관심이 없어 제외했지만요. 제가 관심 있는 책들을 쫙 뽑아서 책상 위에 올려놓으면 아내가 밤새 복사를 했어요.

그런데 그 복사열이라는 게 몸에 안 좋았는지 어느 날 아내가 쓰러져서 병원에 실려 가기도 하고 그랬습니다.

우리나라에 돌아올 때 제가 책만 몇 트럭을 가져왔는데, 그게 나중에 참여연대를 하면서 법률을 만들고, 아름다운재단을 만드는 기초가 됐습니다. 제게 아이디어가 어디서 나오느냐고 물으셨는데, 저는 원하는 것을 찾기 위해 전투적으로 노력합니다.

제가 최근에 읽은 책이 몇 권 있는데, 그중에 《굿뉴스》라는 책을 소개해 드릴게요. 여러 권인데, 그중에서도 미국 사람이 쓴 책이 인상 깊었어요. 간단하게 소개하면 굉장히 사소한 현장에서 희망을 만들어 내는 이야기입니다.

책 내용 중 하나를 소개하자면, 필라델피아의 어떤 식당 하나로 그 지역사회를 바꿔낸 이야기가 있어요. 그 안에는 로컬푸드 이야기, 식재료인 육류를 얻기 위해 가축을 기르는 방식에 대한 이야기가 소개되어 있는데, 그런 주제들에 대해서 식당에 오는 손님들과 대화하거나 토론하고, 또 현장에 직접 가보기도 하는 이야기입니다. 식당 하나로 그 지역사회 구성원들의 마인드를 어떻게 에코 마인드로 바꿔 가는지를 보면서 저는 무척 감동 받았습니다.

원순 씨, 한국의 호칭 문화를 바꾸다

김여진 변호사님께서 쓰신 《원순 씨를 빌려드립니다》라는 책이 어떤 캠페인을 위한 거라고 들었는데, 설명 부탁 드릴게요.

박원순 그게 호칭에 대한 캠페인입니다. 사람들이 저를 부를 때 사실 굉장히 헷갈려 해요. 참여연대에 있을 때는 사무처장이었는데, 지금 사무처장이 아직도 저를 보고 "처장님, 처장님" 그래요. 제가 처장 그만둔 지가 10년이 넘었는데요. 그 다음에 제가 상임이사도 하고, 집행위원장도 해서 직책이 늘 바뀌었습니다. 물론 저를 변호사라고 부르는 분들도 있지요.

저는 개의치 않지만 어떤 사람들은 호칭에 대해서 굉장히 신경을 쓰더라고요. 예컨대 자기가 10년 전에 장관이었는데, 지금도 장관이라고 안 불러주면 괜히 기분 나빠하는 사람들이 있어요. 제 경우에도 사람들이 호칭 문제로 힘들어하니까 제가 통일하자고 했어요. "원순 씨!" 이렇게요.

미국은 "Mr. Park", 일본은 "朴さん(상)" 이러면 되거든요. "朴せんせい(센세)" 이렇게 부르니까 싫어하더라고요. "아니, 내가 왜 선생이냐." 이러면서요.

저는 그 마음을 충분히 이해합니다. 저보고 "원순 님" 그러면 조금 이상하잖아요. 그래서 "원순 씨"라고 호칭을 정했고, 이게 국민운동적 캠페인입니다. 누구나 이름을 부르자는 거지요.

김여진 제가 여태 '변호사님'이라고 불렀던 것을 고치도록 하겠습니다, 원순 씨.

박원순 우리나라 사람들은 순간순간 호칭 문제로 고민을 많이 해요. 이것만 없애도 어마어마한 국민적 에너지를 보존하게 될 거라고 생각합니다.

제게는 주체할 수 없는 열정과 생산력이 있어요. 많은 분들이 이 책을 통해서 새로운 비전, 상상력, 창의성을 얻어 갈 수 있었으면 좋겠어요. 21세기는 지난 세기와 확연히 구별되는 새로운 세상으로 가고 있다고 생각합니다.

그것을 여는 키워드가 바로 '창의성, 상상력, 자기혁신과 사회혁신'이라고 생각하고, 그런 것들을 책에 담으려고 했습니다.

나눌 수 있는 건 돈이나 물질만이 아니라고 생각해요. 나눌 수 없는 건 아무것도 없거든요. 저는 제 상상력을 여러분들에게 나눠 드리고 싶어요.

희망제작소, 창의적인 사회혁신 마인드

김여진 지금 몸담고 계시는 희망제작소에 대해서 간단하게 소개해 주세요.

박원순 참여연대는 정부나 재벌기업, 즉 강력한 국가 권력과 싸우는 애드보커시(advocacy) 단체예요. 저도 당시엔 눈빛이 사나웠어요.

그런데 아름다운재단은 나눔과 모금전문기관이고, 우리나라의 기부문화가 온 세상에 확대되도록 노력하는 운동단체지요.

저는 늘 제 정체성을 액티비스트, 즉 활동가라고 생각합니다. 세상의 변화를 꿈꾸는 사람이 되겠지요. 그리고 아름다운가게는 헌 물건을 기부 받아 수선해서 판매되는 수익을 자선 활동에 쓰는 단체인데요, 저는 남이 쓰던 헌 물건을 다시 쓸 수 있다는 것은, 그만큼 외면이 아니라 내면적 가치에 주목할 수 있다는 철학적 운동이라고 생각합니다. 그것이 바로 아름다운가게의 핵심이지요.

희망제작소는 창의적, 사회혁신적 마인드로 우리 사회를 좀더 나은 사회로 바꿔 보고자 하는 프로젝트 기관입니다. 어떤 사람은 싱크 탱크(think tank), 두 탱크(do tank)라고 부르기도 하는데요, 여기에는 사회창안센터, 불만합창단, 소기업발전소, 소셜디자인스쿨(SDS), 모금전문가학교, 엔피오(NPO)경영학교 등이 있고, 교육도 엄청나게 많아요.

무언가 시작하고 싶지만 막연하고 힘들 때 소셜디자인스쿨에 한번 들러 보세요. 그곳에서 여러분과 비슷한 고민을 하는 동료들을 많이 만날 수 있고, 뭔가 세상을 새롭게 볼 수 있는 시각을 얻게 될 겁니다. 또 저희는 희망별동대라는 대학생 사회적 기업을 인큐베이팅하기도 하고, '수원을 어떻게 새로운 세상으로 만들 수 있을까' 라는 주제로 수원시 시민의 아이디어를 모으는 일을 하기도 합니다.

우리가 살고 있는 동네를 바꾸는 데도 집단지성이 필요해요. 마을 주민이 다 참여할 수 있어야지요. 2006년 〈타임〉지가 내세운 올해의 인물이 바로, 'YOU, 당신' 이었어요. 우리 모두, 우리와 같은 평범한 시민 모두가 올해의 인물이었어요. 평범한 사람들의 집단적 지혜가 세상을 바꿔가는 힘이라는 의미지요. 그래서 우리가 이런 일을 계속 하고 있는 겁니다. 희망별동대를 위해서 보내 주는 트위터가 5천 개가 되면 어떤 기업에서 후원해 준다고 해서 열심히 하고 있어요.

또 해피시니어라는 건 여러분의 부모님들께 일자리를 드리는 거예요. 사람들은 보통 나이가 60세가 넘으면 훨씬 더 지혜로워집니다. 그런데 요즘 80세가 평균연령이니까 20~30년을 더 살면서 뭔가 하셔야 하는데, 퇴임한 분들이 할 일이 없어 마냥 노시잖아요. 바로 이런 분들에게 일자리를 드리는 거예요.

행복설계아카데미에서는 120시간 동안 강의를 듣고, 현장실습을 하고, 컨설팅을 받으면 퇴직하신 분들이 인생의 후반전을 새로 설계할 수 있도록 도와드리고 있습니다. 그분들의 절반 정도가 주로 비영리단체에 취업했어요. 월급은 많지 않아도 이분들은 정말 행복해하세요.

이런 것들을 여러분들이 사는 지역에 가져가서 시도해 보세요. 우리가 가진 콘텐츠를 아낌없이 드리겠습니다. 우리 희망제작소나 제 웹사이트에 한번 들어가 보시고, 필요하시면 다 사용하세요. 그 대신 아까 말씀드렸지만, 수익의 10퍼센트를 내셔야 해요. 그게 많으면 조금 덜 내셔도 돼요. 혹시 안 내셔도 제가 몰라요.

김여진 그럼, 이제부터 여기 계신 분들의 질문을 받아볼게요.

청중1 사회적 기업에 대한 아이디어를 좀 주세요. 사회적 기업이 제2의 벤처 거품이 되지 않겠냐는 우려도 있는데 어떻게 전망하시는지요?

박원순 맞습니다. 그럴 가능성 있어요. 저는 사회적 기업은 스스로 자립해 가는 게 굉장히 중요하다고 생각합니다. 그런데 우리 정부는 거기에다가 어마어마한 투자를 하고 있어요. 그런데 남에게 의존하면 나중에 힘들어져요. 뭐든지 자기 힘으로 남의 지원을 안 받고 하는 게 진짜 중요하지요.

　하지만 저희 같은 단체에는 지원을 받아도 괜찮아요. 중요한 것은 도움을 요청할 곳과 요청하지 말아야 할 곳을 구분할 줄 알아야 한다는 거죠. 지금처럼 정부가 지원하는 거 받았다가는 나중에 거품이 될 가능성이 상당히 높거든요.

　사회적 기업에 대한 아이디어는 지금까지 계속 드렸는데, 부족하시면 제 블로그에 있는 사업적 기업 코너를 참고하세요. 그 카테고리뿐만 아니라 신사유람기 등에도 있어요. 블로그에 들어가서 보시면 아마 다양한 아이디어를 얻을 수 있을 거예요.

청중2 아내분께 청혼할 때도 그 주체할 수 없는 열정과 상상력이 반영되셨는지 궁금합니다.

박원순 오래돼서 기억은 잘 안 나지만, 그래도 어쨌든 제가 꼬셨죠. 제 아내 입장에서야 자기 남편이 이럴 줄 알았으면 결혼했겠어요? 사실 아내한테는 무한히 큰 죄를 짓고 있어요. 결혼 당시만 해도 제가 사법연수원 다닐 때였거든요. 미래가 보장된, 아주 전도양양한 청년으로 알았겠지요. 그런데 그때 저는 분명히 얘기했습니다.

"나는 세상을 바꾸는 일을 하고 싶다."

그런데 아마 아내는 제 말을 흘려들었던 것 같아요.

청중 3 대기업의 사회공헌 마케팅에 대해서는 어떻게 생각하시나요?

박원순 그건 굉장히 중요한 일이고, 우리나라도 이미 사회 공헌 예산은 세계적입니다. 엄청나게 돈을 써요.

그런데 이게 너무 단기적이에요. 당장 기업에 도움이 되는 방향으로 쓰려고 하거든요.

제가 주장하고 싶은 것은 그런 돈을 장기적으로 계획해서 쓰라는 거예요. 정말 국민들을 위해서, 사회를 위해서, 약 5년, 10년을 신문에 한 줄 안 나도 신경 쓰지 말고 계속하면 뭔가 큰 사회적 변화가 일어날 거예요. 그러다 보면 자연스럽게 그 기업을 알아보고 인정하게 될 텐데, 우리나라 기업들은 당장 신문에 한 줄 나는 거, 그것만 바라는 거예요. 또 정치적으로 배분되는 것도 문제지요.

네이버의 해피빈도 저희가 제안했습니다. 더불어 살며 희망을 나누는 기부 습관을 제안한 거지요. 그래서 네이버는 지금 완전히 대박 났어요. 그들은 사회공헌도 하고, 또 그것을 통해서 사람들이 어마어마하게 들어오잖아요. 차세대 성장동력이 생긴 거예요. 그러니까 사회공헌의 최고단계는 전략적 단계인데, 그 기업에게는 미래 성장의 동력이 생기는 것이고, 이것이 사회를 변화시키는 힘이 되는 거지요. 아마 해피빈을 통해서 1년에 100억 정도 모금이 될 겁니다. 결국 그것은 모든 사람이 윈-윈 하는 프로젝트가 되겠지요.

청중 4 잘하는 것과 좋아하는 것 중에 무엇을 하는 게 좋을까요? 잘하는 것이 공익에는 더 도움이 될 것 같은데요.

박원순 그럴 수도 있겠지요. 그런데 저는 스스로 좋아하는 것을 하는 것이 훨씬 더 중요하다고 생각해요. 좋아하는 걸 하게 되면 잘하게 됩니다. 집중하거든요. 저는 집중하는 사람이 천재라고 생각해요. 몰두하면 밥이 입에 들어옵니까? 잠이 옵니까? 제가 지금 그런 단계예요. 자기가 진짜 하고 싶은 일을 하는데 어떻게 잠이 오겠습니까? 결국 집중하게 되면 성과가 나고, 전문가가 될 수밖에 없지요. 하고 싶은 일을 하세요. 인생은 짧습니다. 남이 억지로 시키는 걸 왜 해요? 안 굶어 죽어요. 제가 보장할게요.

청중 5 우리나라는 시민운동가가 돈이 많으면 안 좋다고 생각합니다. 이와 관련해서 경제에 관한 개념 좀 얘기해 주세요.

박원순 저는 그 생각에 동의하지 않습니다. 제발 돈 좀 많이 생기면 좋겠어요. 다른 단체 이야기를 해서 좀 그렇기는 하지만, YMCA가 돈이 많아지니까 보수화되고, 그 안에 분쟁도 생기고 그랬어요.

사실 저는 돈이 없어서 무슨 일을 못한다고 생각하지는 않아요. 돈은 필요할 때가 되면 하늘에서 떨어지더라고요. 정말입니다. 그런데 늘 또 아쉽긴 하지요. '조금 더 있었으면 더 많은 일을 할 수 있을 텐데' 라는 생각도 들고요. 하지만 그 욕심은 끝이 없기 때문에 그냥 가능한 범위 안에서 최선을 다하다 보면 여러 가지 길이 생기더라고요.

우리가 모금을 잘하고 더 많은 돈을 만들 수 있으면 좋지만, 늘 한계가 있기 때문에 범위 안에서 창조적으로 쓰는 지혜가 필요하지요. 그러다 보면 또 많은 혁신을 하게 됩니다.

김여진 앞선 질문은 아마도 그냥 개인이 부자인 사회 활동가를 의미하는 것 같아요.

박원순 마음이 부자가 진정한 부자입니다. 물론 시민단체 활동가라고 굶어죽으면 안 되지요. 우리 세대는 월급이 문제가 아니라 수많은 사람들이 사회정의를 위해 헌신적으로 뛰었어요. 그래서 정말 과로로 죽은 사람도 있었지요.

오늘날 우리가 이만한 자유와 민주주의, 이만한 사회수준을 가지게 된 건 결코 저절로 온 게 아닙니다. 수많은 사람의 헌신과 희생 때문에 가능한 거예요. 그렇다고 늘 우리 세대 같은 희생을 요구하면 안 되잖아요. 우리 다음 세대는 기업만큼은 아니라도, 절반 정도라도 안정적으로 월급을 받으면서 활동가들이 일할 수 있는 그런 세상이 되어야지요. 옛날에 미국변호사협회장도 하고 인권운동도 했던 제롬 셔스텍이 쓴 글 중에 '시민운동을 하는 활동가는 시시포스의 신화나 마찬가지다' 라는 대목이 있습니다. 돌을 힘겹게 올려서 정상까지 올라가면 다시 굴러 떨어지는 것과 같다는 말이지요.

우리한테 좋은 날은 없어요. 하지만 그러면 또 어떻습니까? 그냥 하는 거지요. 그러다 보면 조금씩 변하지 않겠어요?

김여진 돌을 나르는 데 재미를 붙이면 되겠네요.

박원순 네, 그렇죠. 하나, 둘 헤아리며 계속하면 돼요. 저는 시골에서, 왕복 30리를 걸어서 중학교를 다녔습니다. 어린 나이에 30리는 굉장히 긴 거리입니다. 지겹잖아요. 그러니까 늘 온갖 상상을 하면서 다녔어요. 어떤 날은 논배미를 헤아리기도 하고, 어떤 날은 뱀이 나를 따라온다고 생각하면서 빨리 걸었어요. 그게 습관이 되니까 나중에 꿈에도 뱀이 따라오는 꿈을 꾸게 되더라고요. 시골의 그런 삶이 사람에게 많은 상상력을 제공해 주는 것 같아요.

청중 6 아까 보여 주신 핀란드 보도 사진을 보니 그 길에는 휠체어가 다니기 힘들 것 같아요. 나무에만 신경 쓰다 숲을 보지 못할 수도 있지 않을까요?

박원순 그럴 수도 있지요. 핀란드의 보도블록 중에는 옛날 돌을 박아서 쓰는 데도 많더라고요. 그런 곳은 휠체어가 안정되게 가지 못하고 덜컹거릴 것 같은데, 다른 방법을 생각해야 하겠지요. 저는 생각을 안 해봤는데, 그래서 집단지성이 필요합니다. 제가 무조건 맞는 게 아니잖아요.

제가 지난번에 화장실 표시가 재밌는 게 있어서 몇 개 올렸는데, 그중에 하나가 이런 겁니다. 부천에 어느 남자 화장실의 표시는 남자가 벽 너머 여자 화장실을 기웃거리는 그림이에요. 제가 재미있다고 올렸더니, 어떤 여성이 "변호사님, 어떻게 그게 재밌어요? 여성들한테는 끔찍한 얘기죠!" 하기에 제가 즉각 사과 글을 올렸습니다. 제가 여성 입장이 안 되어 본 거예요. 단순히 들여다보는 남자의 이미지가 재밌어서 그랬는데, 막상 그런 일이 벌어졌다면 그게 말이 되나요?

그래서 소통, 평등한 대화, 집단지성이 필요한 것이지요. 트위터가 그런 것이지요. 저는 제가 쓴 글이 항상 맞다고 생각하지는 않습니다. 얼마든지 다른 각도에서, 또 다른 측면이 있다고 생각해요. 제가 완벽하게 연구해서 다 쓸 순 없잖아요.

제가 의견이나 아이디어를 올려놓으면 여러분 마음대로 비판하세요. 방금 지적하신 분 아주 탁견이시네요. 좀 더 조사해 보면 다른 뭔가가 있을지도 몰라요. 이런 식으로 피드백이 되면서 우리가 진리로 나아갈 수 있다고 생각합니다.

청중 7 말씀 중 굳이 대학에 갈 필요가 없다고 하셨는데, 왜 그렇게 생각하세요? 자세히 듣고 싶어요. 삼수생입니다.

박원순 저도 재수했어요. 사실은 삼수했어요. 중학교에서 고등학교 들어

갈 때도 재수했고, 고등학교에서 대학교 들어갈 때도 재수했거든요. 삼수생, 괜찮아요. 지금 우리나라 대통령 중 감옥 안 간 사람 있습니까? 상업고등학교 안 나온 사람이 별로 없잖아요. 저는 대학이 인생의 필수 과정이라고는 생각하지 않습니다.

이번에 제가 서울시교육청과 함께 준비하고 있는 프로젝트가 있어요. 고등학교 졸업하고 몇 달 쉬는 기간이 있잖아요. 그 기간에 하는 프로젝트 중 하나가 '좌절금지 캠프'입니다.

대학 못 가도 괜찮아요. 자기가 좋아하는 무언가에 집중해서 하는 게 좋은 일이라고 생각해요. 아무것도 없는 사람이 형식을 따져요. 학교, 학점, 경력을 따지고, 요새는 스펙을 따지잖아요. 그런데 진짜 실력 있는 사람은 그런 게 무슨 소용입니까?

옛날에 저한테 누가 글을 하나 적어 줬어요. 한자로 된 격언인데, 앞의 내용은 생각이 안 나는데, 마지막 한 줄이 생각납니다.

"대덕(大德)이면 득기위(得基位)라."

큰 덕을 가지면 자리는 저절로 턱 오게 되는데, 사람들은 덕을 키울 생각은 안 하고 자리에만 욕심을 냅니다.

그런데 우연히 그 자리를 얻었다 하더라도 그 자리가 그 사람과 맞지 않는, 그 사람의 실력이 따라가지 않는 자리면 늘 말썽이 납니다.

자리에 올라가는 게 중요한 게 아니라, 그런 자리에 갈 충분한 자격과 실력이 안 갖춰졌는데도 가는 것, 그게 더 큰 일이라고 생각해요. 사람들은 인생에 무슨 공식이 있는 것처럼 말하지만, 저는 그렇게 생각하지 않습니다. 열심히, 진정성을 갖고, 혼신을 다하는 사람한테는 그건 아무 소용도 없다고 생각해요.

제가 어느 대기업 사장님을 잘 아는데, 그분이 늘 그러더라고요. 그분은 서울대, 연고대 나온 사람을 안 뽑는대요. 왜냐하면 공부를 너무 잘하면 조금만 더 좋은 자리가 있으면 다 가버린대요. 대신 학교는 좀 못해도 충직한 사람을 원한다는 거예요.

아름다운재단도 보통 경쟁률이 10대 1 정도 되는데, 지난번에 서울대 영문과 학생이 떨어지고, 지방대 학생이 합격했어요. 우리한테 정말 필요한 것은 학벌이 아니에요. 재단 기부자들한테 항상 친절하고, 따뜻하게 대할 수 있는 게 훨씬 좋은 재능이지요. 그런 것은 하루아침에 키워지지 않습니다. 오랜 세월 노력해야 하는 일이지요.

그러니까 인생이 몇 번 잘 안 풀리더라도 절대 실망하지 마시고, 늘 자기 기준과 꿈대로 열심히 살다 보면 언젠가는 좋은 기회가 만들어진다고 봅니다.

그래도 안 된다면 저한테 오세요. 제가 아름다운재단의 간사를 뽑는 비밀을 누설하는 게 될지도 모르겠는데, "시험에 세 번 이상 면접에서 떨어지는 사람은 무조건 합격시켜라"고 했어요. 지금도 지켜지는지 모르겠지만 우리가 진정으로 원하는 사람은 아름다운재단에서 정말 일하고 싶어 하는 사람이에요. 세 번 이상 도전하는 사람은 누구보다 열심히 할 거라고 확신합니다.

실력이 뭐 그리 중요합니까? 열심히 하다 보면 저절로 실력은 갖춰지게 되어 있어요. 제가 있을 땐 세 번이었는데, 여러분은 다섯 번은 보세요. 그럼 됩니다.

청중 8 이념적 소비, 윤리적 소비가 앞으로 나아가야 할 길이 무엇이라고 생각하세요?

박원순 앞으로 이념적 소비와 윤리적 소비가 많이 확대되어 갈 거라고 생각합니다. 제가 그 얘기를 충분히 하지 못했지만, 제 눈엔 약 10년 후 미래가 훤히 다 보입니다. 그러다 보니 어디에다 그물을 쳐놓으면 돈을 벌까, 이것도 눈에 보입니다.

하지만 제가 돈 버는 데는 관심이 없어요. 꼭 필요한 사람들에게는 말씀을 드릴게요.

그 흐름이 어떨 것인가? 우리 사회는 마치 물이 위에서 아래로 흘러가듯이 결국은 합리적으로 움직여 갑니다. 물론 중간에 여러 가지 어려움을 겪고, 이상한 방향으로 흐르기도 하겠지만 결국은 다시 제자리를 잡고 흘러가게 되어 있어요.

그러면 올바른 방향이 무엇일까요? 창조적 사회, 좀더 생태적인 삶 그리고 정부와 민간, 기업이 협력해서 만들어 내는, 이른바 거버넌스(governance)가 훨씬 더 강화될 것이고, 그러다 보면 투명성과 책임성이 지금보다 훨씬 더 강화될 겁니다.

사람들이 점점 깨어나고 있어요. 훨씬 더 수준이 높아지고 있습니다. 그렇게 되면 윤리적 가치 판단에 따라 선택하는 윤리적 소비가 늘게 되지요. 그러면 공정무역(fair trade)이 어마어마하게 확대될 겁니다. 그리고 핸드메이드 시대가 옵니다. 사람들이 맞춤형을 좋아하거든요.

오늘날 공장에서 대량으로 찍어 내는 제품은 외면당하게 될 거예요. 여러분, 지금이라도 공방을 만드세요. 자기만이 생산할 수 있는 그런 물건을 만드세요. 전문점을 만드시란 말이에요. 예를 들어서 라벤더만 파는 가게가 있을 수 있죠. 라벤더 향수, 라벤더 비누, 라벤더 베개, 라벤더 옷만 파는 가게처럼요. 그 옆에는 양초만 만들어 파는 가게, 그 옆에는 아로마만 파는 가게, 그 옆에는 파이프 담배만 파는 가게, 이런 식으로 전문화가 되면 전통거리, 우리나라 골목상권이 살 수 있어요.

저는 골목상권을 지금의 정부가 하듯이 관리하면 절대 살아나기 힘들다고 봅니다. 대형유통마트에서 안 만들어 내는 물건을 만들어야 합니다. 앞으로 모든 사람이 각자 전문가가 되어야 할 겁니다. 왜냐하면 사람들이 점점 더 전문화되고 질 좋은 걸 찾게 될 테니까요.

청중 9 예전에 의문이 들었던 정부의 발언이 생각납니다. 그들은 취업준비생들에게 "눈을 낮춰라. 중소기업에 가라"고 말했습니다. 특임장관은 "대기업 재수를 금지해야 한다"라는 발언까지 하실 정도인데, 그런 발언에 저 같은 청년들은 굉장히 화가 나고 좌절감도 많이 느꼈던 것 같아요.

그런데 오늘 원순 씨께서 하신 말씀을 들으면서 화가 나기보다 다른 느낌을 받았습니다. 정부 권력자의 발언과 원순 씨의 발언 맥락은 사실은 어느 정도 닿아 있다고 생각하는데, 왜 이렇게 제 기분은 하늘과 땅 차이인지 궁금합니다.

저는 지금 20대 후반으로 조금 있으면 서른 살인데, 부모님으로부터 굉장히 많은 교육비를 투자 받았고, 많은 기대 속에서 자랐기 때문에 연봉 얼마 이상의 회사에는 들어가야 한다는 강박관념 내지는 중압감에 시달리고 있는 게 사실입니다. 그래서 "눈을 낮

추라"라는 말 자체가 쉽게 다가오지 않았기 때문에 화가 많이 났었습니다.

박원순 저는 오히려 눈을 높이라고 말씀드린 건데요. 경쟁의 틈바구니에 끼는 것이 뭐가 그렇게 자랑스러운 일입니까? 아마 그분들은 여러분을 열등하다고 보니까 그렇게 얘기했는지 모르지요.

그런데 저는 여러분 각자의 삶이 너무나 고귀하다고 생각하기 때문에 왜 그렇게 지옥 같은 경쟁의 틈바구니에서 희생하느냐는 겁니다. 저는 다른 차원에서 말씀드린 거지요. 또 제가 그런 길을 안 가면서 여러분에게 가라고 하면 제가 웃기는 사람이 되는데, 저 역시 그 길을 가고 있잖아요.

저는 원래 남들이 다 좋다고 하는 길, 지금 생각해 보면 참 끔찍한 길인데, 그 길을 가지 않았습니다. 제가 스물일곱 살에 검사가 되어 경찰서 유치장 감찰을 갔더니 머리가 허연 경찰서장이 경찰서 앞까지 나와서 제게 큰절을 하더라고요. 근데 그것이 즐거운 일입니까? 그것이 권력이라고 생각하면 그 사람은 분명히 사고칩니다.

저는 그렇게 사람 잡아넣는 것보다는, 진짜 억울한 사람들을 찾아내서 형량을 줄여 주는 취미를 갖다 보니 제가 검사로서 성공하겠습니까? 그런 측면에서 저는 여러분이 세상에서 충분히 경험하지 못한 또 다른 세상이 있다는 걸 알려드리고 싶어요.

거창고등학교 직업선택 10계명을 찾아보세요. '남이 가지 않는 데로 가라', '월급이 낮은 데로 가라', '가운데가 아니라 가장자리로 가라', '부모형제가 말리는 데라면 틀림없다' 등등의 계명이 있어요.

부모님 말씀을 다 어기라는 게 아니에요. 부모님들은 진심으로 하시는 이야기지만 그들의 생각은 10년, 20년 전의 생각이잖아요. 그런데 여러분이 살아갈 세상은 부모님이 살아온 세상과 다르거든요.

우리 사회는 너무나도 빠르게 변하고 있습니다. 어마어마한 변화가 일어나고 있어요. 오늘 제가 말씀드린 것은 여러분의 미래에 관한 겁니다. 강남에서 공부해서 좋은 학력, 좋은 스펙 쌓아서 일류기업으로 가는 사람들의 삶도 제가 무시할 생각은 없습니다.

그렇지만 그런 삶 못지않게, 저희처럼 월급도 적은 NGO의 길도 괜찮습니다. 물론 부모님들이 보기에는 정말 실패한 삶처럼 보일 수 있겠지요.

제가 참여연대에 있을 때 있었던 일인데, 약 5년 정도 활동한 간사의 아버지가 그 친구한테 "야, 이제는 자원봉사 그만하고 취직해라." 이렇게 말했다고 해요. 지금 취직해서 일하고 있는데 말이죠.

제가 낙선운동하고 나서 법정에 섰어요. 저보고 선거법위반이라는 거예요. 법정에 선 제게 인정신문을 하더라고요. 직업이 뭐냐고. 당시 저는 변호사였지만 실제 활동은 안 하고 있었고, 법정엔 시민운동가들이 제 뒤 방청석에 와 있는데 제가 "변호사예요"라고 말할 수 없잖아요. 그래서 "시민운동가요"라고 했더니, 그 판사가 저를 굉장히 의아하게 보더라고요. 시민운동가도 하나의 훌륭한 직업인데 아직도 사람들이 그렇게 느끼지 않는 거지요.

그런데 우리 인생은 돈 벌고 권력 높이고 그러는 길만 있는 게 아닙니다. 훨씬 더 가치 있는 삶이 있는데 사람들이 그런 걸 잘 모르고 있을 뿐이지요. 우리 사는 세상이 미쳐 있다고 보는 이유가 그겁니다. 아니, 월급 작은 데 다니면 실패한 인생입니까?

젊은이들에게 패기가 필요합니다. 인생에서 자기가 진정으로 꿈꾸는 것, 진정으로 좋아하는 것, 진정으로 가치 있다고 생각하는 것, 그 길을 갈 수 있는 용기가 필요해요.

부모님들이 몽둥이 들고 저를 쫓아오는 것 아닌가 모르겠습니다만, 심지어 부모님의 반대에도 불구하고 자신의 길을 갈 수 있어야 합니다. 그런 면에서 거창고등학교는 참 훌륭한 학교예요. 정말 그렇게 가르치고 있습니다. 그래서 제가 거창고등학교를 좋아합니다. 제가 홍보대사이기도 하고요.

김여진 아, 그러셨군요.

박원순 세속적으로 보더라도 성공을 탐하면서 갔던 길은, 아주 치열한 경쟁이 있고, 그 사이에서 살기 힘듭니다. 예를 들어 저를 보세요. 인터넷에 제 이름을 치고 '병무청, 대통령, 국정원장' 쳐보세요. 제가 지금까지 지상으로 발령 안 받은 곳이 없습니다. 후보로 다 올랐어요. 웃기잖아요. 저는 그런 거 다 버리고 왔는데요.

김여진 국정원장이요?

박원순 네, 뭐가 저랑 어울리는지 잘 모르겠는데, 한번 찾아보세요. 어디 나올 겁니다. 그러니까 저는 이런 생각을 합니다. 세상에서 작게 버리면 작게 얻고, 많은 것을 버리면 많은 것을 얻고, 다 버리면 다 얻어요. 이게 역설입니다.

실제로 이것을 실천하면 금방, 엄청난 보상을 받게 돼 있어요. 지금까지 저는 크게 일했다고 생각하지 않지만, 온갖 상을 다 받았잖아요. 이제는 정말 상 받는 게 지겨워요. 지금 현생에서 상을 받으면 다음 생에서 받을 게 없어지잖아요. 정말 안 받고 싶어요. 그런데 그렇게 상을 주더라니까요.

그런데 저는 진짜 위대한 활동가는 이 세상에서 상을 받으면 안 된다고 생각해요. 우리가 따르는 예수나 석가모니나 이름 있는 사람들이 살아서 인정을 받았나요? 하다못해 고흐가 생전에 그림 하나 팔았나요? 고흐가 죽고 나서 그 사람 그림만큼 고가로 팔리는 그림이 어디 있습니까?

그래서 늘 우리가 살고자 하는 삶이 국민들이 몰라주는 삶, 아무도 성공할 거라고 예상하지 못하는 삶, 당대에 평생을 바치더라도 성공하지 못한 삶, 이런 것이 나중에 커다란 보상을 받습니다. 그러니까 이 말이 절대 틀린 게 아니라는 거지요.

청중10 두 가지 질문이 있습니다. 첫째 어제 뉴스에서 유치원 입학을 위해 가족들이 2박 3일 돌아가며 줄을 서더라고요. 심지어 줄을 대신 서주고 10만원을 받는 아르바이트도 생겼다고 하더라고요.

점점 시대가 나아질 것이라고 긍정적으로 바라봐야 하겠지만, 이런 현상을 보면 교육열이나 이런 틀이 계속 유지되는 상황에서 '남들이 가지 않는 곳을 의심치 말고 가라'는 말이 잘 안 와 닿네요.

박원순 줄 서고 싶으세요?

청중10 아니요. 저도 나중에 결혼을 하고 아이를 낳게 되면 '나는 그렇게 키우지 말아야지' 하는 생각을 하면서도 한편으로는 '다 저렇게 하는데, 나도 저렇게 해야 하지 않나?' 라는 생각이 듭니다. 주변에도 보면 그런 사람이 굉장히 많거든요. 어떻게 키우는 것이 가장 좋은가를 고민하면서도 어쩔 수 없이 경쟁에 끼어드는 거죠. 이런 교육열은 매년 반복이 되고, 쉽게 변하지 않을 거 같은데 그런 부분에 대해서는 어떻게 생각하시는지 궁금합니다.

둘째, 저는 부모님이 반대하시지만 제가 하고 싶은 걸 하고 있는 7년차 프리랜서 라디오 리포터입니다. 스스로 비정규직보다 못한 프리랜서 생활을 하고 있다고 말합니다.

제가 프로그램을 선택할 때는 3가지 기준이 있는데, 하나는 프로그램의 성격, 그 다음은 프로그램을 만드는 제작진, 마지막으로는 돈입니다.

그런데 프리랜서에게는 돈이 가장 중요합니다. 같이 일하게 되는 리포터들이 서로 업무 관련된 이야기를 하다 보면 늘 돈이 우선이 되더라고요. 그러다 보면 돈에 관해서는 제가 프로의식이 없지 않나 하는 생각을 하게 되는데, 제가 처한 불안정한 구조 속에서도 조금 덜 불안하다고 느낄 수 있는 방법은 어떤 게 있을까요?

박원순 두 번째 질문에 대한 답변부터 먼저 드릴게요. 저도 방송에 많이 출연해 봤는데, 정말 웬만한 프로그램은 작가가 다 하더라고요. 섭외도 하고, 인터뷰 요지도 다 쓰고요. 작가가 프로그램에서 큰 역할을 하는 데도 불구하고 거의 비정규직이고, 월급도 적고, 대우도 낮지요. 이름도 제대로 안 나오잖아요. 보면서 너무 큰 희생을 치르고 있다는 생각을 했어요.

현재 우리나라에서는 작가가 제대로 대우받지 못하는 것이 현실인데, 그건 작가만의 문제가 아니에요. 우리나라의 많은 부문에서 일하는 사람들에게 해당됩니다.

제가 모구청에 관광문제 때문에 취재하러 가봤더니 거기에 비정규직 2명, 위에 국장, 과장, 계장, 담당공무원이 쫙 앉아 있는데, 얼굴에 아무 느낌이 없는 사람들인 거예요.

그런데 그 구청에서 이루어졌던 수많은 일들은 2명의 비정규직, 계약직 공무원들이 다 한 거예요. 관광학과를 나온 젊은 여성 두 사람이.

우리나라의 수많은 조직 구조를 살펴보면 진짜 실력 있고 많은 일을 하는 사람은 비정규직에다 월급도 적은데, 정말 무능하고, 의욕도 없고, 일도 별로 안 하는 사람은 월급도 많고 높은 자리를 다 차지하고 있는 경우가 많아요. 이게 우리나라 현실의 거대 조직 구조인 것 같아요.

이제는 이걸 바꿔야 한다고 생각해요. 우리나라의 근대 공무원 구조, 관료조직에 큰 혁신이 필요한 때라고 생각합니다. 지금까지의 구조는 전혀 공정하지 못하지요. 이미 기득권은 자기들이 다 가지고 있고, 젊은이들이 도전할 곳은 비정규직밖에 없는 부당한 구조인 거죠. 여기에 큰 변화가 있어야 한다고 생각해요. 그래서 이와 관련된 일자리를 제가 만들어 냈어요.

우리나라에는 글을 쓰는 사람, 작가가 너무나 적습니다. 글 쓰는 사람들이 할 수 있는 일들이 정말 많은데 말이에요. 예컨대 전기 작가도 너무 없어요. 위대한 사람만 전기를 쓰는 게 아닙니다.

저는 인간은 누구나 자기만의 드라마틱한 삶을 산다고 생각해요. 여러분의 할아버지, 부모님을 생각해 보세요. 그 짧은 인생에서 얼마나 많은 수난과 일을 겪는지. 그런 것을 정리해 주는 작업들이 필요하다고 봅니다. 저는 작가들이 자기 능력을 발휘할 분야가 많다고 생각해요. 인문학적 소양을 가진 사람들이 할 수 있는 일이 많아요.

상조회사도 지금처럼 엉터리업자들이 하도록 내버려두면 안 돼요. 제가 아이디어를 낸다면 여대생 5명이 모여서 추도 사업만 전문적으로 하는 회사를 하나 만드는 게 어떨까 싶어요. 그래서 어떤 분이 병원에 실려 가는 장면부터 시작해서 그분이 가장 고귀하고 존엄한 죽음을 맞을 수 있도록 여러 가지를 컨설팅 해드리고, 장례식을 시장바닥에서 하듯이 하지 않고 정말 위엄 있게, 멋있게 모시고, 그분이 살았던 삶을 정리해 드리기 위해서 유품도 정리하고, 기념사업도 벌이고, 그분의 삶을 정리하는 책도 내는 겁니다. 예컨대 이런 것들을 컨설팅 하는 회사가 있을 수 있단 말이에요.

그런데 지금은 글을 쓰는 사람들이 할 수 있는 일이 적고 방송작가나 이런 일밖에 없으니까 몸값이 낮아지는 거예요. 우리나라에 다양한 사업들이 있다면 자연히 작가들을 모시는 분위기가 형성될 거예요.

그리고 첫 번째 질문에 대한 답변을 드리자면 자녀교육에 대한 질문을 하셨는데, 그게 쉽지는 않다고 봅니다. 부모 입장에서 조금이라도 더 해주고 싶고 그런 거니까요.

그런데 한편으로는 제가 전국의 교육기관들을 다녀 보면 반대 여론도 상당히 있습니다. 지금 대안학교는 지으면 경쟁률이 3대 1

입니다. 대안적 교육 방식에도 수요가 많다는 얘기지요.

또 공립초등학교에도 커다란 변화의 바람이 불고 있습니다. 남한산초등학교를 중심으로 해서 전국의 21개의 작은학교 네트워크가 있는데, 거기는 공립학교인데도 "우리 교육 진짜 제대로 해보자"라고 생각한 몇몇 선생님이 폐교가 되기 직전의 학교로 간 거예요.

그래서 몇 년 동안 힘을 기울여 정말 괜찮은 학교로 만들었고, 현재는 도시 사람들이 몰려와서 위장전입이 난무할 정도예요.

초기에는 몇 개 학교에 불과했는데, 지금은 달라졌어요. 교육감도 여섯 분의 진보적인 교육감이 뽑혔잖아요. 이분들이 '혁신학교'라는 개념으로 계속 넓혀가고 있어요. 우리 사회가 문제는 많지만, 늘 이런 대안적 흐름이 있다고 생각해요.

그래서 이런 사람들이 좀더 잘할 수 있도록 저도 힘을 보태려고 노력하고 있습니다.

핀란드에 가보고 느낀 건데 그 나라는 절대로 공부 잘하는 사람이 중심이 아니에요. 제일 못하는 사람이 중심이에요. 왜 우리는 그런 교육 시스템을 못 만듭니까? 지금 핀란드 교육 따라잡기에 열을 올리고 있어요. 곽노현 교육감도 얼마 전에 다녀왔고, 교사들이 핀란드로 연수를 가고 있어요. 저는 좋다고 봅니다. 제대로 보고 와서 우리 교육의 잘못된 것이 바뀌는 계기가 되기를 바랍니다.

저는 늘 이런 생각을 해요. 우리가 모르는 사이에 세상이 바뀌고 있다고요. 그러니까 너무 좌절하기보다는 늘 대안을 고민하고, 또 누군가가 노력하고 있다면 거기에 조금씩 힘을 보태는 거예요. 그러다 보면 된다고 생각합니다.

수많은 사람이 세상을 바꾸기 위해서 고군분투 하고 있는데, 직접 동참하면 더 좋고, 안 되면 응원의 메시지라도 보내 주는 게 중요하다고 생각합니다.

신자유주의의 경쟁적 교육은 사람을 피폐하게 만듭니다. 경쟁에서 이기는 사람이나 지는 사람이나 모두 문제이지요. 얼마든지 협력적 방식으로도 아이들을 잘 키워 낼 수 있고, 국가경쟁력 역시 강화시킬 수 있습니다. 핀란드가 지금 그렇잖아요. 국가경쟁력 1위예요. OECD 학습능력평가 1위, 투명성 1위이고요. 불가능한가요? 그런 일에 힘을 합쳐야지요.

우리나라에 성미산공동체가 있습니다. 아이들을 잘 키우려고 모인 사람들이 자녀가 초등학교에 가게 되니까 초등학교를 대안학교로 만든 겁니다. 그리고 성미산 중학교도 만들었습니다. 그러면서 마을을 통째로 바꿨죠. 저는 개인적으로 성미산공동체가 도시공동체로는 우리나라에서 최고라고 생각합니다.

정말 많은 사람들이 대안적 세상, 또 다른 세상을 만들기 위해 함께 노력하고 있어요. 또 그것을 보면서 수많은 사람이 배웁니다. 그렇게 세상은 좋은 방향으로 나아갈 수 있다고 믿습니다. 결혼 꼭 하시고요, 당당하게 아이 키우세요.

청중 11 강연 잘 들었습니다. 원순 씨 말씀하실 때 거창고등학교 직업선택 십계명에서 부모나 아내, 주변인들이 결사반대하는 직업을 선택하라는 계명이 있는데, 저는 솔직히 그렇게 사람들의 반대를 이겨낼 용기는 없습니다. 제가 욕심이 많은 건지 모르겠지만 부모님의 인정도 받고, 제 행복도 찾고, 어느 정도 지위도 있었으면 좋겠다

▶ 평화재단에서 '성공'을 주제로 강연 중인 원순 씨. 그는 말한다. "여러분은 잃어버릴 무슨 대단한 걸 가지고 있습니까? 뭐가 그렇게 겁이 나세요? 도전해서 실패한다고 여러분의 인생이 끝장납니까? 거기에 또 다른 시작이 있습니다. 두려워하지 마시고 한번 시도해 보세요."

는 생각입니다. 그래서 제가 앞서 개인의 부를 여쭤본 겁니다. 실제로 어렵고, 답이 없는 문제 같아요. 원순 씨는 사모님을 얻기 전에는 검사, 변호사라는 직업이 있었는데, 직업을 바꿀 때 설득도 많이 하셨을 것 같은데 어땠는지요.

박원순 지금 굉장히 실천적 고민을 하고 계신 모양이네요. 그런 선택을 한다는 것이 물론 쉽지 않지요. 그런데 사실 그런 선택은 어느 날 갑작스런 결단이라기보다 그 사람의 성향과 그동안의 여러 노력이 다 합쳐져서 하게 되는 것 같습니다.

그러다 보면 부모님이 눈치를 채지요. 설득하다 안 되면 포기하는 쪽으로 가시고, 또 정말 괜찮은 부부라면 남편 혹은 부인이 하고 싶은 그 무언가를 지지해주지 않을까 싶어요. 또 그렇게 만들어 가야지요. 정말 칼같이 반대를 하면 안 되지 않겠어요? 지금 결혼했나요?

청중 11 아니요.

박원순 미혼이라면 타협안이 또 하나 있어요. 부인은 아주 일상적이고 평범한 직업을 가진 사람을 선택하면 더 좋아요. 하지만 부부가 함께 시민운동가인 사람도 참 많거든요. 그런 부부 간사들을 보면 한 달에 몇 십만 원씩 저축도 하더라고요. 막상 그 일을 하면 돈 들어가는 게 줄어듭니다.

제가 예전에 변호사일 때는 늘 밥값을 도맡아 냈는데, 지금은 그냥 10명이 앉아 있으면 누군가 다 내줍니다. 우리 간사들도 아름다운가게에 몇 만 원 가져가면 양복이나 겨울옷을 대충 다 사 입는 것 같아요. 막상 그런 상황이 되면 굉장히 적은 월급으로도 아주 현명하게 잘 사는 방법을 모색하는 것 같아요.

이왕 아내 얘기가 나왔으니까 말씀드리면, 제 아내의 경우에는 좀 바보스러웠던 것 같아요. 제가 돈 잘 벌 때 따로 좀 챙겨놨으면 지금 도움이 많이 됐을 텐데, 그냥 제가 하자는 대로 다 했어요. 그래서 제가 오히려 불만이에요.

이제는 벌써 결혼생활이 10년, 20년이 되다 보니까 도저히 기대 라고는 눈곱만큼도 할 수 없는, 그야말로 포기상태로 가잖아요. 그러다가 가끔 미친 척하고 꽃을 한 송이 사들고 가는 거죠.

그리고 설거지도 가끔 해요. 자주는 못하고요. 제가 집에 들어 가는 날이 별로 없으니까요. 그런데 밤늦게 가서 설거지가 그대로 있으면 깨끗이 해놓는 거예요. 이러면 약효가 한 달은 가요.

제 말의 핵심은 늘 기대를 하고 있는 입장에서 그 기대를 계속 충족시키는 것은 힘든데, 포기 상태에서 가끔 잘하면 괜찮아요. 제가 그것 때문에 아직 이혼 안 당하고 살고 있습니다. 이건 제가 늘 우리 NGO 활동가들에게 주는 지혜입니다.

김여진 마지막으로 젊은이들에게 한말씀 해주세요. 아무리 사람들이 현 실을 이야기하고, 절망을 이야기해도 원순 씨는 희망을 이야기하 십니다.

그런데 왜 저는 그게 안 될까요? 용기를 낸다는 게 어렵고, 희망 을 갖기가 참 쉽지 않은 것 같아요. 그래서 오늘밤 자고 나도 까먹 지 않을 만한, 단순명쾌하지만 용기를 가질 수 있는 말씀을 부탁

드릴게요.

박원순 아마 저는 대책 없는 낙관주의자 같아요. 그런데 비관해 봐야 뭐 합니까? 어차피 마주친 문제이니까 해결하고 넘어가야죠. 회피한다고 다른 대안이 있나요? 여러분도 인생에서 마주친 수많은 문제를 정면으로 돌파해 보시길 바랍니다. 도망가지 마시고요.

많은 경우 실패할 수도 있어요. 하지만 실패하더라도 아무것도 안 한 채 실패도 안 한 사람보다 훨씬 더 많은 걸 얻을 수 있습니다. 제가 젊은 시절에 감옥에 간 이야기 재미로 말씀 드렸지만, 저도 19살 나이에 감옥에 가는 걸 그렇게 즐겁게 생각했겠습니까? 하지만 지나고 보니 저에게 좋은 추억이 되었어요.

그래서 저는 여러분에게 어떤 상황이 닥치더라도 결코 절망하지 말고, 오히려 거기서 불퇴전의 용기와 도전정신을 키우라고 말하고 싶어요.

여러분은 잃어버릴 무슨 대단한 걸 가지고 있습니까? 뭐가 그렇게 겁이 나세요? 도전해서 실패한다고 여러분의 인생이 끝장납니까? 감옥 갑니까? 감옥 가도 좋다고 했잖아요. 거기에 또 다른 시작이 있습니다. 두려워하지 마시고 한번 시도해 보세요.

박원순 변호사가 생각하는 성공이란

월급이 적은 쪽을 택하라.
내가 원하는 곳이 아니라 나를 필요로 하는 곳을 택하라.
승진의 기회가 거의 없는 곳을 택하라.
모든 조건이 갖추어진 곳은 피하고 처음부터 시작해야 하는 황무지를 택하라.
앞을 다투어 모여드는 곳은 절대 택하지 마라.
장래성이 없다고 생각되는 곳으로 가라.
사회적 존경을 바랄 수 없는 곳으로 가라.
한가운데가 아니라 가장자리로 가라.
부모나 아내가 결사반대를 하는 곳이면 틀림없으니 의심치 말고 가라.
왕관이 아니라 단두대가 기다리고 있는 곳으로 가라.

_ 거창고등학교 직업 선택 10계명

네 번째 꿈, 행복

법륜

평화운동가, 인도 불가촉천민마을 수자타 아카데미 설립자
저서 《스님의 주례사》, 《행복한 출근길》, 《날마다 웃는 집》 외 다수

실패는 있어도 좌절은 없다

행복
멘토
법륜

즉문즉설(卽問卽說). 묻고 바로 답하다. 스님의 언사는 막힘이 없다. 골짜기 물처럼 흘러 어느새 바다다. 전지하고 전능해서인가. 그럴 리는 없다. 천가지 미혹의 알살도, 만가지 굴레의 내막도 용케 닮아 있기 때문일 게다. "세상살이는 아주 간단합니다. 머릿속이 복잡하지, 세상이 복잡한 게 아니에요." 가지런하지 않은 삶의 혈을 덥석 짚는다.

실은 결결이 외롭다는 스님이다. 출가한 것을 후회했고, 불효자라 아팠다. 저 먼저 구했어야 할 답들. 즉설이 즉문의 눈높이에 수평하는 까닭이다. 그의 법당은 늘 사회 복판에 있어 왔다.

1988년 정토회 설립. 환경·사회복지 운동을 이끄는 국제 실천공동체. 기아·질병·문맹 퇴치를 위한 국제 민간기구 JTS 설립. 1993년 인도의 불가촉천민 마을에서 시작. 아시아 제3세계로 확장.

북녘 또한 오랜 화두다. 우리민족서로돕기 불교운동본부(KBSM)를 세웠다. 1998년 '북한식량난의 실태 보고서'를 발표했다. 꼬박 10년이 흐른다. 북쪽은 그대로인데 남쪽은 변했다. 대북지원이 죄가 된 2008년, 북한의 기아 문제를 알리려 70일 단식했다.

"고통스럽지 않았습니까?"

" '기분 좋음'이 우리가 보통 말하는 행복이잖아요. 그런데 '기분 좋음'을 행복으로 삼으면 '기분 나쁨'이 늘 따라다니잖아요. 불행도 함께 따라다닌다는 말이에요."

아, 그러니 어쩌란 말입니까. 주변에는 행복과 행복 그리고 또 행복을 추궁하려는 이들뿐이다. "봉사도 하고 싶고, 부족함이 없이도 살고 싶다" 말하고, "공부만 하고 싶은데 주변에선 잘 안 챙겨 준다고 섭섭해한다" 말하고, "직장 선배가 게을러 화가 난다" 말한다.

골짜기 물이 바다로 달린다. "출가해서 스님으로도 살고 싶고, 또 결혼해서 아기자기하게도 살고 싶은데 어떻게 하면 좋겠습니까? 그걸 욕심이라고 해요." "누가 나보고 연애하자고 하면 내가 들어줄 수 있나요. (포기를) 선택할 수밖에 없는데 여러분은 선택에 너무 많은 시간을 보내요. 이익에 눈이 밝아서 그래요. 이게 번민이 돼 나를 해칩니다." "(구호 활동을 하면서) 마을에서 달라는 대로 자꾸 주면 그 사람들 거지가 돼버려요."

1953년 울산에서 태어나 1969년 출가했다. 1985년《실천적 불교사상》이후 내놓은 책들이 많다. 《그냥 살래? 바꾸고 살래?》로 대중을 상대로 행복을 얘기하기 시작했다. 최근《스님의 주례사》가 나왔다.

문과 답 사이 텅 빈 찰나가 있을세 툭하면 폭소가 끼어든다.

"경전에 '꽃을 달지 말고 향수를 뿌리면 안된다'고 되어 있는데, 액세서리 하고 다니는 것도 안 되는 건지요? 편안하게 가고 싶은데 (일부러) 고행을 하는 기분이 듭니다."

"귀걸이 하는 게 더 고행 아닌가요?"

은유가 직설이다. 저마다의 '귀걸이'는 저마다 달라서이다.

때로는 스님도 외롭다

김여진 오늘 만나 볼 분은 평화재단 이사장님이시자 한반도의 평화와 통일을 위해서 가장 앞장서고 계신 법륜스님이십니다. 스님은 16년 전부터 인도의 불가촉천민 마을인 둥게스와리에 수자타 아카데미를 설립하신 것을 시작으로 인도네시아, 스리랑카, 아프가니스탄, 필리핀 등 주로 아시아 지역 제3세계의 구호 활동을 펼치고 계십니다. 최근에는 4대강 사업 반대를 위해 국민 여러분과 함께 이 문제를 풀어나가는 활동을 하고 계십니다.

그 밖에도 굉장히 많은데요. 일단 효율적으로 질문하기 위해 O× 퀴즈로 시작하겠습니다. O× 퀴즈가 몇 개 안 됩니다. 빨리 대답해 주셔야 합니다.

출가한 것 후회해 본 적 있다. O
스님도 때로는 외롭다. O
성공보다 실패를 더 많이 해봤다. O

출가한 걸 후회해 본 적 있다는 말씀이 놀랍네요. 일단 스님께서 어떤 생각을 하시는지 기본적으로 알아봤고요, 스님께서는 아마 여기에 대해서 뭔가 설명이나 해명을 하실 기회가 있을 거라고 생각하고 대답하셨을지 모르겠지만, 아닙니다! 그냥 넘어가도록 하겠습니다.

그럼, 첫 번째 질문 드리겠습니다. 법륜스님께서는 16년 전에 인도 불가촉천민들이 모여 사는 곳에 수자타 아카데미를 지으셨습니다. 아주 우연한 기회에 인연이 닿아서 지으셨다고 알고 있습니다. 저도 그곳에 세 차례 정도 다녀왔는데요, 인도에 도착해서 거기까지 가는데 이틀 정도 걸려요.

정말 힘겹게 간신히 찾아 들어가는데 그곳에 딱 도착하자마자 도중에 느꼈던 모든 충격과 슬픔과 무거움이 단번에 눈 녹듯이 사라지는 느낌을 받았어요. 그만큼 평화롭고 아늑하더라고요. 정말 아이들이 희망을 갖고 공부하는 곳이었습니다.

하지만 이것은 제 느낌일 뿐이죠. 저는 아주 잠시, 한 달쯤 머물렀을 뿐이니까 그렇게 느꼈을 수 있다고 생각합니다. 스님께서는 16년 동안 그 학교를 운영해 오고 계신데 혹시 가장 기억에 남는 순간, 가장 어려웠던 일이 있으면 말씀해 주세요.

법륜 어려운 고비를 많이 넘겼지요. 그곳은 계급갈등이 심한 지역이지요. 그래서 초기에 양민, 천민 마을 사이에 갈등이 첨예했을 때와 지역 주민들을 위해서 그 마을에 학교를 지었는데 주민들이 반대하는 일이 일어났을 때가 어려웠다면 어려웠다고 말할 수 있을 것 같네요.

김여진 정말 짧게 대답해 주시네요. 그러면 미련 없이 다음 질문으로 넘어가겠습니다.

스님께서는 2008년에 70일 단식을 하신 적이 있으십니다. 저는 세 끼도 못 굶는데 스님은 당시 북한 동포들의 굶주림을 세상에 호소하기 위해서 함께 굶으셨습니다. 그때 단식하는 모습을 보면서 큰 감동을 받게 되었고, 그 일이 계기가 되어 지금까지 스님을 존경하고 있고 있습니다. 그렇지만 한편으로는 이런 생각이 들었어요. '왜 저러실까?'

무슨 얘긴가 하면 우리는 정말 밥 한 끼만 굶어도 큰일 나잖아요. 그런데 내 문제도 아닌 다른 사람들 때문에, 더군다나 가족도 아니고 친구도 아닌 북한 사람들을 위해서 '왜 저렇게까지 마음을 내실까', '저게 어떤 마음일까' 하는 생각이 들게 되었고, 나중에는 '정말 스님은 행복하실까', '과연 좋아서 저러실까' 이런 생각이 들었습니다.

과연 스님께서 생각하는 행복이란 무엇인가요? 우리가 알고 있는 쾌락이나 즐거움과 어떻게 다른지 알고 싶습니다.

'기분 좋음'을 행복으로 삼으면 '기분 나쁨'의 불행도 따라온다

법륜 행복이란 '기분 좋은 것' 아니겠어요? 굶다가 밥을 보면 기분이 좋죠. 산에 올라가서 주변 풍광을 볼 때 기분이 좋고, 또 보고 싶은 사람 만났을 때도 기분이 좋지요. 이 기분 좋은 것이 우리가 보통 말하는 행복이라고 할 수 있습니다.

▲ 강연장에서 OX 퀴즈를 풀고 있는 법륜스님.

▶ 1994년 인도 둥게스와리 마을에 수자타 아카데미를 건축하던 현장. 마을 사람들과 함께 일하는 법륜스님.

▶ 1997년 민족의 화해를 위한 북한동포돕기 100만인 서명운동 캠페인 현장. 강원룡 목사님을 비롯한 천주교, 불교, 개신교 등 종교인들과 함께 거리 캠페인을 하는 모습.

그런데 기분이 좋다는 게 꼭 돈이 많았을 때나 지위가 높았을 때, 인기가 있을 때만 생기느냐, 그렇지만은 않지요.

어떤 이는 아주 가난하게 살다가 돈 몇 백만 원을 벌어서 서울 변두리에 비닐하우스를 한 채 구입하고도 기분이 좋아서 "세상이 다 내 것 같다"며 행복을 만끽하는 경우가 있어요.

반면에 재산이 몇 백억이나 되는 사람이 있는데 주식 폭락으로 망했다며 자살했는데 나중에 남은 재산을 정리해 보니 그래도 10억이 넘더랍니다. 10억 넘는 재산을 가지고도 망했다고 괴로워하다 자살한 것이지요.

결국 기대가 크면 조건이 좋더라도 만족도가 떨어져서 '기분 나쁨'이 일어나고, 반대로 기대가 낮으면 조그마한 일에도 만족도가 커져서 '기분 좋음'이 생긴다는 것이죠. 외부에서 어떤 조건이 갖추어졌을 때만 행복을 느끼는 게 아니라 자신의 마음가짐이 어떤가에 따라 행복감이 결정된다고 할 수 있지요.

오늘날 잘사는 나라의 순위는 GDP로 계산하여 결정되는데 그 순위가 사람들의 행복도를 조사한 결과와는 일치하지 않습니다. 물질적으로 가난하게 사는 사람들도 행복감을 느끼며 살 수가 있어요. 예를 들어 저처럼 혼자 살아도 행복하게 사는 사람이 있고, 반대로 천하절색의 미인과 살면서도 괴로운 사람이 있을 거예요.

그러니까 행복이라는 것은 외관상 주어진 조건만 갖고 이뤄지는 것은 아니라고 할 수 있습니다. 자신을 행복하게 하기 위해 바깥으로 기울이는 노력도 필요하지만 자기 내면에 노력을 좀더 기울여야 합니다.

오늘날의 사회는 행복을 얻기 위해 밖으로 기울이는 노력만 있다는 게 문제예요. 사람들이 바깥으로는 많은 힘을 쏟지만 실제로 행복을 얻는 사람은 적어요. 오히려 자기 내면으로 향하여 마음의 작용 원리를 이해하고 스스로를 비우는 노력을 하는 것이 행복지수를 높이는 데 훨씬 더 효과적입니다.

김여진 그러면 스님께서는 늘 행복하신가요?

법륜 어떻게 늘 행복할 수만 있겠어요? 행복에는 두 가지 종류가 있어요. 방금 얘기한 대로 '기분 좋음'을 행복으로 삼는 게 세상에서 말하는 행복입니다. 그런데 '기분 좋음'을 행복으로 삼으면 그 이면에 '기분 나쁨'이라는 게 늘 따라다니게 됩니다. 그래서 늘 행복할 수만은 없지요.

불교에서 수행을 함으로써 얻는 행복인, 소위 열반이라고 하는 것은 '기분 좋음'과 '기분 나쁨'을 다 뛰어넘은 상태를 말하지요. 기분이 좋았다가 기분이 나빴다가 하는 행복과 불행을 우리는 윤회라고 하는데, 여기로부터 벗어날 때 진정한 행복에 이를 수 있습니다. 그러니까 제가 느끼는 행복은 여러분이 "아, 기분 좋다!" 하는 상태의 지속과는 다른 것입니다.

세상에서 일을 도모하다 보면 내 뜻대로 되어서 기분 좋을 때도 있고 또 그렇지 않을 때도 있어요. 이때 어디에도 크게 연연해하지 않는 것을 목표로 가지고 나아갑니다. 그러니 바깥에서 볼 때 스님이 행복한 것 같다, 아닌 거 같다 하는 것과 제가 추구하는 행복의 성격이 조금 다르다고 할 수 있지요.

외롭거나 또는 외롭지 않거나

김여진 스님 말씀 중에서 "혼자 있을 때는 외롭다고 하고, 같이 있을 때는 귀찮다고 하는 게 우리네 마음이다" 하는 법문을 많이 들었습니다. 들을 때마다 '참 내 얘기 같다, 너무 맞는 말씀이다, 그런데 어쩌지?' 하는 생각이 들 때가 많아요. 특히 책도 보고 공부도 하면서 혼자 있는 걸 즐기다가도 그 시간이 좀 오래될 때 그렇더라고요. 사실 제가 연기자라서 연기 안 하고 집에 있을 때는 두 달도 넘게 혼자 있을 때가 있거든요. 누구와도 말도 안 하고 혼자 있는 거죠.

아주 오랜 시간 혼자 있게 될 때, 너무 오랫동안 연인이나 친구가 없을 때 '누구라도 정말 외롭지 않을 수 있을까?' 이런 생각이 들더라고요.

또 직장에서 함께 일하는 사람 중에 싫은 사람이 있다면 볼 때마다 괴로울 수밖에 없습니다. 이때 함께 있으면서 즐거울 수 있는 방법이 도대체 뭘까요? 비결이 있다면 구체적으로 듣고 싶습니다.

법륜 혼자 있으면 편할 때도 있지만 때로는 외롭기도 하지요. 또 같이 있으면 즐거울 때도 있지만 때로는 귀찮을 때가 있습니다. 이건 누구나 다 겪는 거예요. 그런데 혼자 있으면서 외로울 때 그 외로움을 누군가를 만남으로써 해결하게 되면 둘이 있는 시간이 좀 길어질 때 또 귀찮음이라는 게 생기게 됩니다. 그래서 다시 헤어지게 되면 이제 귀찮음은 없어지는 대신에 시간이 경과하면서 또다시 외로움이 생기겠지요.

그런데 이 외로움을 사람을 만나서 해결하지 말고 한번 지켜보는 겁니다. 하루, 이틀, 열흘 이렇게 지켜보세요. 그러다 보면 안 만나고도 이 감정으로부터 자유로워질 때가 부지불식간에 찾아오겠지요. 반대로 두 사람이 같이 사는데 귀찮단 말이에요. 이것을 헤어지는 걸로 해결하지 말고 귀찮아하는 마음을 가만히 지켜보세요. 그러다 보면 스스로 헤어질 핑계를 교묘하게 댑니다. 보통 '성격이 나빠서 헤어져야겠다', 이렇게 생각하다가 '그래도 자식 때문에 살아야지', 이렇게 생각하다가 나중에는 '애 교육을 위해서라도 헤어져야 되겠다' 또 이렇게 바뀝니다.

이게 교묘하게 헤어질 수밖에 없도록 자꾸 몰아가요. 한번 그쪽으로 사고가 움직이면 어떤 핑계를 대서라도 결국은 그렇게 하고야 마는 쪽으로 움직이죠. 이때는 헤어지지 말고 그냥 놓아 둔 다음에 자기 마음이 증폭되는 걸 지켜보면 안 헤어져도 이 마음이 항상 지속되는 건 아니라는 사실을 발견할 수 있을 거예요.

어느 정도 사라졌다가 또 일어나고, 사라졌다가 또 일어나고, 사라졌다가 일어납니다. 그러면서 시간이 흐르면 같이 사는 삶 속에서도 이전에는 못 견뎠던 일들이 점점 약해져서 귀찮은 느낌이 줄어드는 거죠.

이러면서 함께 살아도 괜찮은 경지로 나아가게 됩니다. 함께 사는 게 정말 좋고 즐거운 경지까지는 아니더라도 도저히 못 살 것 같은 상태는 극복할 수 있어요. 마찬가지로 혼자 사는 게 즐거운 경지가 되지는 않더라도, 혼자라서 외로워 못 견딜 것 같은 상태는 극복할 수 있어요.

이렇게 되면 혼자 있어도 괜찮고, 또 혼자 있다가 둘이 되어도 괜찮은 거죠. 혼자 있을 땐 혼자서 할 수 있는 일들을 하고, 누가 찾아오면 또 그 사람과 같이 하는 일들을 하면 되는 거예요. 그렇게 해서 이래도 좋고 저래도 좋은 자유가 늘어나게 되는 거죠.

'혼자 있는 것은 항상 즐겁고 기분 좋다' 는 느낌을 계속 유지하려고 할 때 문제가 생기는 거예요. 혼자 있는데 어떻게 항상 기분이 좋겠습니까? 기분은 늘 변하는 것이지요. 둘이 있을 때의 즐거움 또한 계속 유지될 수 없지요. 그런데 우리는 변하는 기분을 변하지 않기를 바라지요. 사실 거기에 문제가 있습니다.

여러분이 추구하는 행복은 '기분 좋음' 인데, 이 '기분 좋음' 을 행복으로 삼는다면 그 '기분 좋음' 은 항상 할 수가 없으므로 곧 '기분 나쁨' 으로 바뀌게 되니 불행도 함께 따라다니지요. 그렇기 때문에 행복과 불행의 고리로부터 자유로워지려면 같이 있어도 귀찮지 않고 혼자 있어도 외롭지 않은 쪽으로 나아가야 해요. 그래야 세상에서 말하는 자유나 행복과는 차원이 다른 상태로 나아갈 수 있습니다. 우리가 똑같은 용어로 행복이라 하고 자유라고 부르지만 앞의 세계와 뒤의 세계는 차원이 다른데 자꾸 동일하게 이해하는 면이 있어요.

한 차원 다른 상태의 자유라는 것은 남의 속박에서 벗어난다는 개념이 아니라 자기 욕구, 자기 카르마, 자기 업식으로부터 자유를 얻는다는 뜻입니다.

이렇게 되면 무리 속에 있어도 특별히 귀찮지가 않고, 혼자 있어도 특별히 외롭지가 않아요. 물론 깨어 있지 못하고 놓치게 되면 외로움과 귀찮음이 조금씩은 발생하겠지만 못 견딜 만큼 괴롭지는 않게 됩니다. 혹시 괴로움이 일어나더라도 금방 알아차리기 때문에 잔잔한 호수의 물결 정도지 파도처럼 일어나는 것은 아닙니다.

김여진 그럼, 이제부터 여기 계신 분들의 질문을 받아볼게요.

1 더하기 1이 반드시 2가 되는 것은 아니다

청중1 저는 직장인입니다. 스님께서는 무슨 일을 하든지 주체적으로 하라고 말씀하셨습니다. 이 말씀을 듣고 갑자기 궁금해졌습니다. 제 직장 선배가 있는데, 일을 잘 안 해요. 그러다 보면 저 혼자 일을 하게 되고, 나중에는 자꾸만 화가 나요. 물론 마음속으로는 나만 열심히 하면 된다, 생각하고 열심히 하다가도 선배가 놀고 있는 걸 보면 자꾸 화가 나는 겁니다. 이런 상황에서 제가 어떤 마음을 가져야 좋을지 알려주세요.

법륜 내가 그 사람을 어떤 관점에서 보느냐에 따라서 굉장히 달라져요. 가령 내가 그 사람에게 도움을 받으리라고 기대하지 않았을 때는 조금만 도움을 받아도 굉장히 고맙겠죠. 반대로 큰 도움을 받을 거라고 생각했는데 조금 도와주면 굉장히 실망하게 돼요.

따라서 이 '기분 좋음'이라는 게 상대로부터만 오는 게 아니라 자기 자신으로부터도 일어난다는 사실을 알아야 해요.

"선배, 일 좀 하세요"라며 내 불편한 마음을 표현해서 상대를 고쳐서 문제를 해결하는 것도 하나의 방법이겠죠. 그러면 그런 표현을 적극적으로 하세요.

그런데 이런 식으로 나가면 상대가 "네, 후배님 알겠습니다." 하면서 내 뜻대로 고쳐주겠냐는 것이지요. 그렇기는커녕 오히려 "야, 네가 뭔데 건방지게!" 하면서 훨씬 더 큰 갈등이 생길 수가 있어요.

그런데 여러분은 그런 말을 듣는 게 두려워서 말도 못 하고 그냥 상대가 변하기만을 바라는 거잖아요. 그러다 보면 불만이 훨씬 더 증폭되겠죠. 문제를 해결하려면 선배한테 말을 해야 변화가 올 텐데 그 부작용이 두려워서 말을 못 하니까 변화가 없는 겁니다.

양쪽을 다 개선하는 방법은 뭘까요? 선배가 어떻게 하든 그건 선배의 일이에요. 내가 그 선배 때문에 직장에 취직한 것은 아니지 않습니까? 사장님 입장에서야 선배가 놀면 기분 나쁘겠지만, 솔직히 내가 기분 나빠할 이유가 뭐가 있어요? 선배야 놀든 말든 나는 내 일만 하면 됩니다.

만약 내 성과를 선배가 자기 것처럼 가로챈다면 나눠 가질 수도 있는 거예요. 세상일을 할 때 꼭 1 더하기 1이 2가 되는 건 아니잖아요. 상사로서 아랫사람 성과를 갖게 되는 것은 오히려 자연스러운 겁니다. 예를 들어 제가 정토회 지도법사인데, 때때로 대중이 이룬 공덕이 제 이름으로 나갈 때가 있어요. 이게 현실입니다.

나보다 윗사람이면 내가 한 일까지 그의 성과가 되는 경우가 많아요. 그가 일을 하는지, 안 하는지와는 상관없이 조직 원리가 그렇습니다. 이것은 회사의 문제이지 내가 상관할 바는 아니지요.

제가 볼 때는 질문자가 직원일 뿐인데 너무 주체적으로 사장님 흉내를 내는 게 아닌가 싶어요. 질문자에게 선배를 감독할 권한이 주어진 것도 아닌데 굳이 그렇게 생각할 필요가 있을까요? 각자 자기 일만 충실히 하면 돼요.

또 그 사람이 놀면서도 회사로부터 월급을 받거나 칭찬을 받는다면 그건 그 사람의 복이고 재능이라고 할 수 있어요.

우리가 사람을 만나다 보면 주는 것 없이 미운 사람이 있고, 받은 것도 없는데 좋은 사람이 있어요. 그것은 수치로 계산할 수 없지만 그 사람의 능력이라고 할 수 있습니다.

남자가 봤을 때는 별로 의리도 없고, 능력도 없고, 별 볼일 없는데 여자들이 굉장히 좋아하는 남자가 있고, 여자가 봤을 때는 별 볼일 없는데 남자들이 줄줄 따르는 여자도 있어요. 결론은 우리가 생각하는 것과 똑같지가 않다는 거예요.

그 선배가 일도 안 하고 적당히 놀면서도 회사에 잘 붙어 있고 직책도 질문자보다 높다면 그건 질문자가 사물을 보는 기준과는 다른, 그 사람의 장점이 있다는 겁니다. 만약에 그렇지 않다면 농땡이 치다가 언젠가는 회사에서 잘리겠지요.

상사가 근무태만인 게 나에게 나쁘기만 한 것도 아니에요. 그래야 내게 승진 기회가 오잖아요.

일도 너무 잘하고, 성실하기까지 하다면 그 선배는 늘 질문자 위로 승진하고, 질문자는 그 밑에서 따라가야 하잖아요. 그런데 일도 안 하고 농땡이만 치는 사람이라면 언젠가 질문자에게 승진의 좋은 기회가 올 수도 있지요. 따라서 이 상황이 꼭 나쁘지만은 않다는 사실을 이해해야 해요.

이렇게 보면 우리가 사물을 보는 태도가 정말 중요해요. 내가 사물을 보는 관점을 조금 조정하면 큰 문제가 안 됩니다. 결론적으로 정리하면 그 사람에 대해서 마음속으로 불평만 하면서 말을 못 하면 개선도 안 되고 자기만 괴로워요. 불평을 하고 싶으면 그냥 참지 말고 하세요. 말을 해야 변화가 옵니다.

하지만 부작용이 따를 위험도 있겠죠. 개선을 할 때는 반드시 부작용이 따릅니다. 내가 사랑을 고백할 때도 거절당할 위험이 있겠죠? 이것이 세상사라는 거예요. 그것을 두려워하면 아무것도 안 이루어집니다. 부작용이 없을 거라고 생각하는 게 요행수죠. 부작용을 감수하고 얘기를 하는 거예요.

선배에게 얘기해서 반발을 초래할 것 같으면 연구를 하는 거예요. 반발을 초래하지 않고 얘기할 방법을 연구하든지, 감당할 수가 없으면 빨리 포기를 하든지 하는 거죠. 어쨌든 일단 도전을 해보고 교통정리를 해야 해요. 도전도 안 하면서 마냥 괴로워하는 것은 시간낭비입니다.

도전해서 확인을 하든, 아예 확인도 하지 않고 포기해 버리든, 문제는 그 다음에 내가 어떻게 할 것인가가 중요해요.

인생을 사는 데는 늘 갈등이 존재합니다. 내가 관점을 바꿔서 해결을 하든지, 상대와 갈등을 일으켜서 문제를 해결하든지, 중요한 것은 앞으로 살아가는 인생에 다 도움이 된다는 사실이죠.

그렇다면 이런 일이 벌어진 게 내 인생에 오히려 유리하죠. 회사에 다니는데 아무 문제도 없는 것보다 이런 일을 미리 겪으면서 문제를 개선하는 방법을 배우게 되고, 그만큼 자기 역량이 커지는 거니까요. 한번 해보시겠어요?

청중1 네.

법륜 그런데 해본다고 꼭 해결되는 건 아니에요. 꼭 해결되는 건 아니지만 이런 관점을 갖게 되면 그 다음에는 연습을 해야 해요. 한 번 해보고, 두 번 해보고, 이렇게도 해보고 저렇게도 해보는 거죠. 이런 식으로 이것저것 시도해 보면 공부가 되는 거죠.

    나중에 일이 잘 풀리게 되고, 결과적으로 이 선배 덕분에 성숙해졌다고 결론이 난다면 이제 그는 고마운 사람이 되는 거죠. 그냥 "나쁜 사람이지만 고맙다고 해라." 이것과는 차원이 다릅니다. 자기가 그것으로부터 뭔가 배운 게 있을 때 그 사람에 대한 고마움이 저절로 생기게 됩니다.

모두에게 잘 보이려는 욕심

청중2 저는 기계공학을 전공했습니다. 학교 다닐 때 공부를 열심히 한 건 아니지만 공부하는 것은 좋아해요. 그런데 공부에만 몰두하다 보면 주변 사람들이 제게 섭섭해하는 게 느껴져요. 제가 무심한 면이 있거든요.

    이제 박사 과정을 들어가려고 하는데 이게 나 혼자만의 만족을 위한 것은 아닌가 하는 생각이 들 때가 있어서 회의감도 듭니다.

법륜 질문자가 공부를 열심히 하는데 구체적으로 누가 섭섭해해요?

청중 2 공부를 열심히 해서 다른 사람들이 섭섭해하는 건 아니고요, 제가 공부하느라 사람들을 잘 이해하지 못하고 또 친절하게 대하지 못하는 것 같아요.

법륜 그것이 공부하고 무슨 상관이 있나요?

청중 2 제 마음속에서 항상 공부가 최우선이기 때문에 그만큼 다른 사람들에게 신경을 쓸 만한 여유가 없다는 생각이 들어서요.

법륜 그러면 스님이 지금 스님으로서 여러 가지 활동을 할 때 스님이기 때문에 유리한 게 있을까요, 없을까요?

청중 2 있겠죠.

법륜 반대로 스님이니까 불리한 면도 있을까요, 없을까요?

청중 2 있을 것 같습니다.

법륜 인생은 어떤 면에서는 선택을 해야 해요. 그러니까 제가 승려로서 혼자 있음으로 해서 갖는 장점도 굉장히 많지만, 반대로 그것이 갖는 단점도 많습니다. 결국 선택을 해야지요.
　우리는 인생에서 어떤 선택을 하지 않을 수가 없어요. 내가 공부를 하고 싶어서 공부에 몰두해야 한다면 인간관계에서 좀 소홀해질 수밖에 없어요. 그걸 감수해야 하는 거죠. 공부는 공부대로 집중하고, 인간관계도 무난하게 다 하고, 사람도 더 폭넓게 사귀고 싶고 그런 걸 뭐라고 한다고요? 욕심이라고 해요.

이것은 기술적인 문제가 아니고 욕심이라는 마음의 작용에서 빚어지는 거예요. 그래서 늘 선택을 할 때는 그 이면에 부작용이 따를 수 있다는 사실을 알아야 해요. 인생에서 어떤 선택을 할 때도 마찬가지입니다. 그것을 같이 받아들여야지, 좋은 것만 받고 나쁜 건 안 받겠다, 이것은 불가능합니다. 그러니 이것은 선택의 문제가 아니고 선택에 따른 책임의 문제입니다.

청중 3 저는 러시아에서 2년 살다가 잠깐 한국에 들어와 지냈고, 그다음에 네팔에 가서 2년 살았습니다. 그리고 한국에 들어와서는 국제개발구호단체에서 6개월 동안 일을 하다 한 달 전에 그만두었어요. 요즘 부쩍 '혹시 한국에 적응을 못 하고, 평생 방랑하며 살게 되지 않을까' 라는 생각이 들어 두렵습니다.

다른 사람을 도와주면서 살고 싶다는 생각을 하면서도 때로는 그들과는 좀 다르게 부족함 없이 살고 싶기도 합니다. 지금 여러 가지로 혼란스러운데 좋은 말씀 부탁드리겠습니다.

법륜 어떤 사람이 제게 와서 "출가해서 스님으로도 살고 싶고 또 결혼해서 아기자기하게도 살고 싶은데 어떻게 하면 좋겠습니까?" 이렇게 묻는다면 그걸 욕심이라고 말해 줍니다. 혼자 사는 장점도 누리고 싶고, 둘이 살 때 생기는 장점도 갖고 싶은 거예요. 하나를 선택하면 하나를 버려야 하는데 둘을 다 갖고 싶어 한다는 말이지요. 돈을 안 받고 주체적으로 봉사하면서 살고도 싶고, 또 수입이 좀 있어서 안정적으로 즐기면서 살고도 싶고, 이런 걸 다 욕심이라고 그래요.

질문하신 분은 욕심 부리지 말고 일단 직장에 취직해서 안정적인 생활을 하는 쪽으로 선택하는 게 좋아요. 그 이유는 이미 봉사를 해봤기 때문이에요.

그런데 봉사를 하면서도 이 '뒷마음'이 남아 있잖아요. 이럴 때는 먼저 직장에 취직해서 생활해 보는 게 좋습니다. 만일 직장에 다니고, 수입도 있고, 편안한 삶을 살게 됐는데도 '아, 내가 이렇게 사는 게 아니다. 이런 거 다 버리고 진짜 오지에 가서 가난한 사람들과 함께 사는 게 좋겠다.' 이런 마음이 들어서 자기에게 주어진 것을 버리고 가는 사람은 오래갑니다. 가져본 경험도 없이 봉사 활동을 떠나다보면 늘 가지고 싶은 것에 대한 미련이 남아요.

지금은 봉사하는 삶에서 빠져나왔잖아요. 그러면 회사에 취직을 한번 해보세요. 이것저것 욕심 내고 재밌게 즐겨가면서 한번 살아보세요. 그렇게 살아보고도 '아, 이게 아니다' 하면 다시 봉사 활동을 하면 되는 거예요.

그런데 회사에 취직하려니까 취직도 잘 안 되고, 돈도 안 벌리면 이제 자기 능력을 딱 알아야 해요. '아, 이것은 내 욕망일 뿐이지 쉽게 되는 게 아니구나. 내가 그걸 할 수 있는데도 버리고 간 게 아니라 할 수가 없는 거였구나!'

이렇게 자기의 한계와 능력을 정확하게 알아야 해요.

봉사도 하고 싶고 취직도 하고 싶다는 그 두 가지를 다 만족하는 게 '월급 주는 봉사 단체'에 취직하는 거 아니에요? 봉사한다는 명분도 서고 월급도 좀 받고 그러면 양쪽이 다 만족되거든요.

그런데 그것도 마음대로 안 되는 게 봉사단체에 있으면서 마음껏 봉사도 못 하고 월급은 월급대로 마음에 흡족하지 않아서 오히려 불만이 더 쌓일 수 있어요. 왜? 월급을 받으니까 회사에서 요구하는 일을 해야 하고 할 일도 무척 많겠죠. 또 그런 단체에서 월급이 만족할 만큼 주어지나요? 안 주어지죠. 그러니까 더 불만이 생길 수가 있어요. 먼저 욕심을 버리는 게 제일 중요합니다.

그래서 일단 취직해서 살아봅니다. 그런데 봉사에 미련이 있으면 월급 주는 봉사 단체에서 일해 봅니다. 그런데 그것도 불만이면 월급 없는 봉사단체에 가서 출가한 스님처럼 생각하고 봉사에 전념해 봅니다. 이런 순서로 해보면 좋을 것 같아요.

실패는 있어도 좌절은 없다

청중 4 젊을 때 돈이나 지위, 권력을 좇아 앞만 보고 달리는 그런 것 말고 우선시해야 될 가치관이 무언지 궁금합니다. 그리고 도전하는 것과 무모한 것의 차이가 무언지 알고 싶어요. 많은 것들을 도전해 보고 싶은데 걸리는 게 많아서 좀 고민이 됩니다. 이것과 연관된 질문인데 제 역량을 가늠하는 방법 같은 게 혹시 있다면 그것이 무엇인지 묻고 싶습니다.

좀더 구체적으로 묻는다면 어떤 일을 할 능력이 아직 주어지지 않은 상태에서 제가 그걸 하면서 깨쳐나가는 게 좋은지, 아니면 역량이 안 되니까 다른 사람한테 부탁하는 것이 좋은지 잘 모르겠습니다.

법륜 어떤 일을 스스로 할 것이냐, 부탁할 것이냐, 이런 문제인데요, 부탁하는 것도 좋고 스스로 하는 것도 좋아요. 왜냐하면 사람은 혼자 살 수 없기 때문에 남한테 부탁하는 것이 꼭 나를 위하는 것만도 아니고 그 사람에게 나쁜 것만도 아니에요.

여러분이 저한테 질문하는 것은 여러분만을 위하는 게 아니에요. 여러분의 수많은 질문들을 통해 저도 젊은 사람이 뭘 고민하는지, 결혼한 사람이 뭘 고민하는지, 사업하는 사람이 뭘 고민하는지 알 수 있거든요. 이런 질문들이 없다면 저도 사람들이 무슨 생각을 하는지 모를 것 아니에요?

수많은 질문을 접하면서 저도 세상 사람들에 대한 이해의 폭이 굉장히 넓어지죠. 저만 여러분을 돕는 게 아니라 여러분도 제게 도움이 됩니다.

그러니까 부탁할 필요가 있으면 부탁을 하고, 상대가 못 해주겠다고 하면 그걸로 확인이 됐으니까 그럼 이건 스스로 해야 할 일이라든지, 아니면 또 다른 사람에게 부탁할지 결정을 할 수 있지요. 혼자서 망설이지 말고 일단 시도를 해보는 게 중요해요.

또 하나, 여러분은 자신의 능력이 100이라면 딱 그 범위 내에서 자기 일을 하지 않습니까? 만약에 회사 다니는 일에 70을 투여하고 봉사하는 일에 30을 쓰는데 갑자기 스님이 봉사를 50 정도 하라고 해요. 그래서 회사에 쏟던 능력의 일부를 봉사 활동으로 옮기면 그만큼 회사 생활이 힘들어진다, 이렇게 되지 않습니까?

이것을 선택의 문제로 보는 건데, 물론 그렇게 옮겨도 되지만 수행적 관점은 좀 다릅니다. 자기 능력이 100밖에 안 되는데 스님이 130을 요구하면 '아, 난 못하겠다, 지친다, 스트레스 받는다.'

▲ JTS에서 지원하고 있는 필리핀 민다나오 아이들. 법륜스님이 이 지역 답사 중 만난 아이들을 향해 환한 미소를 짓고 있다.

이런 반응도 있을 수 있지만 어쨌든 그 130을 하기 위해 도전을 하겠다면 지금까지와 같은 방식으로는 안 되니까, 우선 잠자는 시간을 줄이든지, 밥 먹는 시간을 줄이든지, 일하는 속도를 높이든지, 여러 가지 방법에 대해 연구를 해야겠죠.

지금까지 해오던 습관대로가 아니라 다른 방식으로 연구해서 효율을 높여야 해요. 그것도 안 되면 다른 사람에게 부탁을 해서 그 사람의 도움을 얻든지 해야죠.

이렇게 노력을 하게 되면 이게 모두 자기 능력이 커지는 거예요. 자기 능력 이상의 목표를 세워 놓고 도전을 해야 능력이 커지지, 항상 자기 능력 안에서만 하려고 하면 역량이 커질 기회가 없습니다.

그러니까 지금 질문하신 분은 도전만 하는 걸로 충분하지가 않아요. 도전했다가 안 된다고 포기하면 그냥 무모했던 일로 끝나는 거잖아요. 실패하더라도 계속 연구를 해서 해법을 찾아야죠. 여러 가지 시도를 하면서 결국 그 목표를 달성하면 자기 능력이 커지는 거죠.

연애에서 실패한 것도 그렇고, 사업에서 실패한 것도 그렇고, 인간관계에서 실패하는 것도 마찬가지예요. 실패하면 여러분은 좌절하거나 절망을 하는데, 사실 이 좌절과 절망은 실패로부터 오는 게 아니라 욕심으로부터 오는 거예요. 열 번은 해야 성공할 수 있는 일을 한두 번 만에 해결하려고 할 때 안 되면 좌절하고 절망하죠. 열 번 해야만 이루어지는 일이라면 열 번을 해야지요.

한 번 해보고 실패했을 때 '어, 안 되네? 이렇게 하면 될 줄 알았는데 왜 안 되지? 그럼 이렇게 해보자. 어, 이렇게 해도 또 안 되네. 뭐가 문제일까. 다시 저렇게 한 번 해봐야겠다!' 이런 과정을 뭐라고 해요? 연구하고 노력한다고 해요.

이렇게 연구하고 노력해서 몇 번이고 시도를 하다 보면 방법을 찾을 수 있어요. '아, 이렇게 하니까 되는구나!' 바로 이것이 성공이에요.

이 성공은 무엇 때문에 온 거예요? 실패 때문에 옵니다. 수많은 실패를 통해서 인류 문명의 성공이 있었어요. 실패 없는 성공은 없습니다.

성공하고 싶다면 실패를 두려워해서는 안 돼요. 실패는 성공을 향한 삶의 일상적인 과정이라고 봐야 해요.

실패를 했을 때 그걸 연습으로 받아들이세요. 실패를 연습으로 받아들이면 그건 더 이상 실패가 아니에요.

연애를 하는데 이게 자기 뜻대로 안 돼서 좌절하고 상처를 입잖아요. 상처를 입으면 다음 연애할 때 불리해지죠. 또 배신당하면 어떻게 하나, 이런 두려움이 생겨서 불리해진단 말이에요.

그런데 한 번 실패를 하고 나면 '어, 내가 여자나 남자에 대해서 잘 몰랐구나!' 이렇게 연구를 하게 되겠죠. 연구의 자세를 취하는 건 그걸 연습으로 받아들인다는 거죠. 연애에 한 번 실패한 걸 연습이라고 받아들이면 다음에 연애할 때 유리해집니다.

여러분이 어떤 일에 실패했을 때 좌절하고 절망하면 상처가 되는데, 이것이 상처로 남으면 다음에 불리해져요. 예를 들어 가난하게 자란 것이 상처가 되면 열등의식이 생겨서 앞으로의 삶에 불리해지겠죠. 그러나 가난하게 자란 걸 상처로 받아들이지 않으면 오히려 앞으로 살아가는 데 굉장히 유리합니다.

제가 어릴 때 가난한 농촌에서 자랐는데 배고팠던 여러 경험들이 나중에 구호 활동을 하는 데 굉장히 유리하더라고요. 말이 안 통해도 금방 가난한 사람들의 심리를 이해할 수 있었던 거예요. 노동자를 위해서 밥을 해줬는데 노동자 가랑이 밑으로 애들이 따라붙어 오는 것들은 제가 어릴 때 늘 봐온 일이거든요. 그런 게 금방 이해가 된다는 거죠. 그걸 모르는 사람이라면 노동자들이 밥을 먹어야 하니까 애들은 오지 마라, 하기가 쉽잖아요.

자신의 삶에서 실패했던 모든 것들이 다 자기에게는 거름이 될 수가 있습니다. 감옥을 간 경험이나 고문을 당한 경험도 전부 자기 삶에서 없었던 것보다 있었던 편이 더 유리합니다.

지금 20대면 취직하기 전에 여행을 많이 해보는 게 좋아요. 무전여행도 좋고요. 제가 우리나라 지리에 대해 잘 아는 것도 군대 가기 전과 제대한 이후 잠시 남는 시간에 천막 메고 다니면서 낙화암 아래 백사장에도 가보고, 여기저기 돌아다녀서 그래요. 그때 안 가봤으면 언제 그럴 기회가 있었겠어요? 그건 저만의 추억이죠. 친구하고 같이 가는 것도 좋지만 혼자서 그런 여행을 해보는 것도 굉장히 좋은 경험이 될 겁니다.

대학을 졸업했는데 취직이 안 된다고 적당히 시간을 보내는 것은 굉장한 낭비입니다. 취직도 안 되는데 집에서 우거지상을 하고 있기보다는 '지금 이 시간이 나에게 주어진 인생의 황금기다', 이렇게 생각할 수도 있잖아요. 지금까지 학교에서 배웠던 규격화된 지식이 아닌 다른 도전을 해볼 수가 있잖아요. 봉사 활동도 한번 도전해 보세요. 여행 간다고 하면 꼭 유럽이나 미국에 가는 것만 생각하는데, 비행기 값만 있으면 제3세계 봉사 활동도 가능하고 역사 기행도 해볼 수 있잖아요.

　오히려 대학을 졸업하자마자 취직을 해버리면 인생이 회사에서 요구하는 일에 기능적으로 맞춰져서 규격화되는 길로 정해질 수도 있어요.

　지금 여러분에게 주어진 좋은 기회를 적극적으로 활용해서 다양한 경험을 해보세요. 그런 과정 속에서 규격화된 길 말고 다른 길을 발견할 수도 있어요. 한 예로 스님이 된다는 것도 하나의 방법이 아니겠어요? 왜 이 길은 인생의 진로에서 뺍니까? 그만큼 자기 인생의 폭을 좁혀 놓는 것 아닌가요? 인간이 가는 모든 길에 대한 열린 마음을 갖고 있을 때 갈 길이 그만큼 풍요로워지는 겁니다.

　여러 관계를 맺으면서 봉사 활동도 해보고, 수행도 해보고, 여행도 다녀보고, 그러다 보면 어느 순간 '농촌에서 농사 짓고 사는 게 오히려 인생에 좋은 게 아닌가?' 하는 생각이 들 수 있는 거예요.

　어떤 새로운 기회를 잡을 수가 있는 거죠. 집에 앉아가지고 인터넷만 들여다보고 있으면 새로운 기회가 잘 안 주어집니다. 도전을 해야 실패하면서도 자꾸 어떤 가능성이 열리지요.

장애는 열등한 것이 아니라 불편한 것일 뿐이다

청중 6 저는 3년간 특수 교사를 하다가 지금 대학원에서 공부를 더 하고 있습니다. 제가 특수 교육에서도 유아 쪽을 맡아서 유아 특수 교사로 일을 했거든요.

　그런데 장애 유아랑 비장애 유아가 함께 있는 통합 환경에서 교사 생활을 하면서 비장애 유아가 왜 자신들과 장애 유아가 다른지 질문할 때 교사로서 대답하기가 참 막막하고 차이와 다양성을 어떻게 설명하고 이해시켜야 할지 고민이 되기도 했어요.

스님께서는 장애를 어떻게 보시는지, 그리고 만약 장애에 대한 고정관념이나 이해가 없는 어린아이들에게 장애를 어떻게 설명하실지 궁금합니다.

법륜 장애는 불편할 뿐이에요. 눈이 한 쪽 안 보이면 불편할 뿐이에요. 이것이 열등하다고 하면 열등한 것에 대한 궁극적인 해결책은 뭐겠어요? 두 눈 있는 사람을 죽이든지, 한 눈 있는 자기가 죽어 버리든지 하는 거죠. 끝에 가면 이 결론밖에 안 남는 거예요.

다시 말하지만 '장애는 불편할 뿐이다.' 불편한 건 사실이죠. 그것을 똑같다고 말하면 안 되죠.

그런데 불편하다는 것은 개선의 여지가 있다는 거예요. 안경을 만들든지, 아니면 어떤 전자칩 같은 걸 넣어서 대응을 한다든지 해야죠. 우리가 손이 없으면 의수를 만들거나 다리가 없으면 의족이나 휠체어를 만들잖아요. 불편하면 개선하게 되잖아요.

키 큰 사람하고 키 작은 사람도 마찬가지예요. 키 큰 사람은 선반 위에 있는 물건을 내릴 때 유리하죠. 하지만 낮고 좁은 곳에 들어갈 때는 불편하지 않습니까? 이때는 작은 사람이 더 유리하죠. 그러니까 서로 다른 것이지 누가 좋고 누가 나쁜 것은 아니에요.

꿈과 욕심의 경계

청중 7 《시크릿》 같은 자기계발서를 보면 꿈을 이루려면 항상 자기가 원하는 모습을 상상하고 글로도 써라, 이런 얘기들을 많이 합니다.

그런데 기도를 하면서 제가 미래에 원하는 모습을 상상하면 이것조차도 뭔가 바라는 것이 아닐까, 현재의 모습에 감사할 줄 알아야 되는데 자꾸 바라고 욕심을 내는 건 아닐까, 그런 생각을 하게 됩니다.

그렇다면 꿈과 욕심의 차이나 경계가 무엇인지 모르겠습니다. 그렇다고 미래에 아무것도 바라지 않는다는 건 너무 나태하지 않나 하는 생각도 들고요.

그래서 과연 미래에 대한 생각을 갖는 게 좋은지, 아예 그런 생각을 갖지 말고 현재 상황만 계속 생각하는 게 좋은지 알고 싶습니다.

법륜 실패했을 때 괴로워하면 욕심이고, 실패를 해도 괴롭지 않고 다시 시도하면 꿈이에요.

꿈이 있는 사람은 실패해도 새로운 방법을 찾아서 도전하고, 그것도 실패하면 다시 방법을 찾아 도전하면서 점점 능력이 커지는 쪽으로 가겠죠. 이것을 비전, 꿈이라고 말합니다. 반면에 욕심이란 한두 번 시도해 보다가 안 된다고 괴로워하고 힘들어하죠. 그러면 그게 바로 욕심이에요.

그렇기 때문에 내가 어떤 걸 하겠다, 뭘 이루겠다, 하는 내용으로 인하여 그것이 꿈인지 욕심인지 가려지는 게 아니고, 그런 바람에 대해 스스로 어떤 태도로 임하느냐, 어떤 반응을 보이느냐에 따라 꿈이 될 수도 있고, 욕심이 될 수도 있지요.

예를 들어 제가 "남북통일을 이루겠다"고 할 때 이게 꿈인지 욕심인지는 그것에 대한 태도와 마음가짐을 보면 알 수 있어요. 제가 이 문제로 노력을 하는데 안 된다고 괴로워하면서 정부와 북한 욕만 하고 술 먹고 그러면 이건 욕심이에요. 무언가 하나 보여 주려고 하는 욕심에 불과한 거죠.

만약 이것이 진정한 꿈이라면 통일이라는 과정에 수많은 어려움이 있기 때문에 쉽게 이루어지지 않는 거잖아요. 이게 쉬웠으면 이미 다른 사람들이 다 이루었겠죠. 거기에는 헤아릴 수 없는 어려움이 있고 보통의 노력으로는 이루어질 수가 없는 난관이 있는 거죠.

따라서 그걸 이루기 위해 남들과 비교도 안 되는 노력, 남들과는 비교도 안 되는 새로운 방법을 연구해야 합니다. 수많은 사람을 설득하고 적절한 기회를 포착하는 등 지난한 과정을 통해 그것이 그 사람에게 하나의 꿈이 될 수 있겠죠.

피할 수 없다면 수행이라고 여겨라

청중 8 스님을 통해서 불법을 만나고 수행을 하면서 행복해졌습니다. 예전에는 갈 곳이 없다 생각했고, 이 상황에서 벗어날 방법이 없다고 생각했었는데 지금은 마음이 많이 편해졌어요.

그런데 요즘 들어 수행을 하면서 굳이 하지 않아도 되는 고행을 하게 되는 게 아닌가 하는 생각이 들더라고요.

예를 들어 이게 정말 어려운 상황이고 곤란에 처한 상황이라면 피해 가는 것도 방법일 텐데, 이걸 피하면 그만큼 내 마음공부가 되지 않는 게 아닌가 싶어서 불편해지더라고요. 이에 대해 객관적이고 합리적인 판단이 어렵다는 생각이 들었어요.

스님께서는 자신의 강점을 살려야 된다고 생각하시는지, 아니면 약점을 보완하는 게 더 낫다고 생각하시는지요?

법륜 강점은 살리고 약점은 보완해야지요. 피할 수 있으면 피하면 됩니다. 그런데 피할 수가 없으면 싫어도 받아야 됩니까, 안 받아야 됩니까?

청중 8 받아야지요.

법륜 어차피 받을 바에는 적극적으로 받는 게 낫지요. 도망가다가 받으면 더 기분 나쁠 테니까요. 만일 피할 수 있으면 피해 가는 것도 괜찮아요. 굳이 소나기 오는데 나가서 비를 맞을 필요가 뭐가 있어요? 처마 밑에 좀 있다가 가면 되지. 그렇지만 비가 많이 쏟아지고 이게 금방 그칠 것 같지 않으면 어떡합니까? 무턱대고 기다릴 수는 없잖아요. 그냥 맞고라도 가든지, 아니면 신문지라도 머리에 쓰고 가든지 해야지요. 그러니까 이 문제를 단순히 '곤란을 피해야 된다' 거나 '그냥 맞닥뜨려야 된다' 고 정할 수가 없는 거예요.

그 다음에 강점을 살려야 할지, 약점을 보완해야 할지 하는 문제도 마찬가지예요. 우리가 인생을 살면서 자기의 단점을 보완하는 방식도 있고 장점을 살리는 방식도 있는데, 단점이 너무 지나치면 수정을 해야 되겠죠. 자질구레한 단점은 갖고 살아도 큰 문제가 없어요.

장점을 살리는 방식도 장점을 살려서 단점을 커버하는 방식이 있고, 단점을 고쳐서 장점을 더 드러나게 하는 방식도 있으니까 경우에 따라 다르다고 할 수가 있죠.

결국 상황에 따라 다르다고 말할 수밖에 없어요. 무유정법(無有定法), 즉 정해진 법이 없다는 뜻입니다. 어떤 구체적인 예나 상황에 대한 설명 없이 그냥 장점을 살려야 된다, 단점을 보완해야 된다, 이렇게 무조건 정할 수는 없습니다.

청중 8 제가 좀 전에 드린 첫 번째 질문은 예전에 스님의 즉문즉설에서 그런 경우를 들은 적이 있거든요. 남편이 술에 취하면 아내를 때린다는 이야기인데요. 그런 경우 살아본 사람들의 말에 따르면 그런 남자와는 이혼하라고 얘기를 하는데, 스님께서는 "덕 보려고 하는 마음이 있기 때문에 그런 사람들을 버리게 되는 게 아니냐"고 말씀해 주셨어요. 그렇게 봤을 때 어떻게 보면 자기 마음 편하기 위해 피하는 것은 공부가 안 되는 것이 아닌가 하는 의문이 들었습니다.

법륜 결혼을 공부 삼아서 하려면 그런 사람을 한번 보살펴 주면 좋죠.

청중 8 목적이 다른 거네요.

▲ 평화재단에서 '행복'이란 주제로 강연 중인 법륜스님. 스님은 말씀하신다.
"사람들이 바깥으로는 많은 힘을 쏟지만 실제로 행복을 얻는 사람은 적어요. 오히려 자기 내면으로 향하여 마음의 작용 원리를 이해하고 스스로를 비우는 노력을 하는 것이 행복지수를 높이는 데 훨씬 더 효과적입니다."

법륜 네, 목적이 뭐냐에 달려 있는 겁니다. 이걸 소재로 내 마음공부를 할 거냐는 거예요. 예를 들어 수녀님들이 "하나님이 우리에게 아무 조건 없이 사랑을 베푼 것처럼 나도 가난한 사람에게 아무 조건 없이 베풀어야 되겠다. 내가 아무 조건 없이 베풀 때 천국에 더 가까워진다." 이런 마음으로 일부러 더 어려운 걸 찾아서 하지 않습니까? 우리는 어려운 걸 피하는데 그 사람들은 오히려 찾아서 하죠. 우리는 제 자식이라도 장애라고 버리는데 그 사람들은 남이 버린 장애인을 데려다 키우잖아요. 그렇게 하는 것이 더 큰 복을 받을 수 있다고 생각하기 때문이죠.

그러니까 뭘 목표로 하느냐에 따라 다르죠. 세상 사람은 이생의 행복을 구하고, 그들은 다음 생의 행복을 구하기 때문에 우리가 버린 것을 그분들은 줍습니다.

아무것도 하지 마라

청중 9 계율에 나오는 얘기에 대한 질문인데요. 계율에서 '꽃을 달지 말고 향수를 뿌리면 안 된다'고 되어 있는데, 그럼 제가 액세서리를 하고 다니는 것도 안 되는 건지, 그게 나쁜 짓이 되는 건지 그게 궁금합니다.

법륜 네, 안 하면 좋지요.

청중 9 아, 무엇 때문에 하면 안 되는 건지 잘 모르겠습니다.

법륜　자연스럽게 생긴 대로 살지 무엇 때문에 그렇게 꾸밉니까? 꾸미는 것은 남한테 잘 보이고자 하는 건데 왜 남한테 잘 보여야 합니까? 내가 남을 잘 봐주면 되지요. 그런 얘기예요.

청중 9　그래도 이쁜 걸 보면 욕심이 나고 하고 싶은 마음이 생기는데…….

법륜　그러면 해도 돼요.

청중 9　그걸 꼭 지키지 않아도 되는 건가요?

법륜　아닙니다. 지켜야 합니다. 못 지킬 때는 대신 참회를 해야지요.

청중 9　그러면 결국은 그걸 지키는 쪽으로 가야 하는 거네요.

법륜　맞아요. 한번 생각해 봐요. 스님이 왜 머리를 깎느냐 하면 머리를 그렇게 길어 놓으면 어쨌든 다듬어야 하잖아요. 그러니 머리에 많은 신경을 써야 하죠. 화장하는 것도 신경을 많이 쓰잖아요. 귀고리 달고, 옷 갈아입고, 뭐 하고 신경 많이 쓰잖아요.

여러분이 아침에 일어나서 뭘 하는지 한번 점검해 보세요. 일어나면 세수하고 화장한 다음에 밥은 뭐 먹을까, 옷은 또 옷장에 가서 이거 꺼내 입을까 저거 꺼내 입을까 이리저리 맞춰 보고, 이렇게 되잖습니까? 벌써 이만큼만 해도 시간을 많이 낭비하죠? 그런 옷이나 화장품을 구입하는 데도 시간 많이 낭비하죠? 그거 구입하는 돈 모으는 데 또 시간을 많이 보내잖아요?

그러니까 여러분과 제가 하루를 똑같이 살아도 여러분들이 보내는 시간과 제가 보내는 시간은 차이가 많아요. 저는 적어도 몸을 어떻게 가꿔야 할지에 대해서 시간을 전혀 안 쓰잖아요. 뭘 입을 거냐 이거 전혀 신경 안 써요. 왜? 다 똑같은 옷이니까. 이거 입을까 저거 입을까 이런 고민이 없단 말이에요. 여름과 겨울의 계절 차이만 있지. 그러니 어떤 옷을 사야 할지 구입하러 다닐 필요도 없고, 구입하는 데 돈 쓸 필요도 없어요. 여러분과 저에게 같은 하루, 같은 24시간이 주어졌지만 사실은 달라요.

여러분은 제가 일을 많이 한다고 하는데 제가 여러분보다 일을 많이 할 수밖에 없잖아요. 여러분은 하루 대부분을 자기 생활을 유지하고 선택하는 데 쓰잖아요. 하루 내내 그런 고민으로 많은 시간을 보내죠. 반면 저는 개인적으로 별 고민도 없어요. 마누라가 있어 고민할 거요, 자식이 있어 고민할 거요. 먹고 입고 자는 데도 특별히 신경 쓸 일이 없어요. 어떤 일에 머리를 쓰고 에너지를 집중할 때, 가령 통일 문제를 어떻게 풀 건지, 빈민 구제를 어떻게 할 건지, 이런 데 정신을 집중하니까 여러분이 저를 볼 때는 '와, 우리보다 능력이 훨씬 나아 보이네' 하는 겁니다. 인간이 다 똑같은데 어떻게 능력이 더 있겠어요.

다시 말해서 누가 땅을 파라고 하면 저는 하루 중에 20시간을 파는데, 여러분은 10분만 딱 파놓고는 그다음 날 와서 "와, 스님은 저렇게 많이 팠네, 능력이 월등하네!" 이렇게 말해서는 안 되겠지요? 기적은 없어요. 모르면 기적처럼 보여요. 만약 제가 20시간 동안 일하는 걸 봤으면 기적이라 하지 않을 텐데, 일하는 걸 보지도 않고 그냥 아침에 나와 보니 땅을 이만큼 파놓았으니까 "와, 기적이다!" 이렇게 얘기할 뿐이에요.

자기의 시간을 어떻게 보낼 것인가? 보살이 되고 해탈을 하고자 하면 화장하고 옷 사 입는 데 쓰는 시간을 가능하면 적게 쓰도록 하세요. 그래도 쓰고 싶다면 또 쓰면 되는 거죠. 자기 인생을 그렇게 살겠다는데 누가 뭐라고 하겠어요.

청중 9 그런데 그런 규율대로 해탈을 하는 쪽으로 가려고 해도 제 습관들이 그런 쪽이랑 너무 안 맞아서요. 모든 걸 지키려고 하니까 정말 힘이 듭니다.

법륜 그걸 욕심이라고 하지요. 욕심이란 게 딴 게 아니에요. '내가 수행해야지, 해탈해야지' 하는 걸 욕심으로 하고 있다는 거예요. '아, 그것이 내가 좋아서 하는 거다. 이것이 나에게 이익이다.' 이래서 하면 번뇌가 안 생기는데 '좋아 보이니까 한번 해봐야지.' 이렇게 생각하는 거예요. 말하자면 귀고리도 달고 싶은데 또 검소하게도 살고 싶은 거죠. 두 가지를 다 쥐려고 욕심을 부리니까 힘이 들지요. 그렇게 화장을 하고 싶으면 '소박하다', '청렴하다' 는 이미지는 포기해야죠.

청중 9 소박하게 이런 쪽으로 가려면 어떤 마음자세로 가야 하나요? 좀 편안하게 가고 싶은데 지금은 너무 힘든 고행을 하는 기분이 듭니다.

법륜 귀고리 안 하는 게 무슨 고행이야? 귀고리 하는 게 고행이지.

청중 9 귀고리 말고도 좀 절약을 해서 좋은 데 쓰고 싶다는 생각이 들어요. 그래서 사고 싶은 것도 참고 있습니다.

법륜 그것은 고행이 아니에요. 고행은 배가 고픈 게 고행이지, 먹고 싶은 걸 참고 안 먹는 거는 고행이 아니에요. 예를 들어 담배 안 피우는 걸 고행이라고 말하면 그 사람한테는 고행이겠지만, 그건 고행이라 할 것도 없어요. 귀고리 안 달고 화장 안 하고 하는 건 고행이 아니에요. 제가 볼 때는 화장하는 게 고행이던데. 일이 얼마나 많아요?

수행이란 할 일이 없는 거예요. 나를 위해서 특별히 할 일이 없어야 해요. 그러면 저절로 세상을 위해서 많은 일을 하게 돼요. '내가 세상을 위해서 뭘 해야지', '내가 조국 통일을 위해서 뭘 해야지.' 이건 욕심에 가까워요. 그러다 보면 무거운 짐이 되거든요. 모든 사람이 다 뭘 해야지, 뭘 해야지 하면서 힘들어하는 것은 그게 다 결국은 자기 욕구 때문에 하는 거란 말이에요. 그것으로부터 자유로워지면 할 일이 없어져요. 할 일이 없으면 자연적으로 세상에 도움이 되는 일을 할 수 있습니다.

청중 9 그런데 욕심이 잘 안 놓아집니다.

법륜 그러면 들고 계세요. 지금 질문한 사람은 수행을 욕심으로 하는 거예요. 욕심을 내려놓는 게 수행인데, 지금 수행하고 싶은 욕심을 내기 때문에 힘든 거예요.

청중 9 만약 계속 기도를 하면 저도 욕심을 놓을 수 있을까요?

법륜 이럴 때는 내가 욕심을 부리고 있구나, 이렇게 알면 돼요. 왜 욕심을 부리면서 괜히 죄 없는 다리만 자꾸 아프게 만들어요.
 그런데 지금 질문하신 분, '깨달음의 장'에 다녀왔어요?

청중 9 아니요. 아직 깨닫지 못했는데요.

법륜 하하하. 수행이라는 것은 마치 손으로 뜨거운 불덩이를 쥐고는 "앗, 뜨거!" 하면서 내려놓은 것과 같아요. 뜨겁다고 하면서도 "어떻게 놓는데요?" 하면서 묻는 것과 지금 질문하는 거랑 똑같습니다. 사실은 놓는 방법을 몰라서 못 놓는 게 아니라 갖고 싶어서, 놓기 싫어서 못 놓는 거예요. 뜨겁지만 갖고 싶은 거죠. 질문자가 수행을 하고 싶다는 걸 제가 욕심이라고 하는 이유는 그게 정말 뜨거우면 탁 내려놔야 하는데, 그게 갖고 싶으니까 마치 내려놓는 방법을 몰라서 못 내려놓는 것처럼 계속 방법을 묻는단 말이죠. '방하착(放下着)' 하세요. 그냥 놓으라는 것이지요.
 오늘부터 수행을 한다고 하면 뭘 어떻게 해야 하느냐? 이러지 말고 한번 아무것도 안 해보는 거예요. 하는 건 힘들지만 안 하는 것은 쉽잖아요. 오늘부터 화장도 안 해보고, 물건도 안 사보고, 액세서리도 안 해보고, 이렇게 한 달 기한을 정해 놓고 안 해보는 연습을 하는거예요. 그러면 하고 싶은 욕망이 일어나겠죠. 그것을 힘들다고 생각하지 말고 자기 속에서 일어나는 마음의 작용을 관찰하는 겁니다.

'아, 내가 사고 싶은 게 물건이 필요해서가 아니라 사고 싶은 욕구, 허전함이 원인이구나!' 이런 걸 깨달아야 해요. 한 달쯤 시간을 정해 놓고 그 안에는 하늘이 두쪽 나도 물건을 안 산다는 원칙을 지키는 거예요.

이렇게 한번 해보면서 자기 점검을 하면 쉬워요. 그러면 내 카르마에 무엇이 문제구나, 이걸 알고 '아, 내가 앞으로 이걸 꼭 개선해야 내 인생살이에 좋겠다.' 이런 것을 알게 되지요.

하루 종일 즐겁게 살 수 있는 마음

청중 10 부모님을 대하는 태도랑 다른 사람들을 대하는 태도가 달라서 고민이 됩니다. 부모님한테는 살갑게 대하지 못하고 애교도 잘 안 부려요.

제가 자는 동안에 부모님이 얘기하시는 걸 들으니 우리 딸은 좀 애교가 없는 것 같다, 뭐 이런 식으로 말씀을 하시더라고요. 제가 원래 성격이 그렇거나 다른 사람들한테도 그런 식으로 대하면 별 고민을 안 했을 텐데, 다른 사람들한테는 애교도 잘 부리고 살갑게 대하거든요. 왜 부모님한테는 그게 잘 안 되는지 답답해요.

법륜 부모님과 자식 사이에는 어떤 이해관계도 없습니다. 그래서 부모님을 대할 때는 자연스럽고 무의식적으로 대하게 되죠. 부모님께 살갑게 굴지 못한다면 그건 본인의 기본 카르마가 살갑지 못하다는 얘기예요. 다른 사람한테 하는 건 약간 의도적으로 할 수 있는 일이거든요.

부모님께 그러는 것은 어릴 때 부모에 대해 불만이 있다는 얘기예요. 그게 몇 살에 형성됐는지는 모르지만 본인이 기억할 수 있으면 한 일곱 살 이상에서 형성된 거고, 기억을 못하면 좀더 어렸을 때 형성된 거예요. 기억은 못 해도 상처는 남는 거죠. 부모가 싸우는 걸 보았거나 뭘 해달라는 걸 안 해줘서 상처를 입었거나 마음에 상처가 있는 거죠.

이것을 극복하려면 오늘부터 한 100일 정도 하루에 108배씩 절을 하면서 '부모님 저를 낳아 주셔서 감사합니다, 키워 주셔서 감사합니다, 너무너무 감사합니다!' 이렇게 감사 기도를 한번 해보세요. 무엇이든 감사하세요.

그래도 부모님께서 낳아 주셨으니까 이 세상에 사는 거잖아요. '낳아 주셔서 감사합니다, 키워 주셔서 감사합니다!' 하고 감사 기도를 해보세요. 이 감사하는 마음, '아 정말 감사하다!' 이런 마음이 있으면 얼굴이 지금보다 훨씬 밝아져요.

제일 좋은 방법은 아침에 눈 뜨자마자 (박수를 딱 치며 환희에 찬 목소리로) "야, 살았다! 오늘도 살았네!" 이렇게 마음을 내어 하루 종일 즐겁게 살 수 있어야 해요. 이렇게만 늘 자각할 수 있으면 감사하면서, 기뻐하면서 살 수 있어요.

'산 것만 해도 얼마나 행복한가!' 이렇게 생각할 수 있어요. 살았는데 나머지 구차한 거야 뭐 그리 중요하겠어요. 이런 연습을 통해서 카르마 바꾸는 수행을 좀 해야 해요.

화장해서 예쁘게 보이는 게 미인이 아니고, 의도적으로 애교 떨어서 되는 그런 미인이 되지 말고, 그냥 삶 자체로부터 좀 편안한 얼굴, 미소 짓는 얼굴이 나오는 게 좋죠. 그러려면 마음의 상처가 없어야 해요. 마음에 항상 감사하는 마음이 있으면 그게 저절로 나와요.

행복과 불행은 내가 만드는 것

김여진 진정한 행복의 의미에 대해서 한마디만 해주시면 좋겠습니다.

법륜 뭐든지 대상을 좋게 생각하세요. 그러면 누가 좋을까요? 내가 좋죠. 어떤 상황에 처했을 때 긍정적으로 본다는 것, 이건 아무런 사회 비판 의식이 없다는 것과는 성격이 다릅니다. 넘어졌는데 '아이고, 잘 넘어졌다!' 이런 얘기가 아니라 어차피 넘어졌는데 넘어진 걸 갖고 자꾸 문제 삼는다고 넘어진 문제가 해결되지는 않습니다.

넘어졌으면 일어서는 문제에 집중해야 해요. 내가 잘못했으면 '아, 잘못했네!' 깨닫고 '다음부터는 잘못하지 말아야지!' 하면서 일어서서 앞으로 나아가야 합니다. 여러분은 대부분 어떠세요? 넘어지면 '아, 내가 왜 넘어졌을까? 내가 뭘 잘못했을까?' 하면서 넘어진 문제에만 집착한단 말이에요. 그건 뭐예요? 뒤로 가는 거죠. 후회하는 쪽으로.

앞으로 가세요. 이미 넘어졌는데 어쩌겠어요. 이번에 넘어진 걸 참고로 해서 다음엔 안 넘어지면 되는 거죠. 화를 벌컥 냈을 때도 '아, 내가 화났구나' 하고 알아차렸으면 '다음엔 이러지 말아야지. 다음엔 화를 안 내야지. 여기까지는 연습이었어.' 이렇게요.

무슨 말인지 아시겠어요? 다음이 본게임이라 생각하면 여기까지는 연습이 되는 거예요.

이런 관점을 가지면 언제나 앞으로 갈 수 있어요. "이혼을 한번 했다." 이미 해버린 걸 자꾸 얘기하면 뭐 하겠어요. "시험에 떨어졌다." 떨어진 걸 갖고 지금 얘기해서 뭐하겠어요. 그러니까 그런 실패를 경험으로 삼아서 다음에 유리하도록 만들라는 거예요.

계단을 내려가다 넘어져서 다리가 삐었어요.

"아, 재수 없다. 하느님도 무심하시지, 기도해 봐야 소용없네."

이렇게 얘기하는 것은 자기만 부정하는 게 아니라 자기가 믿는 하느님도, 부처님도 부정하고 원망하는 게 돼요. 이미 일어나버린 일을 자꾸 부정적으로 보기 때문이에요.

다리 하나를 삐었을 때 객관적 사실은 어때요? 한 다리는 삐었지만 다른 한 다리는 괜찮잖아요? 이게 객관적 사실이에요. 하나의 객관적 사실을 놓고 부정적으로 보는 쪽은 한 다리 삔 것만 문제 삼아요. 반대로 긍정적으로 보는 쪽은 안 삔 다리를 딱 쥐고 "아이고 그래도 요거는 안 삐었네!" 하는 거죠. 이렇게 긍정적으로 보도록 노력해 보세요.

넘어져서 무릎을 다쳤다면 '무릎이 좀 찢어진 거지 그래도 부러진 거는 아니네.' 이렇게 긍정적으로 봐야 해요. 그래야 우리가 앞으로 나아갈 수 있고 해결책을 찾을 수 있게 되지요.

제가 하는 얘기를 듣고 "아, 스님은 고통을 받아들이라고 하네. 세상을 탓하지 말라고 하네." 이런 내용으로만 듣는다면 그런 뜻만은 아녜요. 여러분이 대한민국 국민으로서 권리를 행사할 거면 행사하라는 거예요. 그건 안 하고 자꾸 불평만 하니까 하는 얘기예요. 어떤 문제에 대해 어떤 대응을 하면 반드시 거기에 대한 부작용이나 반작용이 따릅니다. 그것을 감수하라는 거예요. 그것을 감수하지 않으려고 하니까 제가 선택에 따른 책임을 지라고 하는 거예요. 그렇게 한다면 아무 문제도 없어요.

대한민국이 살기 좋은 나라예요, 살기 나쁜 나라예요? 제가 보기엔 살기 좋은 나라예요. 살 만한 나라예요. 요즘 데모한다고 감옥 안 가잖아요. 또 감옥 간다고 해도 옛날처럼 죽이지는 않잖아요. 그럴 거면 한번 싸워 볼 만하잖아요. 죽지도 않는데 뭐가 겁이 나요? 싸움을 한들 뭐가 겁이 나느냐고요?

너무 안일하게 인생을 사니까 지금 피곤한 거예요. 저는 시골을 다녀 보면 농사를 지어도 좋겠고, 그냥 거기서 놀아도 좋겠구나, 하는 생각이 들어요. 정말 할 게 많더라고요. 방에 앉아가지고 한탄만 하고 보낼 이유가 뭐가 있어요. 이 기회에 운동을 열심히 하든지, 등산을 열심히 하든지, 시골에 가서 여러 가지 경험을 해보든지, 사회봉사를 하든지, 뭐든 하세요. 찾아보면 할 일이야 엄청나게 많습니다.

자기 삶이 어떻게 주어졌든, 주어진 조건에서 삶을 풍요롭게 만드는 노력이 필요합니다.

법륜스님이 생각하는 행복이란

행복도 내가 만드는 것이네.
불행도 내가 만드는 것이네.
진실로 그 행복과 불행
다른 사람이 만드는 것 아니네.

_ 불교 경전 중에서

다섯 번째 꿈, 도전

윤명철

탐험가, 사학자, 해양문화연구소 소장
저서 《생각의 지도를 넓혀라—광개토 태왕 코드 27》
《말타고 고구려가다》, 《역사전쟁》, 《고구려는 우리의 미래다》,
《광개토태왕과 한고려의 꿈》, 《장수왕 장보고 그들에게 길을 묻다》 외 다수

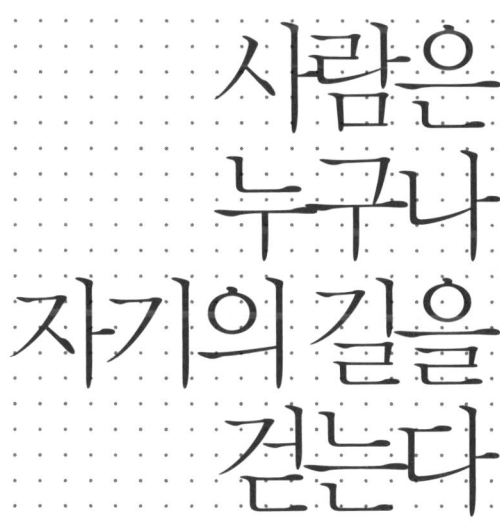

사람은
누구나
자기의 길을
걷는다

도전
멘토
윤명철

'탐험'은 음험하다. 서구가 지배한 이 단어는 문명과 미개를 구획하고, 문명 아닌 것을 정복하고자 한다. 마지막 탐험가라 불리는 알린 스벤 헤딘(1865~1952)이 "죽을 고비를 넘기며 왜 계속 탐험을 하는지 이상하게 여길 것이다. 미지의 땅을 정복하고 불가능에 도전하는 것만큼 내게 매력적인 것은 없다"고 자서전에 남긴 말 그대로다.

이제 '탐험'은 낡았다. 온라인에 낯선 마을의 고샅까지 비치므로, 마침내 떠난 여행은 타인의 블로그 후기를 확인하는 일에 불과해진다. 세계가 집마당처럼 훤해졌다.

그러니 누군가 뗏목을 타고 중국 저장성을 출발하여 흑산도를 지나고 24일만에 인천에 닿았다면, 또 누군가 말을 타고 43일간 쉼없이 옛 고구려 땅을 질주했다면, 거듭 뗏목을 몰아 중국서 일본의 큐슈까지 항해했다면……. 기어코 돈키호테와 늙은 말 로시난테의 무모함과 촌스러움만 떠올릴 것인가.

발품이 하나하나 활자화한 책들을 보면 입장이 달라질 것이다. 《동아지중해와 고대일본》,《고구려 해양사 연구》,《장보고의 나라》,《역사전쟁》,《광개토태왕과 한고려의 꿈》,《장수왕 장보고 그들에게 길을 묻다》,《생각의 지도를 넓혀라》 등등.

동국대 교수다. 전공은 고구려사, 부전공이 탐험이라 할 만하다. 줄이자면, 교수의 탐험은 먼 역사에 대한 실증을 욕망한 결과이고, 하여 도전이다.

2003년 중국~일본 2,700킬로미터 뱃길 탐험 때 한 저널은 기록하고 있다. "직경 20센티미터의 대나무 56개를 2개의 층으로 엮은 12.5미터 길이의 뗏목이 바람을 받았다. 두개의 돛엔 '장보고'란 이름 석 자가 한글과 한자로 써 있었다. (……) 5번의 폭풍과 1번의 태풍, 1번의 파랑주의보를 만났다. 동중국해 · 황해 · 남해 · 제주해협 · 일본 앞바다 등 5개의 바다를 건너며, 물길을 잘못 들어 빙글빙글 돈 것만 다섯 번이었다고 한다." 고대 해상무역로를 확인한 대가다.

교수는 "백문이 불여일견, 백견이 불여일행"이라 말한다. 온라인 기반의 세계에서 듣고 보는 것만으로 지식이 확장된 듯한 착시에 맞선다.

"위험을 무릅쓰고 왜 도전하시는 겁니까?"

"사람은 쉽게 잊어버려요. 수행자들이 여러 번 고행하는 것도, 하고 나면 다 잊어버리기 때문입니다. 그런데 사실은 본인이 좋아서 하는 것이기도 하지요."

교수의 탐험은 낭만과 폭력이 배제된, 지식을 완성하는 태도로 정리될 만하다. 그의 말따마나 "역사는 외우는 것이 아닌, 진실을 있는 그대로 보는 것이다."

그러니 질문은 탐험과 역사를 종횡한다. 표류기에 들뜨고, 고대로 올돌했던 해양문화를, 기마민족적 세계관을 확인하며 웃는다. 문답은 그것을 부정하는 중북의 동북공정, 일본의 역사왜곡으로도 확장한다.

1954년도에 태어나 동국대 · 성균관대에서 공부했다. 사학자뿐만 아니라, 탐험가, 해양문화연구소장으로도 불린다. 사랑도, 행복도, 평화도 도전해야 가능하다. "인간은 반드시 극복할 수밖에 없어요. 완전하냐, 아니냐의 차이만 있을 뿐입니다." 망망대해에서 손짓하는 노 교수의 얘기다.

한국의 인디아나 존스, 나는 고구려인이다

김여진 오늘 모실 윤명철 교수님은 현재 동국대학교 교양교육원 교수님이자, 해양문화연구소 소장님으로 계십니다.

'한국의 인디아나 존스'로도 불리시는데, 실제로 이분이 하셨던 일들을 조금만 들여다보면 인디아나 존스보다 더하면 더하지 결코 덜한 분은 아니신 것 같아요. 이 시대의 진정한 탐험가, 모험가라고 할 수 있지요.

워낙 다방면으로 활동하고 계시지만, 가장 대표적으로는 고구려 전문가라고 말씀드릴 수 있습니다.

그렇다면 고구려 시대를 살았던 젊은이들은 어땠을까 궁금한데요, 저희는 〈주몽〉 같은 드라마 등을 통해서 그려 볼 수밖에 없거든요. 고구려 젊은이들의 정신과 일상에 대해 소개를 해주시지요.

윤명철 저는 고구려 젊은이들이 다른 시대의 젊은이들과는 달랐다고 봅니다. 주몽이나 광개토태왕을 비롯하여 제가 연구한 고구려 사람들은 남다른 점이 있어요. 단순히 역동적인 것만을 추구하는 것이 아니라 깊게 사유하는 측면이 있지요. 고구려의 문화예술품을 보면 본능적으로나 직감적으로 그런 느낌을 받아요. 거친 야성과 섬세한 감성, 사물을 논리적으로 분석하는 능력까지 두루 갖추었다고 할 수 있습니다.

가령 평안도 지방에 남아 있는 강서대묘의 사신도를 보면 청룡과 백호도는 역동적인 야성을, 주작도는 그 움직임 속에서 절제된 감성을, 단단하고 안정적인 거북의 등에서는 지성을 느낄 수 있지요. 만주의 집단시에 있는 춤무덤에서 볼 수 있지만 산등성이를 달리는 말 위에서 몸을 뒤로 젖히면서 호랑이와 사슴에게 화살을 날리는 청년을 보세요. 단순한 근육질이 아니라 사유가 느껴지는 고결하고 단아한 표정을 짓고 있어요. 이처럼 고구려인들은 육체적 강인함과 정신적 깊이를 함께 갖춘 것 같아요.

한마디만 덧붙이자면, 고구려인에 대해 이제껏 우리가 스스로 내린 평가는 없습니다. 모두 중국인의 기록이지요. '흉폭하다', '호전적이다', '교만하고 방자하다', '성질이 급하다', '기력이 세다' 등등의 표현들이에요. 이것이 중국인들이 본 고구려인의 모습입니다.

이런 말들을 뒤집어 생각해 보면 고구려인들이야말로 가장 멋진 삶을 산 사람들, 적극적으로 자기 삶을 사는 사람들이 아닐까 생각합니다. 이런 것들을 저는 '자유의지'라고 표현합니다.

동중국해에서 타타르 해협까지, 만주에서 말 타고 43일

김여진 교수님은 학자시지만 말을 타고 43일간 고구려인들처럼 여행을 다니셨습니다. 가셔서 연구하고 유물만 살핀 게 아니라 실제 고구려인들이 어떤 기상을 가졌는지 더 깊이 알기 위해 몸소 체험을 하셨지요. 당시 여행했던 이야기 좀 들려주세요.

윤명철 저는 어려서부터 "역마살이 끼었다"라는 얘기를 자주 들었어요. 그래서 어른들은 제가 밖으로 나돌아 다니는 것을 우려하셨지요. 원래 고구려인이나 우리 민족은 말 타는 사람들이잖아요. 그러니 생물학적으로도 제게 역마살이 낀 것은 당연하겠죠. 저는 다리도 약간 안짱다리예요. 말을 타기에 유리하죠.

고구려 연구로 박사 학위를 받은 후 고구려인들처럼 말을 타고 싶었어요. 그런데 아시다시피 우리나라에서는 어디 말을 탈 데가 있어야지요. 말 타고 달려가다 보면 바다 속으로 풍덩 빠지잖아요.

결국 만주로 갈 수밖에 없었어요. 사실은 말을 타려고 시작한 게 재미 삼아서가 아니라 '도대체 고구려 사람들은 말을 타고 세계를 어떻게 인식했을까?' 그걸 알고 싶었지요.

말 타는 사람과 말을 타지 않는 사람은 세계관이 달라요. 같은 차라도 버스를 타는 사람과 4인승 SUV를 타는 사람이 인식하는 시간과 공간 개념이 다르듯 말이에요.

그래서 저는 말을 타는 고구려인은 백제나 신라 사람과 다른 점이 있었을 거라고 생각했어요. 생활반경에도 엄청난 차이가 있지만, 기마군단을 활용하니 전투방식도 당연히 다르죠. 면과 선, 색에 대한 감각이 남달라요. 예술품도 다르고, 정치 구조도 질적으로 다르죠. 그걸 제가 직접 확증하지 않고 어떻게 고구려를 얘기할 수가 있었겠어요.

말 타는 게 쉬워 보이는데 사실 만만하지는 않습니다. 어려워요. 그런데 저는 이상하게 잘 탔어요. 처음에 올라타면서부터 막 달렸거든요. 그때 '아, 이건 유전인자로구나!' 하고 느꼈어요.

하지만 시간이 갈수록 다리가 쓰라리더니 나중에는 참기 힘들 정도가 됐어요. 처음 말을 타는 사람들은 오래 타다 보면 허벅지 살이 파이면서 피도 나거든요.

그래도 계속 강행군을 했는데 나중에는 새로 박은 말편자가 빠지더라고요. 말도 지쳐서 걷기 힘들어 반항할 정도였죠. 그처럼 지독하게 여행을 다녔습니다.

김여진 교수님께서는 40여 일 동안 만주를 다니면서 옛 고구려인들이 보았던 세계를 보셨는지요? 그리고 삼면이 바다로 막힌 반도에서 태어나 평원이라고는 한 번도 본 적 없고 당연히 말도 타본 적이 없는 우리 젊은이들이 그런 고구려인의 세계를 이해할 수 있을까요?

윤명철 저는 모든 인간은 누구나 최소한 2가지 능력은 상속받고 태어난다고 생각합니다. 하나는 부모를 통해서 조상들의 생물학적인 능력을 물려받죠. 또 하나는 역사입니다. 지금처럼 우리가 잠시 잊어버리거나 잃어버릴 수는 있지만 말이에요.

하지만 본능은 살아 있어 어느 때 계기만 만나면 금방 불씨가 되살아나 들불처럼 활활 타오르게 됩니다. 삶에서 다양한 경험을 하고, 꾸준하게 공부하고, 늘 생각을 하면 그런 기회를 잡을 수 있어요.

만약 여러분도 어떤 형태로든지 고구려를 직접 체험한다면 유전자 속에서 오랫동안 동면해 있던 고구려인의 세계를 이해할 수 있을 겁니다. 고구려인의 특별한 기질들이 다시 발동하게 되고, 그때 여러분은 자신 있게 세계를 만나 자유로운 사고를 갖고, 삶을 멋지고 주체적으로 살아갈 수 있게 될 겁니다.

김여진 몇 년 전 고구려 답사를 다녀온 사람들의 말을 들어보면 중국인들의 감시가 심해서 불편했다더군요. 혹시 그런 일은 없었나요?

윤명철 당시 저는 23일 정도 말을 타고 다녔습니다. 나머지는 기차를 타고 요동으로 건너갔고, 차로 백암성, 안시성, 건안성, 비사성, 석성, 박작성 등을 답사했지요. 그 무렵에는 아직 우리나라 사람들이 거의 오지 않을 때라 말을 타고 다닐 수가 있었지요.

시골에서는 주로 말을 타고 다녔고, 또 때로는 시내를 통과하기도 했어요. 공안(중국 경찰)들도 설마 외국인들이 이런 무모한 여행을 할 것이라고 짐작이나 했겠어요?

그러던 어느 날 늦은 저녁, 산골마을을 통과하다 동네 청년에게 붙잡혔지요. 중국말을 잘 몰라 고삐를 붙잡는 그 사람에게 무조건 "팅부통(모른다)"만 되풀이했죠.

당시에 별 탈 없이 풀려났는데 나중에 생각해 보니까 아마 우리가 말을 훔쳐서 달아나는 줄 알았다가, 외국인이니까 그대로 놓아 준 것 같아요.

또 한 번은 고구려의 첫 수도라고 알려진 환인에 들어갔을 때였어요. 저녁 무렵 정말 녹초가 돼서, 말은 시내 밖에 있는 어느 집에 묶어 두고 시내로 들어갔지요.

그런데 금방 직원이 호출을 하는 거예요. 사무실 안에 들어가니 공안, 외사과 직원, 문물관리소 직원들이 모여 있다가 이것저것 묻는 거예요.

혹시나 이런 일이 있을 줄 알고 저는 출발 전에 여행사 부사장 명함을 만들어갔지요. 여행 코스를 개발하러 온 것처럼 위장한 것이지요.

그런데 문물관리소 직원이 "당신, 작년에도 왔지 않냐"라고 묻더군요. 사실은 그 전 해에 신문사에서 100명이 넘는 한국인들을 데리고 고구려 유적답사를 왔었거든요. 제가 그때 현장에서 강의를 했는데, 당시 공안이나 문물관리소 사람들이 저를 봤던 거예요.

결국 우린 여권을 빼앗겼고 다음날 경찰서로 오라고 하더군요. 중국 경찰서에서 심문 아닌 심문을 몇 시간 받고 우여곡절 끝에 풀려났습니다. 운이 좋았지요. 풀려나자마자 말을 타고 요령성에서 길림성으로 산길을 넘었지요.

김여진 교수님께서는 '고구려 해양사'로 박사학위를 받으셨어요. 말을 타고 달리는 고구려인은 상상이 가지만 해양 활동을 했던 고구려인은 좀 낯선 이미지입니다. 교수님께서는 고구려인의 해양 활동 루트를 따라 뗏목을 타고 내려온 적도 있으시죠? 고구려와 바다의 관계에 대해서 말씀해 주세요.

윤명철 일본인들이 만든 '한반도'라는 말을 듣고 자라다 보니 우리 스스로 반도 민족이라는 생각을 하게 될 때가 있어요.

반도 민족이라면 삼면이 바다로 이루어져 있으니 당연한 일이지만 해양 활동이 활발했다고 생각하고, 또 그렇게 배워야 하잖아요. 그런데 우린 해양 활동에 대해서 특별하게 배운 적이 없습니다. 임진왜란 때 왜적을 궤멸시킨 이순신 장군이나, 김대중 정부 때 청해진 유적지를 발굴하면서 부각된 장보고 정도만 알고 있지요.

그러나 이것이 전부가 아닙니다. 이 땅에서는 아주 오래 전부터 해양 활동이 활발하게 이루어졌습니다. 그리고 실제로 고려 이전 역사를 보면 우리나라는 반도 국가가 아니에요. 우리나라는 한반도와 대륙을 포함한 육지 영토를 가지고 있었어요. 뿐만 아니라 우리 바다는 서해, 남해, 동해, 나아가 동중국해와 타타르 해협까지 포함되었어요.

그러니까 우리 민족의 역사 활동 무대는 바다와 육지, 그것도 한반도와 만주 전체를 포함하는 유기적인 '터' 입니다. 저는 이런 역사관을 '해륙 사관' 이라고 부릅니다.

원래 우리 민족에게는 사물을 바라보거나 판단할 때 모든 것들을 연결시켜 유기적으로 보고, 궁극적으로는 합일을 지향하는 속성이 있습니다.

우리 민족의 경우 육지 정책과 해양 정책만이 아니라 해륙 정책을 동시에 구사해야만 국가 발전 전략을 정확히 구사할 수가 있어요. 또 수도를 비롯한 중요한 도시들은 강과 바다가 만나는 접점에 있어야 해요. 서울, 개성, 평양, 부여 모두 항구 도시들이잖아요.

이런 동아지중해적 환경에서 해륙 정책을 구사해야 한다면 어느 나라보다도 고구려로서는 육지와 함께 해양 정책을 활용했다고 생각합니다. 해양 분야를 연구한 학자로서, 저는 고대에 해양 활동이 가장 발달했고, 국가 정책에 효율적으로 활용해서 성공했던 나라가 고구려라고 생각합니다. 그중에서도 광개토태왕 시대가 가장 활발했죠.

광개토태왕은 첫해에도 수군을 동원했지만, 396년에 대규모 수군을 거느리고 백제를 공격해서 58개의 성을 점령했습니다. 그리고 백제왕의 항복을 받았죠. 그 수군들 가운데 1로군은, 아마 광개토태왕이 직접 지휘했을 것 같은데, 강화도로 진입해서 한강을 거슬러 올라왔을 겁니다.

그러니까 지금 자유로 강변북로와 올림픽도로를 양쪽으로 보면서 진격한 거죠. 2로군은 인천상륙작전을 성공시켰습니다. 그렇게 보면 인천상륙작전을 처음으로 성공시킨 사람은 맥아더가 아니라 광개토태왕이 되는 것이지요. 이게 역사입니다. 3로군은 남양반도로 상륙해서 동탄 분당 성남을 거쳐 하남시 일대로 갔습니다. 이렇게 입체적으로 왕성을 압박했지요. 지금 천호동 일대예요. 결국 수군과 해병대를 동원해서 완벽하게 서울 지역과 경기만을 장악한 겁니다.

고구려는 전성기에 서쪽으로는 대전까지, 중부는 충주 이남까지 내려갔어요. 일시적이지만 장수왕 때는 현재 포항 시외까지가 고구려 영토였어요. 동해 중부의 해상과 서해 이북의 해상을 고구려의 영해로 삼았죠. 울릉도와 독도는 고구려인들이 일본 열도로 항해할 때 항해상의 물표로 삼았던 곳이에요.

더구나 당시 국제관계를 놓고 볼 때 고구려가 중국과 교류하려면 뱃길을 이용하지 않고는 불가능했을 거예요. 아니, 오로지 뱃길로만 가능했을 겁니다. 특히 중국이 남북조로 분단되었을 때는 남북조와 동시에 등거리 외교를 추진해야 하는데 해양력이 없다면 어떻게 가능했겠어요? 또 일본 열도로 진출해서 외교 관계를 맺고 물건들을 수출할 때 해양력 없이 어떻게 가능했겠습니까? 당연히 고구려의 해양 활동은 초기부터 발달할 수밖에 없었을 겁니다.

고구려 때뿐 아니라 원래 우리는 해양 문화가 발달했어요. 저는 한국해양사로 학문을 시작했는데, 이 분야를 공부하면서 우리 민족이 참 역동적인 민족이라는 생각이 들더군요.

선사시대부터 해양 활동이 활발해서 바다를 넘어 다녔습니다. 기원을 전후한 시대에는 동아지중해의 서쪽 바다는 하나의 항로로 계속 이어졌습니다. 고구려는 3세기 중반쯤에 양자강 유역에 있던 오나라의 손권과 군사동맹을 맺고 군수물자인 말을 수출하기도 합니다.

439년에는 장수왕이 무려 800필에 달하는 말을 역시 양자강 하구, 지금의 남경인 송나라에 보내지요. 그 외에도 놀랄 만한 해양 활동을 많이 했습니다.

통일신라, 발해, 고려는 선박을 효율적으로 이용하는 무역 국가였습니다. 13세기 후반에 왜구가 등장하기 전에는 우리가 이 바다를 장악했었지요.

그동안은 사실 해양에 관한 연구가 없어서 우리가 몰랐을 뿐이죠. 지금까지 우리는 이 바다를 활동의 무대로, 또는 다른 세계로 진출하는 교두보로 본 것이 아니라 그저 우리를 포위하고 가두는 존재로만 생각했던 겁니다.

뗏목은 뒤집히지 않는다

김여진 우리 민족과 바다는 역사적으로 그 관계가 깊군요. 사실 교수님이 뗏목을 타신 것도 우리 민족과 바다의 역사적 관계를 증명하기 위한 노력이었을 텐데요. 처음에 언제, 어떻게 뗏목을 타기 시작했는지 궁금합니다.

윤명철 대학 시절에 탐험부에서 활동을 했어요. 처음에는 동굴 탐험을 했습니다. 그러다 일본 대학생들과 합동 탐험을 했는데, 그때 큰 자극을 받았지요. 일본 학생들이 일찍부터 전 세계를 누비는 이야기를 듣고 무척 놀랐거든요. 우리말로 하면 배낭족이죠. 그때 자극을 받고 뗏목을 타기로 결심했어요.

　1976년에 낙동강을 시작으로 우리나라 큰 강들을 뗏목으로 탐사하게 되었습니다. 그러다가 1981년부터는 바다로 나가기 시작했어요. 1982년에는 대한해협에 도전했다가 실패해서 33시간 만에 구조되기도 했고, 1983년에는 대마도를 경유해 일본 규슈의 서쪽인 고토(五島) 열도까지 항해했습니다.

　1996년에는 절강성에서 산동성의 장보고 활동지까지 16일간 항해했고, 1997년에는 절강성에서 인천까지 뗏목 항해를 했습니다. 그리고 2003년에는 뗏목 장보고호로 산동성을 출항해서 인천, 완도, 제주도를 거쳐 일본 규슈까지 43일간 항해했습니다. 중간에 10일 정도는 휴식하면서 정비를 했지요. 역사학자이기에 앞서 저는 정식으로 탐험을 배운 사람입니다. 사실은 1986년에 한국탐험협회도 창립을 했지요.

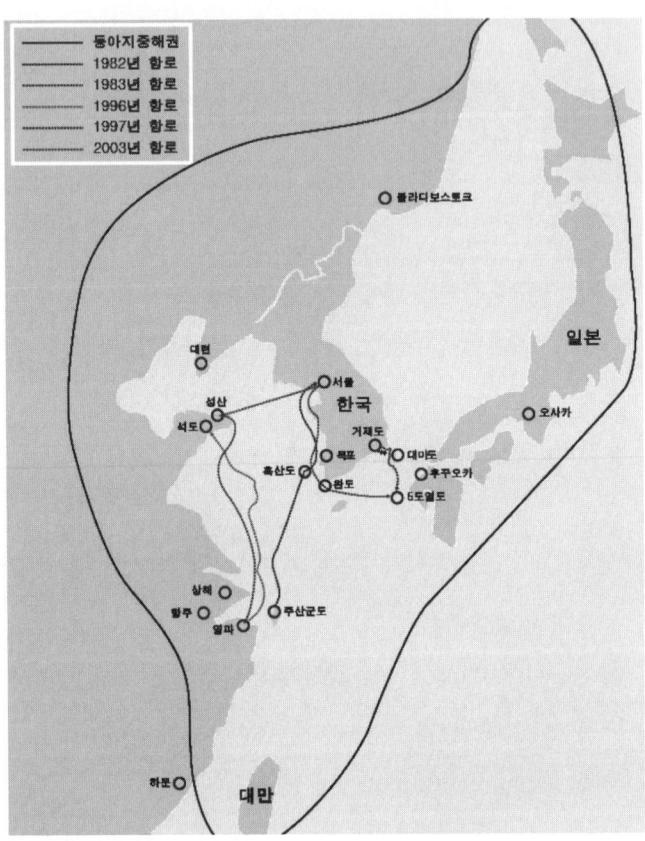

▲ 1982년, 1983년, 1996년, 1997년, 2003년도 뗏목 탐험 항로도. 윤명철 교수에게 뗏목을 타는 것은 단순한 모험이 아니라 목숨을 걸어야 하는 도전이었다.

김여진 저는 탐험가는 책에만 나오는 줄 알았어요. 그런데 왜 하필 뗏목을 선택하셨어요? 대나무 몇 개를 엮어서 만든 뗏목에 펄럭이는 깃대 하나 꽂고, 뗏목 위로 바닷물은 계속 철렁철렁 들어오잖아요. 태풍이라도 불면 바로 뒤집힐 것 같은데요.

윤명철 뗏목을 선택한 첫 번째 이유는 역사 문제와 관련이 있습니다. 당시 일본 총리는 나카소네 야스히로였어요. 이 사람이 집권하면서 일본 역사 교과서가 왜곡되기 시작했습니다. 그래서 선사시대부터 일본 문화가 우리 지역에서 건너갔다는 사실을 입증하기 위해서 뗏목 탐험을 시도한 겁니다. 그때 전 대학원생이었는데 그 과정을 통해 일본에 있는 학자들과 인연을 맺기 시작했어요.

　두 번째 이유는 제 탐험 의지가 유별나기 때문이라고 할 수 있을 텐데요, 일종의 내적 충동이라고 할 수 있겠네요.

　세 번째로 말씀드리는 것이 가장 큰 이유라고 할 수 있는데, 제가 뗏목을 탄 것은 단순히 탐험만을 위해서는 아니었어요. '우리 민족의 고유한 사상을 어떻게 논리적으로 설명할 수 있을까?', '내가 이론적으로 공부한 것을 어떻게 실제로 체험할 수 있을까?' 하는 고민에서 출발한 거예요. 당시 저는 우리 민족의 세계관을 가장 실증적으로 보여 주는 게 뗏목이라고 생각했어요.

　실제로 우리나라 사람들은 세계를 변증법적으로 보았습니다. 또한 사물은 모두가 이어져 있는 하나의 존재이고, 함께 더불어 살아가야 한다는 생각을 가졌고, 곳곳에 이런 생각을 표현했습니다. 그런 삶을 실천하기를 절실하게 원했던 까닭이죠. 뗏목을 통해서 우리 문화의 이러한 논리와 정신을 보여 주고 싶었어요.

그러니까 제가 뗏목을 탄 행위는 단군신화를 재현하는 행위였다고 할 수 있습니다. 그래서 뗏목 이름도 '해모수'라고 지었어요. 해모수는 젊은 단군을 의미합니다.

제게 뗏목은 우리 고대 사상을 표현하는 상징물이라 할 수 있습니다. 뗏목을 타는 것은 단순한 모험이 아니라 일종의 퍼포먼스였어요. 그러니까 제 목숨을 걸어야 하는 도전이었어죠.

조금 전에 태풍에 대해 말씀하셨는데요, 늦은 봄부터 여름 사이에 바다를 항해하는데 왜 태풍을 안 만났겠습니까. 태풍 두세 번 만나는 건 특별한 일도 아니지요. 1996년에는 바다에서 16일간 실종되기도 했어요.

김여진 당시 신문 기사에도 16일간 바다 한가운데서 실종이 되셨다고 나왔는데요. 그 기간 동안 어디 계셨어요?

윤명철 신기한 게 바다에서 태풍을 만났는데요, 그래도 뗏목은 뒤집히지 않았어요. 가랑잎이 파도가 높이 친다고 뒤집힙니까? 뒤집히지 않잖아요. 표면장력이라고 얘기할 수 있지요.

또 하나는 제가 바다에 있을 때, 탐험을 할 때에는 나와 바다는 말 그대로 정(正)과 반(反)의 관계입니다. 갈등의 관계이고, 대립의 관계이고, 행(行)하는 자와 당(當)하는 자의 관계가 될 수 있어요. 하지만 뗏목이라는 제3의 매개체가 끼어들면 바다와 나는 하나가 됩니다. 뗏목이 바닷물 자체가 되는 겁니다. 우리 민족이 지향해 온 변증법입니다.

그런데 1996년에는 태풍을 만나 표류하다가 그만 우리나라 근해로 접근할 기회를 놓쳤습니다. 그래서 목표를 산동지방의 장보고 유적지로 잡았지요. 그런 다음 마냥 올라갔습니다. 당시는 무풍지대가 계속돼서 정말이지 지루하게 북상했지요.

하지만 우리의 행적을 누구에게도 알릴수가 없었어요. 당연히 우리나라와 중국에서 난리가 났지요. 당시 사람들은 배가 파손되었거나 우리가 죽었다고 생각했어요. 우리나라에서는 해군과 공군에서 수색작업을 벌였고요.

그런데 당시 우리는 여유롭게 산동성의 장보고 유적지 모야도 9킬로미터 앞까지 자력으로 나아갔지요.

김여진 아, 그럼 표류가 아니라 연락두절이었군요? 만약 태풍이나 큰 바람을 만나면 어떻게 되나요?

윤명철 물론 위험합니다. 바다 한 가운데서 맞는 태풍과 파도는 상상할 수 없을 정도로 위험하지요. 영화와는 다릅니다. 어느 때는 수만 마리의 청색 말들이 질주해 오는 것 같습니다. 이론상으로 뗏목은 적어도 심한 역파나 삼각파가 아닌 한 전복될 가능성은 별로 없어요. 물론 그 외에 다른 요인 때문에 부상당하거나 희생당하는 일은 있습니다.

1997년도에는 한 대원이 처음에 노키에 찌여서 손가락이 돌아갔어요. 부지런히 응급처치를 했는데도, 나중에는 손가락이 썩어 들어갔지요. 다행히 흑산도에 도착한 후 제대로 치료를 받을 수 있었고, 이후 성형수술을 받았지요.

예전에는 뗏목은 전복될 가능성이 없다고 단언했지만, 지금은 그렇게 단정적으로 말하기는 어렵네요. 1998년에 '발해 1300호'가 전복되면서 전원이 희생되었거든요. 그 이후에는 뗏목이 전복될 가능성이 전혀 없다는 말은 안 하지만, 기본적인 구조는 그렇습니다.

김여진 발해 1300호는 사람들에게 잘 알려지지 않았는데요, 좀 자세히 알려주세요.

윤명철 정말 안타까워요. 죽은 이들도 안타깝지만, 사람들에게 이 내용이 거의 알려지지 않았다는 사실이 너무 안타까워요.

1998년은 발해가 건국된 지 1,300주년이 되는 해였어요. 그런데 우리나라 사람들은 발해가 어떤 나라인지도 잘 모르고 있어요.

중국이 동북공정을 추진하고, 이것이 2003년 하반기에 공개되면서 엄청난 파장이 있었습니다. 그런데 그때까지 우리 학계에서 발해사로 박사학위를 받은 사람이 단 3명밖에 없었어요. 저로서도 잘 이해가 안 되는 일지만 이것이 우리 현실이에요.

이런 현실을 안타깝게 생각하던 사람들이 발해의 역사를 국민에게 알리려고 나섰습니다. 팔을 걷고 나섰지요. 장철수 씨가 대장을 맡았고, 울릉도 출신인 이덕영 씨가 선장을 맡았습니다. 여기에 이용호 씨와 임현규 씨가 가세하여 총 4명이 탐험을 시작한 겁니다.

그들은 뗏목 이름을 발해 1300호라고 붙였습니다. 그런 다음 1997년 12월 31일 블라디보스토크 항을 출발했지요. 부산을 목표로 했지만 울릉도 부근에서 방향을 바꿔 동진을 시작했습니다. 그리고 25일째인 1월 24일 새벽, 오키 제도의 도고 섬 해벽에서 좌초되었어요. 4명의 대원은 현장에서 유명을 달리했습니다. 대장

▲ 1997년에 상륙한 동아지중해호. 상륙하면서 선체가 많이 부서졌다.

▲ 흑산도 뒷편 해안 상륙 사진.

▶ 2003년 일본 규슈 고토 열도의 나루시마에 43일 만에 도착한 장보고호.

과 선장은 우리 회원이기도 했지요.

당시 저는 항해 도중에 두 번 무전으로 교신했어요. 연락을 받고 우리 대원들이 곧장 현장으로 갔는데, 시신을 거의 찾을 수 없을 정도였지요. 이 사건으로 사람들이 발해에 관심을 갖게 되긴 했지만, 대체적으로 탐험대가 무모했다느니, 왜 한겨울에 항해를 떠났느냐는 비난을 들었지요.

원래 발해인들은 한겨울에 북서풍을 타고 일본 열도로 항해했어요. 발해 1300호는 항해 거리가 무려 1,290킬로미터였고, 항적은 우리가 항해 일지를 추적해서 복원했죠. 결국은 학술적으로도 발해 항로의 중요한 부분을 복원한 겁니다.

그럼에도 불구하고 우리나라 학자들은 이 도전과, 여기서 얻은 항해 활동 등에 대해 전혀 언급하지도, 자료를 활용하지도 않고 있습니다. 정말 안타까운 현실이죠.

김여진 여러 가지 의미로 안타까운 일이네요. 그럼, 이제 분위기도 전환할 겸 화제를 돌려볼게요. 혹시 탐험 중 재미있거나 신기한 일들은 없었나요?

윤명철 사람들이 이런 질문을 많이 해요. 뗏목에서 밥은 어떻게 먹느냐고요. 보통은 밥을 지어 먹습니다. 찌개는 자주 끓이는 편이고, 반찬은 김치부터 김이나 참치 캔을 주로 이용해요. 그물에 담아 물속에 담가 놓았던 생선을 손질해서 매운탕도 만들어 먹고, 더울 때는 냉면도 만들어 먹습니다.

우리나라 중국 현지에서 장을 본 다음에 잘 꾸려서 뗏목 밑과

천장 그리고 내부에 적재합니다. 물은 보통 20리터짜리 플라스틱 통을 이용하죠. 역시 시원해지라고 원두막처럼 된 오두막 밑에 묶어둡니다. 거긴 늘 물이 출렁거리거든요.

파도가 잔잔할 때는 먼 수평선을 바라보면서 물에 발을 담그고 먹기도 합니다. 기분 좋을 것 같죠? 네, 기분이 진짜 좋아요. 마치 낭만적인 영화의 한 장면 같지요. 그러다 진짜 심각한 상황이 되면 초코파이, 어포, 사탕 같은 걸 적당하게 나누어 비닐에 넣어 한 끼씩 포장해 놓은 다음 그걸 식사 대신 먹으면서 노를 젓거나 야간 작업을 하죠.

그런데 가장 어려운 것이 화장실 문제예요. 바다에서 '큰 일'을 보는 일은 거의 목숨을 거는 것과 맞먹죠. 평상시엔 괜찮아요. 그런데 파도가 치잖아요? 글 쓰는 사람들이 보통 '집채만 한 파도'라고 표현하는데, 저는 대한해협을 건널 때 그건 잘못된 표현이라고 느꼈지요. 집채만 한 파도가 아니라 산맥이 몰려옵니다. 이런 상황에서도 '큰 일'을 봐야 할 경우라면 어떻게 하겠습니까? 목숨을 걸어야 하죠. 뗏목에서 떨어지면 그냥 죽는 거예요. 뗏목은 후진이 안 되기 때문에 놓치면 그걸로 끝입니다.

김여진 보통 우리가 생각하는 것과는 다른 어려움이 있군요. 그럼 재미있는 일은 없었나요?

윤명철 1996년에는 방어 새끼들을 많이 잡았어요. 거의 무풍 상태라서 아주 느릿느릿 중국의 산동성 해안을 항해할 때였죠. 어둠이 내리고 바다가 깜깜해지면 소리가 정말 잘 들려요. 물결소리, 바람소리

그리고 때때로 물고기 소리까지 별별 소리가 다 들리지요. 뗏목을 한 달 이상 물에 띄워 놓았기 때문에 해초들이 자라서 너울거리고 그 틈새에서 작은 생명체들이 사는 거예요.

거기에 방어 새끼들이 수십 마리씩 모여서 우글거리면, 물소리도 나고 자기들끼리 몸뚱이를 부딪치는 소리까지 가세해서 정말 시끄러워서 잠을 잘 수 없을 지경입니다. 그래서 낮에는 모기장을 뜯어 뜰채를 만들어서 방어 새끼를 낚아 잡아먹은 적도 있지요. 또 1997년에는 파도가 하도 세게 치니까 큰 방어 두 마리가 물결에 부딪혀 뗏목 위로 뛰어 올라왔어요. 그때 우리 대원이 날쌔게 덮쳐 포식을 한 적도 있습니다.

김여진 가끔 해외 토픽에 요트로 대서양이나 태평양을 횡단했다는 이야기를 보게 되는데요. 그것도 대단한데, 뗏목으로 바다를 항해하는 것은 아무나 할 수 있는 일이 아니죠. 북극점 도전이나 에베레스트 정복보다도 상상하기 힘든 도전이 아닐까 싶습니다. 평범한 젊은이들도 이런 도전을 할 수 있을까요? 그리고 만약 시도한다면 어떤 가치가 있을지, 그리고 교수님께서는 뗏목 탐험이라는 모험과 도전을 통해 무엇을 얻으셨는지 알려주세요.

윤명철 인간이란 신기한 존재여서 어떤 상황에 놓이더라도 거의 대부분은 시련을 극복할 수 있다고 생각합니다. 죽지 않으려면 해결할 수밖에 없지요. 간단합니다. 만약 그렇지 않으면 어떻게 되겠습니까? 그냥 포기하고 죽나요?

여러 과정과 시련을 겪으면서 능력이 더 발휘되고, 더 강해지고, 용기가 생기게 됩니다. 이것이야말로 진정한 성장이자 학습입니다. 똑같은 출발을 했다 하더라도 자의건 타의건 간에 어떤 상황을 극복해 낸 사람들은 특별한 힘을 갖게 됩니다. 삶의 의미나 가치를 터득하게 되지요. 그래서 저는 학생들에게 무슨 일이든 일단 움직이면서 생각하고 시도하면서 교정하라고 합니다. 행동하면서 갖게 되는 생각은 관념의 유희가 아니니까요.

도전은 정말 재미있어요. 남들이 잘 안 하는 일이니까 새롭기도 하고요. 제 스스로 감동할 때가 많아요. 제 능력 때문이 아니라, 자연과 세상을 새롭게 알게 될 때 특히 그렇습니다. 저도 글 쓰는 사람이고 표현하고 싶어서 안달이 날 때도 많지만 자연의 신비를 제대로 표현하기란 참 어려워요. 체험하지 않고는 모르죠. 특히 체험하지 않은 사람들이 창작해 내는 것과는 정말 달라요. 그만큼 자연에서 느끼는 힘과 경이로움은 우리의 상상을 넘어섭니다.

때때로 힘들거나 지칠 때는 이런 생각을 하며 위안을 삼습니다.

'지구상에서 나만큼 자연의 아름다움이나 신비함을 절절하게 체험한 사람이 얼마나 될까?'

이런 생각을 하다 보면 없던 힘도 생기고 다시 도전해 보고 싶다는 의욕에 불타오릅니다. 여러분도 젊을 때 가능한 한 많은 체험을 해보세요. 인생의 큰 자산이 될 겁니다.

두려움은 관념이다

김여진 교수님에 대한 기사 중에 이런 걸 읽은 적이 있어요. 한 기자가

"두렵지 않느냐?"고 물으니까 교수님께서는 "두려움은 관념이다. 급박한 상황에서는 전혀 두렵지 않다"고 답하셨더라고요. 저는 그 말씀이 굉장히 멋있게 느껴졌어요.

하지만 현실적으로 교수님께서는 뗏목 탐험을 여러 차례 시도했고, 중간에 여러 번 다치기도 하셨지요. 또 직접은 아니지만 대원들을 잃기도 하셨고요. 그런 상황을 모두 겪은 후에 또다시 바다로 나갈 생각을 하면 두렵거나 불안하지 않으세요?

윤명철 사람은 모든 걸 쉽게 잊어버리는 존재예요. 지금처럼 이렇게 잊어버리니까 또 시도할 수 있는 것 같아요. 세상 모든 일이 다 그렇지 않나요? 전 탐험이나 등반이 일상생활과 다르다고 생각하지 않아요. 그리고 탐험이나 등반에서 힘든 건 잊혀지고 대신 성취감과 희열만이 강하게 남습니다.

사실은 좋아서 하기 때문에 다시 도전할 수 있는 것 같습니다. 그리고 급박한 상황에서는 두려움을 느낄 새도 없어요. 순간순간 대처하는 것만으로도 급한데 거기에 관념적인 불안은 끼어들 틈이 없죠.

또 한 가지는 모든 일이 다 그렇겠지만 불안도 나름대로 존재 가치가 있어요. 불안감이 있다는 걸 인정하고 받아들이면 마음이 편안해집니다. 그걸 받아들이지 않고 거부하는 순간 우리는 무력해지고 공포감에 사로잡히게 되죠. 그 때문에 순식간에 죽을 수도 있어요. 불안감을 인정하고 받아들이면 오히려 담대질 수 있지요.

수많은 탐험 경험이 있지만 솔직히 말하자면 저도 불안하고 두렵기는 마찬가지예요. 부담스럽고 두려움도 크죠. 그래서 저는 무슨 계획이 있으면 일단 바깥에 터뜨려요. 언론이나 주변사람들에게 "나, 뭐 할 거다." 이렇게 자꾸 떠들어대죠. 그러다 안 하면 어떻게 되겠어요? 창피하잖아요. 그럼 다음부터 일을 못 하게 되니까 아예 시작하기 전부터 터뜨리는 겁니다. 그럼 이런저런 생각 없이 열심히 하게 돼요.

여러분도 만약 뭔가 새로운 일을 하고자 결심했다면 그 상황 속으로 자신을 밀어 넣어 보세요. 그러면 최소한 51퍼센트는 하게 됩니다. 일단 시도하게 되면 안 하는 사람보다 적어도 51퍼센트는 앞서게 되지요.

자신을 믿고 한번 도전해 보세요. 인간은 반드시 극복할 수밖에 없어요. 완벽하게 해내느냐, 아니냐의 차이, 그뿐이죠.

날아오는 화살을 끝까지 보라

김여진 불안이야말로 요즘 젊은이들이 느끼는 가장 큰 적이라고 할 수 있을 텐데요, 불안의 공포를 극복하기는커녕 불안해서 결심도 못할 때가 많고, 시도해 보기도 전에 늘 생각만 하다 포기하기도 합니다. 그에 비해서 교수님은 정말 생각하시는 대로 다 하시는 게 아닐까 하는 느낌을 받습니다. 이와 관련해서 젊은이들에게 들려주실 말씀이 있으실 것 같아요.

윤명철 학생들에게 자주 하는 말이지만, 인간이 어떻게 완전할 수가 있겠어요. 그건 불가능한 영역이에요. 100점 중에 70점만 받아도 훌륭한 겁니다. 그래서 저는 51점을 받으면 충분하다고 말해 줍니다.

완벽한 인간이 어디에 있겠어요. 전 늘 실패했어요. 제가 탐험에 성공했을까요? 아니에요. 1976년에 낙동강에서 처음으로 뗏목 탐험을 할 때인데 중간에 떠내려갔죠. 실패했습니다. 그리고 강에서 몇 번을 더 도전했죠.

1982년에는 바다 뗏목 탐험을 시도하다 33시간 만에 실패해서 구조되었어요. 당시 구조될 때 폭풍 속에서 연막탄을 터뜨렸는데, 때마침 우리나라에서 제일 큰 1만 2천 톤짜리 유조선이 지나가다가 저희를 구조했어요. 구조하는 데만 2시간이 걸렸지요.

바다는 힘든 상대예요. 부상도 입고, 여러 차례 구조됐어요. 이런 도전을 누가 완벽하다고 할 수 있을까요.

보통 산악인들이나 운동선수들이 인터뷰하는 걸 보면 최선을 다했다는 말을 쉽게 하더라고요. 제 경우는 최선을 다했다고 말하기가 어려워요. 때로는 차라리 부상을 당해서라도 후퇴하고 싶을 때가 있거든요. 그게 솔직한 심정이에요. 어떻게 사람이 조금의 후회나 망설임 없이 최선을 다할 수가 있겠어요.

사람들이 도전하고 모험하는 걸 두려워하는 것은 늘 완벽한 성공을 강요받기 때문이에요. 스스로도 멋지게 성공하는 모습을 보이고 싶기 때문이기도 하죠.

하지만 결과에만 집착해서 완벽한 성공을 해야 한다는 강박관념 때문에 시도조차 안 하거나, 지레 겁먹고 멀리 도망갈 필요는 없어요. 어차피 인간은 처음부터 성공만 하는 존재가 아니니까요. 다만 실패가 쌓이고 경험이 쌓이다 보면 조금씩 나아질 뿐이에요. 이게 역사의 진보죠. 사람들이 매력을 느끼는 말이 탐험이잖아요.

이것은 젊은이들의 특권이기도 합니다.

　제가 '탐험론'에 대해 쓴 글 중에 '탐험은 어떤 장르를 막론하고 통념을 깨뜨리고 한계 상황을 극복하는 행위이다'는 구절이 있는데, 전 도전하는 것 자체만으로도 대단하다고 생각합니다. 그리고 도전을 통해 한 단계씩 발전한다고 생각해요. 도전을 하는 순간, 삶을 대하는 자세가 달라져요. 시련을 이겨내는 힘도 생기고요.

　저는 난이도가 높은 탐험을 선택했고, 다른 일에서도 늘 새로운 도전을 시도했습니다. 하지만 솔직히 고백하면 전 제가 생각하는 기준이나 남들이 생각하는 기준을 달성한 경우는 한 번도 없었어요. 그럼에도 불구하고 전 그 과정 속에서 배우고 익힌 것이 많다는 사실을 잘 알고 있습니다. 실패를 두려워하지 마세요. 실패 속에서 배우는 것들에 집중하세요. 그리고 자신감을 갖고 도전하세요.

　그러기 위해서는 어려움에 맞닥뜨렸을 때 피하지 않는 자세가 중요합니다. 가령 화살이 날아오면 대부분 사람들은 피할 생각부터 하죠. 하지만 이제부터는 피하는 대신 눈을 크게 뜨고 정면을 보라고 말하고 싶어요. 화살이 날아오는데 피하려고만 한다면 아무리 애써도 화살이 훨씬 더 빠르기 때문에 죽거나 다칠 수밖에 없어요.

　하지만 만약 눈을 크게 뜨고 있으면 최소한 비킬 수는 있습니다. 비록 완전히 피하지는 못하더라도 죽지 않을 수도 있어요. 그러니 현실을 정확히 지켜보면서 상황을 반전시킬 수 있는 힘과 지혜를 키우는 데 모든 노력을 기울여야 해요.

21세기 생존 전략과 고구려의 네트워크 체제

김여진 교수님께서는 자주 '고구려인의 후예'라는 말씀을 하셨는데요, 구체적으로 어떤 의미입니까? 우리의 어떤 부분에서 고구려인의 특징을 발견할 수 있을까요? 그리고 2천 년 전 고구려의 의미가 과연 21세기에 어떻게 적용될 수 있을까요?

윤명철 이것은 일종의 생물학적인 문제예요. 저는 주몽의 후예로, 제 몸 속에는 목동(nomade)의 피가 흐릅니다. 그런 까닭에 역마살 때문에 자꾸 돌아다녀요. 그런가 하면 사냥꾼의 후예이기도 하지요. 흑룡강 주변과 동만주 일대는 사냥꾼 문화예요. 그래서 우리나라 사람들은 활을 잘 쏘지요. 제게 사냥꾼의 피가 흘러요. 목동과 사냥꾼만이 아니라 농사꾼의 피도 흐르죠. 바다를 항해하는 항해사, 어쩌면 해적일지 모르지만, 그런 피도 있어요. 하지만 그 무엇보다 저는 기본적으로 노마드예요.

20세기 말부터 노마드라는 말이 자주 쓰이고 있는데요, 교통과 통신의 발달, 시장의 세계화, 다양한 인종들의 만남 등등 여러 요인이 있지만, 기본적으로 디지털문화는 노마드의 구조와 유사한 점이 많습니다.

특히 기질적으로 모바일을 갖고 있는 사람들이기에 늘 움직이려고 하고, 호기심이 많다 보니 일을 벌이고, 다양한 사람들과 격의 없이 만납니다. 그러다 보니 다양성, 융합, 창조성, 거대한 스케일과 입체적인 공간 감각 등 현대 디지털 문명이 추구하는 면을 구비하고 있습니다.

그리고 노마드, 그들은 선을 따라서 이동하지요. 지배하는 것도 농사꾼처럼 면의 지배가 아니라 선, 좀더 정확하게 말하면 점으로 이어진 선을 관리하는 겁니다. 마치 인터넷상의 노드(node)처럼요.

사실은 이러한 노마드적 체질과 디지털 문명에서 요구하는 노마드적 요소는 유목민들이 아니라 우리, 특히 고구려 문화에 훨씬 더 많이 담겨 있습니다.

고구려인들의 이런 기질과 경험들은 생물학적인 것이지만 나중에는 문화적·역사적 유전자로 계승이 돼요. 배우면서 계승하는 거죠. 우리가 부정하든 인정하든 기본적으로 이러한 특징들이 우리 핏속에 흐르고 있는 겁니다. 단, 우리 시대 그리고 우리 각자가 처한 환경에 따라서 어떤 것을 더 발전시키느냐의 문제일 뿐입니다.

21세기는 과거와 다릅니다. 역동성을 필요로 하는 시대예요. 또한 네트워크의 시대죠. 정확히 고구려가 지향했던 세계입니다. 여러분이 이런 것들을 통해서 현실에 적용할 수 있다면 충분히 성공할 수 있다고 확신합니다.

김여진 아무리 고구려 문화가 역동적이라 해도 현대의 네트워크 체제와는 뭔가 다르지 않을까 싶은데요. 과연 고구려가 가지고 있던 네트워크 체제가 무엇이며, 그것이 지금 우리가 당면한 21세기의 생존 전략에 어떻게 적용될 수 있을까요?

윤명철 사실은 우리말로 하면 정말 간단해요. 한 터에서 각각 자기 일을 하면서 힘을 모아 한 덩어리가 되자는 것이지요. 묶거나 자르는 문화가 아니라 엮거나 이어 가는 문화죠. 이런 것들을 고구려 문화에서는 얼마든지 확인할 수 있어요.

　출발할 때도 크고 작은 국가들이 모여 통합 아닌 통일 작업을 했지요. 영토가 넓어지다 보니 주변 지역에 자율권을 주면서 유기적으로 관리했죠. 마치 수도를 항성으로 삼고 몇 개의 행성을 만든 국내성, 오골성, 요동성처럼요. 그리고 좀더 먼 곳엔 위성들을 해당 행성이 관리하게 만들어 전체가 천체처럼 돌아가게 만들었죠. 아주 먼 곳에 생긴 것도 다 끌어안아서 포용하며 생활에 필요한 물건들을 서로 주고받았지요. 그러다가 전쟁이 일어나면 참전도 했고요. 그러다 보니 어느새 한 나라, 하나의 체제가 되어 버린 겁니다. 이 힘이 무서운 것이지요.

김여진 앞서 광개토태왕에 관한 이야기를 들려주셨는데요, 들을수록 그분이 정복자라기보다는 탐험가나 도전자에 가깝다는 생각이 듭니다. 광개토태왕의 탐험가, 도전가적 면모에 대해 들려주세요.

윤명철 탐험가는 등산이나 동굴 탐험, 해양 탐험 같은 자연을 대상으로 하는 사람들만이 아니에요. 탐험은 궁극적인 목적을 놓고 사람들의 통념을 깨고, 한계 상황을 극복하는 행위라 할 수 있어요. 자연 탐험, 사회 모순을 해결하는 일은 사회 탐험 그리고 인간의 궁극적인 자아를 탐구하는 고행은 인간 탐험이지요.

　언젠가 인터뷰에서 이런 답변을 한 적이 있어요. 인류 역사상 최고의 탐험가는 석가모니라고요. 그는 신의 도움 없이 자기 힘으로 깨달음이라는 궁극의 경지에 오른 사람이잖아요. 그리고 우리 역사에서는 단군이 탐험가라고 말했지요. 그런데 광개토태왕도 그런 노력을 기울인 인물이라고 생각합니다.

그는 위기를 기회로 역전시킨 사람입니다. 즉위하자마자 주변국과 많은 사람들의 예상을 깨고 숙적인 백제와 거란을 전격적으로 공격했습니다. 국제질서의 흐름을 정확하게 꿰뚫은 것이죠. 승부수를 던진 겁니다. 또 백제를 공격할 때도 기마병이 아닌 수군을 동원해서 양동작전을 벌였죠. 그것도 적지의 깊숙한 곳으로 상륙작전을 전개해서요. 전선을 면이 아니라 점의 구조로 파악한 탁월한 군사 능력이죠.

신라의 구원 요청을 받고도, 한 해가 지난 후에 조건이 무르익자 보병과 기병의 대병력을 동원해서 전격적이고 입체적으로 작전을 벌여 일거에 남해 바닷가까지 진격하죠. 유목민들처럼 선의 전투를 벌인 겁니다. 상상을 뛰어넘는 전략과 전술은 그가 창조적인 사고를 하면서 동시에 도전정신이 강한 인물이란 것을 짐작케 합니다.

그런데 이분의 이름이 뭔지 아세요? 성은 고(高) 씨고, 이름은 담덕(談德), '덕을 이야기한다'는 의미죠. 그러니까 타고날 때부터 성군의 숙명을 가졌죠. 불심이 두터웠어요. 전쟁이 극심한 상황 속에서도 평양 지역에 큰 사찰을 9개나 세웠죠. 동서남북으로 그의 발길이 미치지 않은 곳이 없을 정도였어요. 그는 초원을 달렸고, 삼림 속을 헤치고 다녔으며, 동해의 푸른 물과 발해의 황톳물에도 몸을 담갔던 인물입니다.

넓은 고구려 영토는 그가 22년 동안에 이룩한 것이지요. 사실 39세에 돌아가셨으니 어쩌면 전쟁을 치르다가 전사했을 가능성도 있습니다.

김여진 요즘처럼 불확실한 시대에 광개토태왕의 리더십이나 전략, 삶의 태도 등이 청년들에게 역할 모델이 될 수 있지 않을까 합니다. 특히 우물 안 개구리처럼 이 좁은 땅 덩어리에서 아등바등하며 경쟁하는 청년들에게 광개토태왕이 주는 메시지는 무엇일까요?

윤명철 광개토태왕은 18세라는 어린 나이에 임금의 자리에 올랐어요. 그때 고구려는 불안하고 위기감에 젖어 있었죠. 하지만 22년이라는 세월이 지난 후에는 후세에 제국이라고 부를 정도로 크게 성장했습니다. 그래서인지 그는 '광개토경평안호태왕(廣開土境平安好太王)'이라는 시호를 받았죠.

저는 '광개토'의 '토'를 꼭 영토나 땅의 의미로 보지는 않습니다. 사실 고구려에게 땅, 특히 농사짓는 토지는 상대적으로 덜 중요했지요. 전 '토'를 지금 용어로 표현한다면 질서나 시스템, 문화로 보고 싶어요.

땅이나 토지는 농경 문화 집단에는 생명 그 자체일 수 있지만, 유목민이나 해양민들에게는 그리 절실하지 않은 대상이죠. 고구려는 백제나 신라와는 자연환경이 달랐어요. 생활양식도 다른 점이 많았고, 문화나 가치관은 물론, 영토 관리 방식도 달랐습니다. 고구려에서 중요한 것은 땅이라 해도 자원의 보고나 질서의 전략적인 목으로서 중요했을 겁니다.

저는 기본적으로 고구려에게 중요한 것은 질서의 확장, 시스템의 완비, 문화의 보편성 등이었다고 생각합니다. 그래서 네트워크 시스템이라는 말을 빌어서 쓴 거예요. 사실은 어느 시대나 질서의 장악과 활용이 중요하죠.

엄살부리지 마라

김여진 우리가 세계의 당면한 문제를 풀 수도 있겠군요. 우리가 단지 우리여서가 아니라, 객관적으로 그렇게 생각하시는 거죠?

윤명철 사람들이 우리 민족에 대해서 얘기하는 것들, 역사적으로나 우리 민족성이라는 측면에서나 그동안 들었던 것들은 모두 관념적이고 추상적 접근뿐이에요. 우리는 우리 자신에 대해 좀더 객관적이고 냉정하게 그리고 과학적 지식을 바탕으로 살펴볼 필요가 있어요.

흔히 우리를 보고 한이 많은 민족이라고 하는데 절대 아닙니다. 우리처럼 행복하게 살아온 문화 집단도 별로 없을 거예요. 예를 들어 포르투갈의 전통 음악 '파두'를 들어보세요. 거기에 얼마나 한의 정서가 흘러넘치는지. 그 사람들은 정말 어려운 환경 속에서 산 사람들이에요. 실제로 지구상에 살고 있는 대다수 민족들이 우리보다 훨씬 더 어렵게 살고 있어요.

우리와 직접 살을 맞대고 살았거나, 언어나 혈연적으로 가까운 사람들만 봐도 알 수 있습니다. 흑룡강가의 숲속에서 사냥하고 물고기를 잡으며 살아오다 지금은 몇 천 명 정도만 겨우 살아남은 사람들, 몽골의 자갈 섞인 초원이나 알타이 산맥 언저리, 실크로드의 모래사막, 캄차카로 올라가거나 시베리아의 북쪽으로 이동한 사람들, 그들이 마주한 자연과 삶은 우리로서는 상상조차 할 수 없을 정도로 척박합니다. 그럼에도 그들은 자신들의 민족성을 '한'이라고 말하지 않아요.

우리는 일제 강점기에 일본 사람들이 주입시킨 정서를 맹목적으로 추종한 지식인들이 가르친 것을 믿고 있을 뿐이에요. '한'의 정서뿐만이 아니에요. 여러 부분에서 잘못된 믿음을 갖고 있어요. 이제는 사물을 있는 그대로, 과학적 사실에 근거해서 우리 스스로를 객관적으로 바라볼 필요가 있습니다.

김여진 '한'이라는 정서가 일본인들이 만들어 낸 것을 우리가 믿은 것이라면, 교수님께서 보시기에 우리 민족의 대표적인 정서는 뭐라고 생각하세요?

윤명철 몇몇 분들은 '한'에 반대되는 것이 '흥'이나 '신바람'이라고 이야기하는데 저는 그 두 요소들이 우리에게 함께 존재한다고 봐요. 또 같이 있어야만 하고요. 뫼비우스의 띠처럼 말이에요. 상황에 따라서 때로는 한이 보이고, 때로는 흥의 모습이 보이는 거죠. 다만 우리가 적극적이고 긍정적으로 살기 위해서는 '한'의 모습보다는 '흥'의 모습을 강조하는 편이 좋다고 생각하는 거죠.

우리와 거의 비슷한 예술적 감각을 지닌 실크로드의 여러 문화를 보더라도 알 수 있어요. 그 사람들은 우리보다 훨씬 더 한스러운 자연환경, 역사적인 고난에 처했었지만, 춤사위와 음이 달라요. 기쁨과 삶의 희열에 차 있어요. 그러다 보니 박자가 다르고 멜로디의 길이가 다르지요.

사실 그 사람들이 쓰는 악기는 고구려 악기와 거의 일치해요. 비슷한 악기를 연주하는데 우리는 언젠가부터 처지는 방향으로 변화했어요. 박자의 힘도 약해지고 멜로디도 늘어지는 쪽으로 변했어요. 그건 조선시대나 그 후대에 만들어진 것이지, 우리 본연

▲ 평화재단에서 '도전'을 주제로 강연 중인 윤명철 교수. 그는 말한다. "사람들이 도전하고 모험하는 걸 두려워하는 것은 늘 완벽한 성공을 강요받기 때문이에요. 스스로도 멋지게 성공하는 모습을 보이고 싶기 때문이기도 하죠."

의 모습과는 다르지요. 그래서 저는 그 두 요소를 다 함께 보자는 거예요.

김여진 네, 말씀 잘 들었습니다. 그럼 이제부터 여기 계신 분들의 질문을 받아볼게요.

청중 1 현재 일본사관이 들어간 역사를 바꾸려면 어떻게 해야 할까요? 그리고 이게 가능할까요?

윤명철 정말 어려운 문제 중 하나인데요. 사회에는 각 분야별로 전문가 그룹이 있잖아요. 현재 우리나라 근대역사학의 출발은 우리가 아니라 일본인들에 의해 시작이 됐어요. 왜 그랬겠어요? 일본의 식민지 정책을 합리화하려는 목적인 거죠. 또한 근대가 중요한 것은 인류 역사상 하나의 패러다임에서 다른 패러다임으로 넘어가는, 절대적 가치로 가득 찬 시기이기 때문이죠. 그러한 시대의 역사적 해석을 비롯한 각종 코드를 장악한 것이 일본과 일본에 연결된 근대 지식인들이에요. 그들이 역사를 기술하고 연구하기 시작했습니다.

반면, 그 이전에 우리나라에 있던 정통 역사학자라든가 정통 지식인들 중 일부가 만주로 가서 독립 전쟁을 벌였어요. 그러면서 현재 만주 지역에 있는 고조선, 고구려, 발해 유적과 유물을 보며 역사 연구를 했지요. 그러나 그들의 연구 성과는 국내에 들어올 수가 없었어요. 들어오자마자 일본이 철저하게 막았고, 그동안 준비해 오던 '조선사 편수회'를 완성시키면서 총독부 직할로 만들었죠. 그렇게 그들 나름대로의 역사 왜곡을 했던 것이죠. 이러한 맥을 아직까지도 다 극복했다고 보기는 힘들어요. 이건 어쩔 수 없는 문제예요. 그래서 시간이 좀더 흐르기를 바라는 거죠.

또 한 가지는 우리나라 지식인들이 스스로 반성해야 할 부분이에요. 지식인들이 사실을 있는 그대로 보는 것이 중요하죠. 그리고 좀더 자존심과 자의식을 가지고 볼 필요가 있어요. 그리고 가능하면 미래 지향적이고 긍정적으로 우리 역사를 바라보면 좋겠어요.

일제시대에 우리가 국권을 상실하고 민족 모순과 계급 모순이 심각한 중첩을 겪을 때, 그때 역사라는 것이 그들 말처럼 단순한 사실을 고증하는 것이었겠습니까? 당시 직무를 유기한 사람들이 우리나라 역사학계의 시작인데 아직까지도 크게 벗어나지 못하고 있어요.

그래서 저는 역사 이론을 전개할 때 "역사학은 E. H. 카가 말한 What의 문제가 아니라 Why의 문제다. 나아가서는 How의 문제다"라고 주장하는 겁니다. '어떻게 할 것인가?' 역사에 물어야 합니다.

역사는 단순히 외워서 기억하는 지식이 아니에요. 있는 진실을 그대로 보는 안목을 키우는 것이죠.

청중 2 솔직히 저희에게 역사는 과거를 줄줄이 외는 암기 과목이었는데, 이제 다시 교수님께서 역사학자로서 역사를 정의해 주신다면 무엇이라 할 수 있을까요?

윤명철 제가 역사를 정의해 본다면 '역사는 존재와 인식 사이에 있는 불일치를 일치로 전환시키는 과정'이라고 설명을 드리겠습니다.

이상과 현실 사이의 간극을 괴리나 소외감이라고 그러잖아요. 인간은 소외감을 느끼게 되면 못 견뎌 하죠. 소외감이 너무 심해지면 정신병자가 될 수도 있어요. 그래서 대부분의 인간들은 이 불일치를 일치로 전환시키려고 무지하게 애를 써요. 마치 시시포스의 신화처럼 힘들어도 계속 애를 쓰지요.

역사에 대한 제 정의에 의하면 인간은 굴러 떨어져도 또 기어 올라간다는 거죠. 그런데 올라가다, 올라가다 보면 닿을 것 같은데, 역시 거기도 끝은 아니죠. 그래서 점점 더 올라가죠. 리처드 버크의《갈매기의 꿈》에서도 갈매기 조나단은 끝없이 날라 올라가잖아요. 어쩔 수 없어요.

이렇게 현실과 인식, 이상 사이에 불일치가 있을 때 그것을 일치로 전환시키려는 과정을 역사라고 불러요. 그러나 여러분이 역사라는 거대한 흐름에 몸을 맡기고 있는 이상 그 메커니즘에 따를 수밖에 없어요.

제가 드리고 싶은 말씀은, 소외감이 느껴질 때 가능한 한 포기하지 말라고 얘기하고 싶어요. 옳고 그른 건 알 수가 없어요. 자기가 선택한 것이 옳을지 틀릴지 누가 알겠습니까? 현대는 불확실성의 시대예요.

그렇지만 이 불일치를 해소하려는 노력만큼은 부단히 기울여야 해요. 이왕 할 거면 적극적으로 능동적으로 하는 게 좋겠지요.

그러다 보면 자기 존재를 확인할 수 있습니다. 또 힘겨운 삶에서 성공할 확률이 높아지고요. 이렇게 수정을 계속해 가다 보면 정답에 가까워질 수 있습니다.

청중 3 교수님 말씀 잘 들었습니다. 요새 부쩍 제 스스로 다람쥐 쳇바퀴 돌 듯 살고 있지 않나 하는 생각이 듭니다. 특강이 끝나고 밖으로 나가면 빽빽한 건물들이 하늘을 가리고, 지하철을 타고 집에 가면 그냥 쉬고 싶고, 좀 쉬었다가 아르바이트 가면 월급 문제로 고민합니다.

이런 문제들이 머릿속에 꽉 차 있다 보니 오늘 들은 특강 내용도 내일이 되면 깡그리 잊는 게 현실이거든요. 너무 정신없이 달리고 있다는 생각이 듭니다. 교수님은 뗏목을 타고 탐험하시면서 느림의 미학을 행동으로 보여 주셨는데, 저희한테 부족한 게 있다면 행동력인 것 같기도 합니다.

제가 어떻게 하면 시야를 방해하는 건물들의 세계를 깨고 밖으로 나갈 수 있을까요? 그래서 돈이나 지위, 타인의 시선 등이 주는 압박에서 벗어나 느림의 미학을 실천하면서 제 자신만의 투철한 세계를 만들어 나갈 수 있을지 방법을 묻고 싶습니다. 그리고 이런 것들을 자연과 융화된 삶을 사는 우리 민족의 자질에 접목시킬 수 있을지 듣고 싶습니다.

김여진 특히 자연과 더불어 살고자 하는 우리 민족이 지닌 자질, 인류를 구원할 수도 있는 자질 중에서 지금 질문자에게 도움이 될 만한 게 있으면 함께 설명을 해주시면 좋겠네요.

윤명철 제가 한 가지 반문을 해볼게요. 지금 '정신없이 달린다'고 그랬죠? 그럼 1950년대에 이 땅에 살았던 사람들은 어땠을까요? 또는 일제시대 말기에 살았던 사람들은 어땠을까요? 한참 거슬러 올라

가서 네안데르탈인과 현생 인류인 호모사피엔스사피엔스가 동시에 존재했을 때는 또 어땠을까요?

이들이야말로 치열한 경쟁사회에서 살았어요. 이들은 오로지 생존을 위해서 하루하루 살아야 했지요. 생존이 걸린 사회에서는 생활 따위는 그 다음 이야기예요. 생존이 해결돼야 생활을 영위하게 되고, 그때서야 좀더 궁극적인 것, 구원 또는 인간이 추구하는 마지막 것들을 깨닫고 생각하게 되죠.

제 말의 핵심은 현대인들이 응석을 부린다는 거예요. 물론 여러분의 얘기가 무의미하다는 건 아니에요. 그러나 여러분의 부모님들은 훨씬 더 심한 고통을 겪었어요. 그 윗세대들은 더 심각했고요. 오로지 자기 자식을 먹여 살리기 위해 갖은 애를 다 써야 하는 사회만큼 치열한 경쟁 사회가 어디에 있겠습니까. 이건 인간만이 아니라 모든 존재에게 주어진 숙명이고 의무이고 보람이에요.

역사라든가 현실에 대해서 너무 응석 부리지 마세요. 우린 이겨 낼 수 있습니다. 만약 결혼을 하고 자식을 갖게 되면 지금 질문자가 느끼는 삶의 무게와는 상상도 할 수 없는 압박이 어깨를 짓누를 겁니다.

현실을 이겨 내기 위해서는 우선 자의식을 가져야 합니다. 누구의 말에도 흔들리지 않을 수 있어야 합니다. 그렇게 스스로를 단련해야 해요. 그건 기본입니다. 그래야 사물이나 사건을 있는 그대로 볼 확률이 높습니다. 덧붙여 모두 함께 가야 한다는 마음의 끈을 완전히 놓지 않아야 합니다. 가치 있고 의미 있는 일이라도 혼자서 하면 희생자가 될 확률이 높지요.

그러기 위해서는 다른 사람에게 조금씩이라도 봉사하는 삶을 살고 또 여행을 자주 다니는 자세가 필요합니다. 그렇게 하다 보면 사람도 만나고, 자연도 만나고, 사람과 자연이 만나는 모습도 볼 수 있을 겁니다.

이게 첫 질문에 대한 답변인데, 여러분만 고생하는 것이 아니라 인류는 이제껏 늘 그래왔고, 마찬가지로 다른 생명체들도 제각기 엄청난 경쟁 체제 속에 있어요.

그런데 그런 힘겨운 과정 속에서도 우리는 때때로 윤기를 머금은 달빛을 봐요. 그리고 어두운 공기를 가르는 새소리를 듣고, 나비의 하늘거리는 날갯짓을 보고 있어요. 그런 여유가 필요합니다.

다음은 자연과 융화되는 삶에 대한 질문인데, 결국 우리 자신의 문제겠지요. 영화 《포카혼타스》, 《아바타》, 《페르시아의 왕자》 보셨죠? 영화 《포카혼타스》나 《아바타》에서 보는 결말은 해피엔딩이지만, 그런 건 지극히 예외예요. 실제로 역사 속 포카혼타스나 착한 아바타들은 아주 처참하게 살육되었어요.

우리가 자연귀소나 수행, 명상 등을 통해 삶을 아우르고 무아를 지향하는 삶을 꿈꿀 수는 있지만 인간이기 때문에 집단에 대한 책임도 있습니다. 이를테면 종족 보존 본능에 충실하기 위해서는 때로는 전투적이 될 수밖에 없어요.

저는 학생들에게 세 가지 요소를 동시에 추구하라고 이야기해요. 좀 전에 말했던 생존과 생활에 이은 제3의 단계를 생선(生善)이라 할지 생미(生美)라 할지 아직 정하지는 못했어요. 생선이 더 좋긴 한데 어감이 별로 안 좋아서 유보해 둔 상태예요.

어쨌든 이 세 가지를 동시에 추구해야 해요. 그중에서 가장 중요한 건 역시 생존이지요. 다시 말하면 야성적 본능과 냉철한 지성 그리고 섬세한 여성의 감성이 골고루 섞여야 하지만, 본능의 야성이 기본이라는 점은 역사학자의 입장에서 확실히 얘기하고 싶습니다.

우리 고유의 가치관을 추구하는 것도 바람직하지만 만약 그 가치관만을 계속 고집하면 중국 같은 외부 세력과의 싸움에서 지게 돼요. 외부 세력과의 싸움은 일단 정치력의 싸움이지요. 대단히 논리적이지요. 그리고 조직과 함께 군사력이 동반돼요.

여기서 우리 자신을 지키기 위해서는 종교적인 삶, 이상적인 삶, 물아일체적인 삶을 지향하는 것도 중요하지만, 외부 세력과 부딪치는 순간에 그 모든 것들이 끝날 수 있기 때문에 이런 문제들을 종합적으로 볼 수 있어야 해요.

질문했던 우리 민족의 자질이나 특성에 대해 고구려를 중심으로 말씀을 드리자면, 고구려인들은 자신의 자유의지가 억압당할 때 외부 세력과 격렬하게 전투를 벌였습니다. 수양제의 100만 대군과 요동성 전투를 벌이고, 당태종의 10만군과 안시성 전투를 벌였습니다.

전투에서 패배하면 모든 게 끝입니다. 살육, 포로, 노예, 겁탈 등등 이루 말로 할 수 없는 고난을 겪게 되지요.

고구려가 멸망할 당시 최소한 20만 명 이상이 중국의 내지로 끌려갔습니다. 오늘날의 사천성까지요.

그렇지 않을 경우에는 말 그대로 공동체 의식을 가능한 한 충실하게 구현하면서 느림의 미학을 실천할 수 있어야 합니다.

혹시 《오래된 미래》라는 책을 기억합니까? 라다크 지방의 삶을 소개하면서 우리가 잃어버리고 잊어버린 과거를 통해서 미래를 전망하고 회복하자는 의미를 전달하는 책입니다.

우리 모두는 시간을 잠시 붙들고, 세상과 이야기를 나누어야 합니다. 마음을 내려놓고 사물을 관조할 수 있어야 합니다. 그러려면 항상 비행기를 타는 대신 가끔은 뗏목을 이용하면서 속도를 포기할 수 있어야 해요. 그러면 느림과 편안함을 얻을 수 있어요. 느림의 미학이야말로 우리 한국 문화의 정수지요.

또 하나 우리 민족이 가진 중요한 자연관 중의 하나로 '터' 라는 말이 있어요. 요즘은 많이 쓰지 않지만 우리 부모님 세대만 해도 자주 사용하던 언어인데 '터' 라든가 '판' 으로 표현하죠. 집터나 무덤터부터 시작해서 시장터, 춤판, 화투판 등에 씁니다.

'터' 로 표현되는 우리 민족의 자연관은 21세기적 사회 시스템이라 할 수 있는 '네트워크 구조' 에 비교적 잘 적응할 수 있다고 생각합니다.

서구적 사고는 대체적으로 잘라서 분석하는 경향이 강해요. 그렇게 분석한 것을 차근차근 쌓아 올라가지요. 반대로 우린 그렇지 않거든요. 우리 문화는 말 그대로 '묶는 문화' 가 아니고 '엮는 문화' 예요. 이어 주는 문화라고도 하고, 불교적 용어로 말하면 인연의 문화라고도 할 수 있어요. 또 개체도 중요하지만 부분의 연결합인 전체가 중요한데, 요소와 관계가 함께 존재하면서 작동하는 장(場), 저는 장보다 더 분명한 말이 '터' 라고 생각합니다.

이것들은 모두 우리 부모님들께 듣고 배운 세계지요. 제가 보기엔 이것이 네트워크 시스템이고, 디지털 문명과 관련이 깊어요. 물론 드러나는 양상, 입은 옷이나 화장한 모습은 다르지만 말이에요.

아직까지는 이 변화를 서구가 주도하고 있어요. 그들이 언제까지 이 변화를 주도할지는 모르겠어요.

20세기 전반기부터 서양의 과학자들이나 지식인들이 내세우는 불확실성 원리, 필드 이론, 카오스 이론, 가이아 이론, 플랙탈 이론, 사이버네스틱스 이론 등등, 이 자체가 새로운 네트워크 시스템과 디지털 문명을 지향하죠.

이제부터라도 이러한 세계 변화의 추이를 정확히 간파해서 우리 선조들이 가꾸고 생물학적·역사적 유전자 속에 각인시켜 왔던 사상을 재해석하고, 거기에 걸맞게 우리 내부를 시스템화한다면 비약적으로 성장할 수 있는 가능성이 있어요. 그리고 그러한 과정을 통해 우리나라에서 위대한 사상가가 나올 수도 있겠지요.

김여진 교수님께서는 어느 인터뷰에서 "지금까지 했던 도전을 앞으로도 계속하면서 살고 싶다"고 말씀하신 적이 있으세요. 당시 저는 참 독한 분이라는 생각이 들었어요. 오늘 교수님께서는 "사람은 실패하는 게 너무 당연하며 실패와 실패가 쌓여서 조금씩 앞으로 나아가는 것이다"라고 말씀해 주셨는데, 정말로 실패하더라도 계속해서 도전을 해오신 게 교수님의 삶이라는 생각도 듭니다.

아까 저희에게 응석 부리지 말라고 말씀해 주셨는데요. 꿈을 좇고자 하고, 자신의 길을 가고자 하지만 아직 미숙하고 응석도 많은 저희에게 마지막으로 교수님의 한마디 말씀 부탁드리겠습니다.

윤명철 망원경 아시죠? 사물을 바라볼 때는 망원경적 시각으로 봐야 해요. 넓게, 멀리, 크게 봐야 한다는 거죠. 그렇다고 너무 거시적으로만 보면 조그만 부분들을 놓치게 되지요. 어쩌면 정말 중요한 것은 조그만 거라 할 수 있어요. 가족이나 종족은 역사적으로 살지만, 우리 개체는 당대적 삶을 살고 있잖아요. 그래서 우리는 현미경으로도 사물을 볼 수 있어야 해요. 소외된 것들도 눈여겨볼 줄 알아야 하고 가슴으로 끌어안아야 하지요.

하지만 작은 삶만 추구하면 일상에 머물게 되죠. 결국 망원경과 현미경을 잘 조화시키는 훈련을 해야 해요. 이렇게 망원경적 시각과 현미경적 시각을 조화시키려면 통시적 관점과 범공간적 관점을 함께 가져야 하고, 이성과 지성과 감성을 겸비해야 하며, 육지와 바다가 만나야 하고, 인간과 대상체도 만나야 합니다.

김여진 그렇다면 망원경 시각과 현미경 시각을 어떻게 조화시킬 수 있나요? 훈련 방법을 좀더 구체적으로 설명해 주세요.

윤명철 간단하게 말씀드리지요. 하나의 특별한 사물이나 사건, 아니면 인물도 좋아요. 그 대상을 하나씩 하나씩 마음의 프리즘에 비춰 보거나 통과시켜 보세요.

최소한도 7가지 색깔로 분해되거나 재해석돼서 나오지 않나요? 이때 차근차근 비교해 보세요. 뭔가 마음에 잡히는 게 있을 겁니다. 그런 마음 자세를 갖은 다음에는 다소 복잡하고, 큰 사건을 선택하세요.

예를 들면 고구려와 수당 간에 벌어진 국제대전 같은 것을요. 그래서 그 사건의 큰 부분만을 살펴보면서 크고 굵직한 요인들을 선택해서 왜 그런 사건이 발생했는가를 살펴보고, 이어서 전쟁이 이루어지는 과정을 또 분석해 들어갑니다. 나중에는 그 사건이 낳은 결과나 미친 영향을 큰 관점에서 찾아보는 겁니다. 그래야 혼란스럽지 않습니다. 정보가 부재하거나 왜곡된 상태에서 자칫 잘못하면 이용당할 우려가 있거든요.

그리고 문제의식을 가지게 된다면 다음에 비슷한 일이 발생할 때 재빨리 간파할 수 있습니다. 이런 것들이 해결방법을 찾는 데 효율적이라고 생각합니다.

그 다음에는 다시 처음으로 돌아가서 큰 부분이나 큰 요소 사이에 낀 작은 부분들이나 작은 원인들을 살펴보는 겁니다. 그리고 사람들, 큰 인물일 경우에는 그 사람의 개인적인 성품이나 능력 가치관 등을 살펴보고, 작은 인물들, 예를 들면 평범한 군사들이나 시민들의 모습 그리고 전쟁으로 인해 파괴된 삶이나 죽음의 현장들, 인간의 고뇌 등을 찾아내서 살펴보는 것이죠. 사실 이런 것들은 눈에 잘 띄지 않습니다. 사람들의 관심도 적었고요. 현미경을 들이대야 합니다. 끈질기게 인내심을 갖고 전쟁의 잔해더미를 들춰가면서 하나씩 하나씩 찾아내야 합니다. 거시적인 안목만 중요시하면 강력한 독재자나 체제 이데올로기 등이 횡행하면서 보통 사람들은 살기가 힘들겠죠.

저는 모든 일은 이렇게 동시에 서로 다른 관점에서 봐야 한다고 생각합니다. 우리 모두는 주머니나 가방 속에 망원경과 현미경을 늘 세트로 갖고 다니면서 때로는 망원경을 먼저 꺼내서 보고, 또 때로는 현미경부터 꺼내서 보고, 그렇게 함께 사용하면서 삶을 살 수 있어야 합니다.

윤명철 교수가 생각하는 도전이란

이젠 꿈조차 잊고
누에고치처럼
붉은 흙 속에 파묻힌
한 마리 인간으로
제 살점만 파먹으며 연명한다.
치사하게 간특하게 말이다.

열혈청춘

ⓒ 강경란, 2011

초판 1쇄 발행 2011년 5월 25일
초판 2쇄 발행 2011년 6월 10일

지은이 | 강경란, 노희경, 박원순, 법륜, 윤명철
펴낸이 | 이기섭
편집주간 | 김수영
기획편집 | 김윤희, 이선희
마케팅 | 조재성, 성기준, 한성진
관리 | 김미란, 장혜정
디자인 | 이석운, 최윤선

펴낸곳 | 한겨레출판(주) www.hanibook.co.kr
등록 | 2006년 1월 4일 제313-2006-00003호
주소 | 121-750 서울시 마포구 공덕동 116-25 한겨레신문사 4층
전화 | 02)6383-1609 팩스 | 02)6383-1610
이메일 | book@hanibook.co.kr

ISBN 978-89-8431-473-3 03810

• 값은 표지에 있습니다.
• 파본이나 잘못된 책은 서점에서 교환하여 드립니다.